기독교와 불교,
서로에게 배우다

난잔종교문화연구소연구총서 2

기독교와 불교, 서로에게 배우다

난잔종교문화연구소 編

김승철·강이레·마츠아먀 켄사쿠·홍민기·홍이표 共譯

청우서적

머리말

이 책은 1997년 3월 24일부터 26일에 걸쳐 개최된 제10회 난잔종교문화연구소 심포지엄의 기록입니다. 여기에 정리된 논문이나 토의는 '기독교는 불교로부터 무엇을 배울 수 있을까'라는 물음을 초점으로 하면서 오늘날 일본에서 불교와 기독교의 대화가 어디까지 진행되어 왔는가 하는 문제의 다양한 측면들을 되돌아보고 있습니다. 오랜 세월 대화에 참여해 온 불교와 기독교의 대표적인 학자들이 자신들의 입장에 서서 진지하게 파고들어 논구한 성과로서, 이 세대의 관심이나 확신을 어느 정도 포괄하는 기록으로 볼 수 있다고 여겨집니다.

얀 반 브라후트 신부의 「오리엔테이션」은 본 심포지엄의 테마에 대한 개괄적인 소개와 더불어, 현재 이 테마가 가지고 있는 역사상의 위치나 전통적 기독교 신학의 의의에 대해서 폭넓게 언급하고 있습니다. "종교 간의 대화의 시대가 지닌 특징은 '하나의 종교 내의 문제'란 이미 존재하지 않게 되었다는 것이다"라고 말하는 브라후트 신부의 자세에서 알 수 있듯이, 기독교에 대한 불교의 공헌을 인정하지 않을 수 없습니다. 다른 한편 그 공헌에는 한계도 있고, 그 공헌이 일방통행이 되면 안 된다는 사실을 인식하지 않으면 안 됩니다. 비록 기독교가 신의 존재와 본질, 신과 인간과의 관계, 윤리학에 대해서는 불교로부터 충분히 배울 수 있다고 해도, 교회론이나 비적론 등에 대해서는 별로 기대할 수 없지 않은가 라고 그는 주장합니다.

제1세션에서 혼다 마사아키 씨는 성인이 되고 난 뒤 기독교로 개종하고 나서 10년 후에 불교사상과 만났으며, '어떻게 기독교가 동양 정신사의 풍부한 자산을 보다 적극적으로 받아들일 수 있는가' 하는 과제를 자신의 운명으로 받아들였다고 밝힙니다. 또 그는 니시다 철학이나 선불교 사상, 특히 '즉비(卽非)'의 논리를 추구하면서, 이 물음에 대한 자신 나름의 대답을 제시하려고 노력한 경위에 대해서 말씀합니다.

제2세션에서 오다가키 마사야 씨는 종교 간의 대화에서 '배운다'는 문제를 다루면서, 학문이 종교 체험이나 신앙의 '있는 그대로'를 추상적으로 취급하는 한 모든 대화가 소용없어진다고 논합니다. 그러면서 무토 카즈오(武藤一雄)의 키르케고르 해석이나 '모리타 요법(森田療法)'의 과정으로부터 출발해서 '성령이 편만하는 장소'에 근거한 대화를 호소합니다.

제3세션에서 타케다 류우세이 씨는 불교 측으로부터 정토교와 기독교의 상호 전환을 과제로 다루면서, 니시타니 케이지와 오늘날 '기독교인 보살(Christian Bodhisattva)'이라고도 불리는 타키자와 카츠미, 존 캅, 고든 카우프만의 종교 간의 대화에 대한 공헌을 높게 평가합니다. 불교는 이제부터의 대화에서 불교사상으로부터 배우려는 기독교의 종교적 진수를 배우지 않으면 안 된다고 그는 강조하고 있습니다.

제4세션에서 오노데라 이사오 씨는 니시다 기타로(西田幾多

郎)의 '절대무(絕對無)'의 '장소의 논리'를 단서로 해서 수십 년 전부터 삼위일체론을 다시 생각해 왔으며, 새로운 성령신학을 창출하려고 노력한 자신의 여정에 대해서 말합니다. 불교와의 접점뿐만 아니라 철학과 종교, 신앙과 이성과의 상즉 관계(相卽關係) 그 자체를 분명히 드러내 주는 성령을 '자각의 영'으로 다시 볼 필요가 있다고 그는 말하고 있습니다.

제5세션에서 야기 세이이치 씨는 35년 전의 타키자와 카츠미(滝沢克己)와의 논쟁으로부터 시작해서 불교를 기독교와 같이 '진실한 종교'라고 인정하는 입장을 확정하려고 노력한 자신의 신학의 여정을 되돌아 봅니다. 일상적인 나를 넘는 깊은 곳으로부터 성립하는 진정한 '자기'의 '깨달음'을 신비로서 직접 체험하고, 그것을 언어화하는 것이야말로 불교와의 만남의 목적과 의의라는 견해를 분명히 합니다.

각 세션의 발표에 이어서 각각의 논평자로부터 정식으로 '논평'이 추가되어 본서에 게재되었습니다. 그 후의 자유토의도 모두 녹음되어 테이프의 기록을 토대로 원고가 작성되었지만, 너무나도 방대한 분량이었기 때문에, 결국 제6세션의 '전체토의'를 제외한 나머지는 수록할 수 없었습니다. '대화'를 테마로 하는 심포지엄이 대화를 생략한다는 것은 극히 유감스러운 일이지만, 양해해 주시기 부탁드립니다.

저는 여기서 이 심포지엄 전체의 의의를 해설할 생각은 없습니다. 사족이 될지도 모르겠습니다만, 마지막 인상만을 적고 싶습니다.

기독교 신학자에게 '불교로부터 무엇을 배울까'를 묻는 장소
로 일본이 가장 적합하다고 여겨집니다. 이번 심포지엄에 참
가한 분들에게 그 이유는 주지의 사실입니다. 그렇지만 기독
교의 본고장이라고 볼 수 있는 서양의 신학자에게 있어서 이
사실은 납득하기 어려울 것입니다. 그 이유는 일본의 신학은
본래 서양의 정신사의 흉내이며 뿌리가 얕고 어디까지나 파생
적인 것에 지나지 않는다고 생각하는 전통이 있기 때문입니다.

　동일한 논리에서 불교교육자에게 '기독교로부터 무엇을 배
울 수 있는가'라는 질문을 하는 장소로서 미국이나 유럽이 최
적이라고 말할 수 있겠습니다. 그런데 불교의 본고장 중 한 곳
이라고 생각할 수 있는 일본의 불교계에 있어서도 그것은 인
정하기 어려운 사실입니다. 왜냐하면 일본의 불교계에는 서양
의 불교란 어디까지나 동양 사상의 흉내에 불과하며, 혹은 문
화적인 뿌리를 전혀 찾을 수 없는 외래품이라고 보는 전통이
지금도 여전히 존재하기 때문입니다. 하지만 일본에 있어서
기독교의 경우든 서양에 있어서 불교의 경우든, 이러한 태도는
잘못된 것입니다.

　기독교든 불교든 세계 종교로서의 장래는 이러한 상호간의
잘못된 오해를 인정하는 하는 데 달려 있는 것은 아닐까요? 대
화의 장에서는 상호간의 이해도, 오해도, 돌에 새겨진 비문과
같이 고정적인 것이 아닙니다. 오히려 대화는 하나의 과정과
같은 현상이며, 이해와 오해의 양쪽 모두로부터 자극을 받으면
서 대화를 계속하면 계속할수록 양 종교의 상호적 전환을 위

해 도움이 되는 것은 아닐까요? 이 3일간의 심포지엄이 증명했던 것도 다름 아니라 그러한 사실이라고 생각합니다.

이러한 결실을 본 불교와 기독교와의 대화는, 확실히 다가오는 다음 세기에서의 밝은 미래를 갖고 있다고 저는 확신하고 있습니다.

본서의 원고를 다시금 훑어보니, 어려운 문제를 직시하면서도 여러 입장으로 발언해 주신 분들 덕분에 훌륭한 내용이 되었다고 생각합니다. 본 연구소의 소원 일동을 대표해서 모든 것을 기획해 주신 브라후트 선생님, 먼 곳으로부터 참가해 주신 분들, 기록자와 논평자, 그리고 이번 심포지엄에서 의견교환의 장에 참가해 주신 여러분들에게 진심으로 감사의 말씀을 드립니다. 또 출판을 위해서 녹음된 테이프를 원고화해 주시고 편집과 교정에 힘써 주신 이시와키 요시후사, 와타나베 마나부, 호로 아츠히코, 오쿠야마 미치아키, 콘도 히카루 씨와 연구소의 스탭 일동의 노력도 중요했습니다.

한 분 한 분께 일일이 감사를 드리고 싶습니다.

1999년 1월 31일
제임스 W. 하이직

기독교와 불교, 서로에게 배우다

목 차

오리엔테이션

안 반 브라후트(Jan van Bragt)

들어가면서

저는 이 심포지엄의 오리엔테이션을 의뢰받은 브라후트입니다. 시간이 별로 없기 때문에 극히 간단하게 '우리가 이 3일 동안에 무엇을 하려고 하는가'에 대해서 잠시 고찰해 보고자 합니다.

우선 이번 모임으로 난잔심포지엄은 제10회를 맞이하게 됩니다. 여러분들이 아시는 것과 같이 '난잔심포지엄'은 원래 기독교와 타종교의 대화 모임으로서 시작되었습니다. 하지만 이번 모임은 지난 모임과는 조금 성격이 다르다고 할 수 있습니다. 이렇게 말씀드리는 이유는, 제목을 가지고 본다면 이번 모임은 분명히 기독교 안의 문제가 심포지엄의 테마가 되어 있기 때문입니다. 하지만 그렇다고 해서 종교 간의 대화의 영역에서 벗어난다고는 결코 말할 수 없습니다.

자신의 종교 내의 문제 자체가 종교 간 대화의 중대한 계기라는 사실은 아무도 부정할 수 없을 것입니다. 자신의 종교나 영성을 위해서 타종교로부터 배우고, 타종교가 지닌 뛰어난 점을 자신의 종교에서도 살리려고 하는 정신을 가지고 있을 때에야 비로소 깊은 차원에서 타종교를 이해하는 것이라고 말할 수 있지 않겠습니까?

그리고 이번 테마는 말할 필요도 없이 종교 간의 대화 — 구체적으로 말하면 소수 기독교도의 불교와의 만남 — 에 그 기원을 지니고 있고, 또 거기로부터 생겨난 것입니다. 게다가 종교 간 대화의 시대가 지닌 하나의 특징은 '하나의 종교 내의 문제' — 단지 하나의 종교에만 관련되는 물음 — 란 이미 존재하지 않게 되었다는 사실에 있다고도 할 수 있습니다. 하나의 종교에 있어서 문제가 되어 있는 것의 대부분은 다른 몇몇(또는 모든) 종교에 있어서도 문제인 것입니다. 예를 들어 비신화화라는 것이 좋은 실례가 될 것입니다. 이 심포지엄에서도 그러한 현상의 표시로서 제3세션의 테마는 반대로, '불교는 기독교로부터 무엇을 배워야 할 것인가'라고 되어 있습니다. '사람들 앞에서 더러운 것을 씻지 않는다'는 말은 예부터 전해져 온 상식이겠지만, 성공회의 어떤 신학자는 다음과 같은 취지의 발언을 한 적이 있습니다. "대화의 정신의 한 면은 타종교의 눈과 귀 앞에서 자신의 종교가 직면하고 있는 문제와 씨름하는 것이다." 이 말에 덧붙이고 싶습니다. 타종교 사람들 앞에서 자기 종교의 문제를 논하는 것뿐만 아니라, 그 문제의 해결에 있어서도 타종교의 사람들로부터 도움을 기대해 봅니다.

그와 같은 정신에 입각해서 이 심포지엄에는 4명의 불교학자가 패널리스트로서 초대되어 참가하고 있습니다.

그러면 '불교에게 배우면서 신학한다'는 것의 의의나 동기 등에 대해서 조금 생각해 보려고 합니다.

심포지엄의 의의에 대해서

우선 오해의 여지가 없게 하기 위해 이 심포지엄의 주최자인 난잔종교문화연구소가 이 모임에서 무엇을 목표로 하는지에 주목하려고 합니다.

심포지엄의 표제는 일단 '기독교는 불교로부터 무엇을 배울 수 있을까'라고 폭넓게 설정되어 있습니다만, 주최자는 종교의 많은 분야에서 특별히 '행'이라든가, '길'과 같은 것, 예를 들면 선불교로부터 배우는 기독교의 명상이라든지 정토교의 '염불'로부터 배우는 기독교의 '예수의 기도'와 같은 것이 아니라, 오히려 '교(敎: 가르침)'의 분야를 염두에 두고 있음이 분명합니다. 그러므로 심포지엄의 표제를 '기독교 신학은 불교의 가르침과 논리로부터 무엇을 배울 수 있을까'라는 식으로 고쳐서 읽어도 괜찮을 것입니다.

다시 말해서 여러분도 그러시리라고 생각하지만, 난잔종교문화연구소의 연구소원들은 독서를 통해서, 또는 그것보다도 불교와의 대화의 장을 통해서 불교의 영향을 분명하게 받고 있습니다. 더욱이 불교의 근본 개념을 도입해서 형성된 신학의 여러 단편들과 만나고 있으며, 그것이 '재미있을' 뿐만 아니라 매우 중대한 시도라고 생각하고 있습니다. 그렇지만 이런 시도는 일본의 신학계에서 그다지 주목받지 못하고 있으며, 일본의 기독교 신학의 주류에 대해서는 거의 영향을 미치지 못한다고 봅니다. 게다가 이러한 시도가 일견 제각각 이루어지고 있어서 통일된 모습을 보여주지 못하는 듯한 인상을 남긴다는 사실도 부정하기 어려울 것입니다.

그러므로 일본에 존재하는 그러한 기존의 시도들을 한번 모아서 정리해 볼 필요가 있지 않을까라고 생각하게 되었습니다. 물론 그것은 모든 것을 종합한다는 의미가 아니라(그러한 시기는 아직 도래하지 않았다고 생각됩니다) 오히려 한번 재고(在庫) 조사를 해봐서 재산목록을 만들어 보면 어떨까 하는 정도의 생각이지요. 그렇게 함으로써 알 수 있는 것은 우선 그러한 방향의 시도로서 어떤 것이 어느 정도 있는지, 그리고 그것들을 조금 정리해 봄으로써 그 중에 공통된 주장이나 이론을 구별해 볼 가능성이 어느 정도 있는가 하는 사실이겠지요.

그러한 검토를 통해서 주로 다음과 같은 점들에 관해서 균형 잡힌 판단을 내릴 수 있으리라 기대됩니다. 즉 ① 지금까지 형성된 이론 중에 이미 '소득'(확실한 결과)이라고 할 만한 것이 포함되어 있는가? ② 그러한 이론이 불교 이론에 많이 의존하면서도 기독교 메시지에 정말로 충실한가? ③ 이러한 신학적 경향에 어느 정도 장래성이 있는가? 이와 같은 물음에 답함으로써 불교의 근본 개념을 도입해서 형성된 신학에 대한 우리들의 태도를 정할 수 있음에 틀림없을 것입니다. 만약 그 대답이 긍정적이라면, 우리 ─ 또는 일본의 신학계 그 자체 ─ 는 지금까지의 부정적이거나 무관심한 태도를 지양해서, 그 신학의 개척자들의 유산을 소중히 하고, 그들의 발자국을 따라서 나아가도록 노력해야 한다는 결론이 나올 것입니다.

기왕 말이 나온 김에 덧붙여서 말씀드리자면, 난잔종교문화연구소는 외국인 신학자에게도 '불교로부터 배운 신학의 방법'에 참가할 기회를 드릴 생각입니다. 덧붙여 이 심포지엄의 기록을 영문으로 번역해서 미국의 출판사에서 발행할 계획을 세우고 있다는 말씀을 드립니다.

이러한 신학의 동기부여

심포지엄 주최자의 목적을 확인했으므로, 다음으로는 불교의 이론과 논리를 도입해서 신학하는 일 그 자체에 주목하고 싶습니다. 이러한 신학의 방법은 그 주창자에게 있어서 어떤 의의를 지니고 있고, 그러한 방식으로 신학하는 동기는 어디에 있겠습니까? 그러한 일은 흥미로운 지적 모험이라고는 생각되지만, 그들이 쓴 텍스트를 읽어 보면 이 사상가들이 주로 자기 자신이나 일본 기독교인의 실존적 필요성에 자극 받았으며, 기독교적 신앙에 근거한 동기에 의해서 움직여왔다는 사실이 분명한 것 같습니다.

하나의 증언을 예로 들어 본다면, 혼다 마사아키 씨는 다음과 같이 쓰고 있습니다.

기독교적 진리를 불교적 논리에 의해서 재 표현하려는 신학적 노력은 오늘날 (중략) 일본의 기독교 학도에게 있어서 피하기 어려운 하나의 섭리적 과제가 아닐까?[1]

이 신학자의 동기부여를 좀 더 분석적으로 주시해 보면, 주로 다음과 같은 세 가지 동기를 구별할 수 있는 것 같습니다. 첫 번째는 일본 기독교인에게 있어서 가장 실존적인 동기인데, 이는 엔도 슈사쿠(遠藤周作), 이노우에 요오지(井上洋治) 등의 문학으로부터도 생생하게 드러납니다. 즉 기독교가 몸에 익혀 온 서양의 지적 의복(衣服)이 동양인, 일본인으로서의 자신에게는 맞지 않는다고 느낀 나머지 자신의 신앙에 대한 보다 일본적인 지반을 찾으려는 동기입니다. 그것을 토착의 동기라고 이름 붙입시다. 이 경우에 불교의 나라인 일본의 기독교인의 눈에는 불교의 종교적 논리가 가장 좋은 가능성으로서 비친다고 해도 무리는 아니라고 여겨집니다. 두 번째는 대화적 동기라고도 할 수 있는 동기가 있습니다. 즉 기독교인으로서 자신이 거기에 둘러싸여서 살고 있는 불교에 이르는 신학적 통로와 중개를 만들려는 소망입니다.

세 번째, 그 사상가들의 논문에서 또 하나의 더 소중한 동기를 발견할 수 있습니다. 그것은 동양인의 경우 특별히 민감하다고도 여겨지지만, 그 자체만으로 보면 세계 여러

---

1 本多正昭, 「仏教の'即'の論理とキリスト教」, 『宗教哲学論集』(私家版, 1974年), 2頁.

나라의 기독교계에서 찾아볼 수 있는 충동입니다. 그것을 조금 구호처럼 불러 본다면, 기독교를 그리스적 포수(捕囚)로부터 해방시키려는 소망입니다. 그것은 지상의 세속적 존재의 기초를 설명하고자 하였던 그리스 철학의 논리가 종교적 사실, 특히 셈족의 사고방식에 뿌리를 지닌 기독교를 표현하는데 적합하지 않다는 자각과 함께, 저 그리스적 범주나 논리를 가지고 표현된 신학(과 그에 따라서 만들어진 '신앙과 이성'의 대립)에 대한 불만에 근거한 동기입니다.

이것은 어찌 보면 일본만의 현상이 아니고 전 세계의 기독교에서 찾아볼 수 있는 현상이지만, 일본 기독교 사상가들이 지니는 특징은 그들이 그리스적인 것 대신에 보다 종교적인 불교의 범주나 논리를 가지고 기독교의 가르침을 재고하려 한다는 점에 있다고 할 수 있습니다. 모처럼 불교와의 접촉을 풍부하게 누린 사람으로서 그러한 일을 하는 것이 기독교인으로서 자신의 섭리적 과제와 사명이라는 자각이 그들의 논문에서 강하게 드러납니다.

이러한 노력에 의해서 얻고자 하는 것은 두 가지 측면으로 구분할 수 있겠습니다. 하나는 기독교의 가르침을 보다 밀접하게 그 본질에 맞는 형태로 표현하는 것이고, 다른 하나는 기독교의 보편성 — 즉 기독교가 단지 서양적인 것뿐만이 아니라 동시에 동양에도 어울린다고 하는 것 — 을 드러내려는 소망입니다. 전자는 아리가 테츠타로(有賀鐵太郎) 선생의 저서에 특히 분명하게 드러납니다. 후자는 무토 카즈오(武藤一雄) 선생에 의해서, 예를 들면 다음과 같이 표현되었습니다.

> 종래의 기독교가 세계 종교라고 하는 성격을 가진다고 하더라도, 너무 서양적인 세계 종교라는 성격을 지니고 있었다고 생각되기 때문에 …… 실로 에큐메니칼한 종교가 되려면 동양적 (혹은 일본적)인 세계 종교가 될 수 있는 길을 찾지 않으면 안 된다고 생각한다.[2]

그런데 해외, 특히 서양에서는 전통적인 그리스적 신학에 대한 불만이나 비판이 가장 강하게 들려오는 영역은 다음의 네 영역이 아닐까 사료됩니다.

① 조직신학이 성서적 사유로부터 너무나 거리가 있다는 사실을 종종 지적해 온 성서 신학.
② 좀 더 직접적으로 세계의 현상으로부터 신학 하려는 해방신학.
③ 하이데거, 데리다 등 전통적인 형이상학을 탈구축(deconstruction)하려는 철학적 운동에 영향을 받은 신학적 경향.(포스트모던 신학)
④ 전통적 신학의 범주를 가지고서는 기독교와 타종교의 관계를 생각할 수 없다고 비판하는 종교의 신학.

2 武藤一雄, 「信仰の神と哲学の神」, 『神学的・宗教哲学的論集I』(東京, 創文社, 1980年), 45頁.

이런 영역에서 들려오는 비판이 전통적 신학의 어떤 점에 해당되는가를 여기서 조사할 수 있다면, 일본에 있어서의 '불교적' 신학이라는 경향이 지닌 세계적 위치를 생각하는 데 몹시 유익하다고 여겨집니다. 그러나 그렇게 할 시간도 자격도 제게는 없으므로 생략하기로 하겠습니다.

'불교적' 신학에 관한 두세 관점

다음으로 가능한 한 토론을 위한 자료가 될 수 있도록 하기 위해서 불교로부터 배워서 신학하는 일을 조금 다른 관점에서 보기로 합시다.

우선 일본에 있어서의 이 신학적 운동의 콘텍스트라고 할 만한, 국제적 환경 속에서의 위치에 관해서 조금 묻고 싶습니다. 조금 전 탈구축 신학에 대해서 잠시 언급했는데, 그것과 일본에 있어서의 이 신학과의 관계는 무엇일까요? 양자 사이에는 공통되는 점이 많이 있고, 사상의 방향성도 비슷한 느낌이 들기도 합니다. 이 두 운동 사이에 이미 무언가 연결이라든지 상호영향도 있겠지요. 그리고 전통적 신학에 대한 비판으로서의 불교적 비판에는 포스트모던적인 비판보다 더 철저함이 있다고 할 수 있을까요? 또 다른 불교국(한국, 대만 등)에서도 유사한 움직임을 볼 수 있을까요? 게다가 아시는 대로, 인도에서는 르 소(Le Saux), 몬차닌(Monchanin), 비드 그리피스(Bede Griffiths) 등을 대표로 하는 (인도의) 아드바이타(不二元論) 사상에 영향을 받은 기독교적 운동을 찾아볼 수 있는데, 이것과의 관계와 연결점은 무엇입니까?

나아가 이 신학에 미친 불교(무엇보다 공(空)의 논리)의 영향은 어떤 것입니까? 그것을 자세하게 '정의'할 수 있을까요? 예를 들면, 그 역할은 단지 부정적, 비판적, 탈구축적인 것(말하자면 우상을 부수는 기능)입니까? 그렇지 않으면 그 역할은 동시에 적극적이고 구축적이라고도 할 수 있을까요? 잘 아시는 것과 같이, 부파불교의 아비달마에 대해서 용수(龍樹)의 공이 지닌 기능은 순수하게 부정적인 것이었다고 곧잘 말해집니다.

또 한 가지, 이번 우리들의 모임은 '불교의 영향 아래에서 신학하는 것'이라고 해도 좋을 텐데, 그때 '불교'라고 해도 특정한 불교임을 분명히 하는 것이 좋다고 생각됩니다. 즉 거칠게 말해서 그것은 '대승불교 중에서도 불성(佛性)에 중점을 두는 불교, 또는 공을 근본 원리로 하는 대승불교'라고 할 수 있지 않겠습니까? 그것은 다양한 불교 현상 중에서 볼 수 있는 매우 훌륭하게 발전된 형태의 불교라고 할 수 있지만, 결코 불교 전체라고는 할 수 없을 것입니다.

더욱이 불교가 기독교 신학자들에게 직접 영향을 미쳤다기보다는 간접적으로, 즉 교토 학파의 철학이 매개가 되어서 영향을 미쳤다고 하는 일도 간과해서는 안 될 것입니다. 교토철학의 사상적 방향은 앞에서 거론하였던 불교에 매우 충실하고 가까운 것이라고 생각됩니다. 그러나 그 충실함이란 양자가 안고 있는 문제에까지 미치고 있다고 말할 수 있을지도 모릅니다. 즉 교토학파의 사상도 앞의 불교와 같이 일상생활, 무엇보다도 사회적 실천으로의 전환이 곤란하다고 하는 문제를 떠안고 있는 것처럼 생각됩니다. 그러나 한쪽은 종교이고 다른 한쪽은 철학이라고 하는 차이는 여전히 남아 있습니다. 철학은 철학일 뿐 종교적 '길'을 진정으로 고려할 수 없으며 종교적 진리에 포함되어 있는 신비를 존경할 수 없고, 오히려 그 신비를 세속화합니다. 즉 끝없이 보편화하고 논리화하는 것입니다. 저는 주로 헤겔을 예로 생각하고 있습니다. 그러나 지금 문제가 되어 있는 것에 입각해서 말한다면, 그리스 철학의 신을 탈구축하는 것을 많이 칭찬할 수 있습니다. 반대로 동양철학적인 신에 도달하고 싶다고는 생각하지 않습니다. 이 점에 대해서 무토 선생님의 경고의 말에 귀를 기울여야 한다고 여겨집니다.

> 니시다 선생의 철학과 그의 기독교관은 … 전통적인 신학적 지평을 넘어 새롭게 눈을 뜨게 해줄 수 있는 것이 있음과 동시에, 잃어서는 안 될 것을 잃어버리고 마는 위험성도 잠복하고 있는 것처럼 생각된다.[3]

마지막으로 한 가지만 더 거론하고 싶습니다. 불교적 사상이 주로 어떤 신학의 항목이나 영역에 공헌할 수 있는가 하는 물음을 던져보고 싶습니다. 지금까지 말씀드린 신학의

---

3 武藤一雄, 『キェルケゴール』(西宮, 国際日本研究所, 1967年), 346頁.

성과로부터 보자면, 신의 존재와 본질 (아마도 삼위일체의 문제도 포함해서), 신과 인간의 관계 — 기독교적 교리의 중심임과 동시에 가장 형이상학적인 부분 — 에 관해서는 불교의 공헌가능성이 매우 크다는 느낌이 듭니다. 한편, 교회론이라든지, 성육신의 연장선상에서 이해되는 비적(秘跡)의 문제에 대해서는 불교의 사상에 그다지 기대할 것이 없다고 일단 생각됩니다. 그러나 예를 들어 윤리 신학에 관해서는 어떨까요? 불교처럼 선·악의 이원론을 넘는 입장은 기독교의 윤리 사상에 유익한 일면이 될 수 있지 않을까요? 이 물음은 차치하고서라도, 지금까지 말씀드린 신학에 있어서는 윤리적 측면이 충분히 고찰되고 있지 못한 것은 아닐까요?

벌써 수확이 있는가

끝으로 한 가지 질문을 더 던지고 싶습니다. 이 심포지엄에서 우리들은 불교로부터 배운 신학의 성과를 정리하고 반성해 보려고 합니다. 현재라고 하는 시점에서 그러한 시도가 이루어진 여러 문헌들 속에 '수확'이라고 부를 만한 것들이 포함되어 있을까요? 즉 앞서 말씀드렸던 사상가들이 이구동성으로 주장하고 있으며, 우리도 모두 동의해야 할 그런 명제를 찾아낼 수 있을까요?

만약 그런 것이 있다고 하면, 그것은 이 심포지엄의 논의에 의해서 판명될 것입니다. 그러나 앞으로의 논의를 위한 발판이 되었으면 하는 심정으로, 저 나름대로 '그렇지 않은가'라고 생각한 것 두세 가지를 비판하기 쉽게 공식화한 형태로서 거론하고 싶습니다.

1. 영적 사실 (니시다 기타로가 '심령상의 사실'이라고 부른 것)을 이해, 표현, 정리하는 데 있어서는 그리스적 논리보다 불교적 논리가 적절합니다.

2. 종교적 사상이나 실천에서 있어서는 불교의 연기설 (pratitya-samuptpada)이 극히 중요한 사고방식입니다. 다만 공과 동일시된 연기, 즉 만물의 자성(self-being)을 완전히 무화(無化)하는 상호관계성이라는 발상은 '타(他性, alterity)'가 큰 역할을 담당하는 기독교에는 그대로는 받아들여지지 않습니다. (따라서 '무즉애(無卽愛)'라는 공식은 오해를 부르는 것입니다.)

3. 불교사상이 기독교 신학에 대해서 가장 유익한 기능을 가질 수 있는 것은 종래의 신학에서 지나치게 이원론적으로 생각되어 온 항목의 상호의존을 분명히 드러내는 데 있습니다. 예를 들면 믿음과 깨달음, 신을 아는 것과 자기를 아는 것, 그리고 종교에 있어서의 주관과 객관이라는 것을 생각하는 경우, 이와 관련해서 무토 선생님의 또 하나의 말이 생각납니다.

우리들이 신학적 사유에 있어서 해결하기 어려운 아포리아에 봉착할 때, 니시다 철학으로부터 얻을 수 있는 귀중한 시사가 적지 않음을 고백해 두고 싶다.[4]

4. 기독교의 '교'와 '행'은 그 구조나 내용에 있어서, 그리스적 '유(有)'의 철학에 의해서 이론화되고 설명될 수 있는 이상의 깊은 부정성을 포함하고 있습니다. 시카고 대학의 신학부 교수였던 랭돈 길키(Langdon Gilkey)는 이러한 사실을 다음과 같이 표현하였습니다.

> 한편으로 오로지 신이 있음을 주장하면서, 한편으로 신의 아들의 죽음에 중심성을 놓는 (기독교의) 교리는 다소 모순된 것이 아닌가?[5]

5. 신의 본질을 생각할 때 '유(有)'라는 범주만으로는 불충분하며 동시에 '무'라는 범주에도 적극적인 역할을 주지 않으면 안 됩니다. 다만 마찬가지 논리로, 신은 '무(無)'만으로 생각할 수는 없습니다. (그것을 '절대무'라고 부른다 하더라도 그렇습니다.)

이상입니다. 저의 짧은 발제가 앞으로의 논의를 위해서 조금이라도 힌트가 될 수 있다면 다행이겠습니다.

---

4 同書, 37頁.

5 Langdon Gilkey, in: Buddhist-Christian Studies, 5(1985), p.77.

상즉(相卽) 신학에 이르는 길

혼다 마사아키(本多正昭)

들어가면서

'기독교는 불교로부터 무엇을 배울 수 있을까.' 이것이 이 번 심포지엄의 종합테마이다. 만약 여기서 기독교나 불교를 각자의 체험적 사실에 한정한다면 (오다가키 씨 논문의 모두(冒 頭)에서도 지적되고 있듯이), '믿음'이라든지 '깨달음'이라는 것 자체는 개념을 뛰어넘는 사실이기 때문에, 비교한다든지, 서로 배운다든지 하는 수준에서 그것들을 다룰 수는 없을 것이다. 그러나 예를 들면 니시다가 『선의 연구』 서문에서 '순수 경험을 유일한 실재로 해서 모든 것을 설명해 보고 싶다'라고 말하고 있듯이, '믿음'이나 '깨달음'이라는 사실 속 에 자리하고 있는 이치[理]를 감히 언어화한다고 하는 철학 적인 설명의 차원에서 본다면, 이번의 종합테마는 지극히 현대적이고 국제적으로 중요한 과제일 것이다. 그것은 나에 게 있어서도 평소부터 매우 절실한 관심사였다. 그래서 나 는 이 종합테마를 '일본의 기독교인으로서 불교 철학으로부 터 무엇을 어떻게 배울 수 있었는가'라고 한정해 놓고, 당돌 한 말로 들리지도 모르겠지만, 「상즉신학에 이르는 길」이라 는 제목 하에 지금까지 내가 배울 수 있었던 것들을 간명하게 보고하고 싶다.

제1부 '즉'과의 만남

(1)

기독교 신앙인으로서 내가 불교에 접근하지 않을 수 없었던 것은 기독교 신앙을 가진 지 십 수 년 후의 일이었다. 그것은 불교의 세계에도 동일한 신의 작용이 맥동하고 있다는 것을 남몰래 확신하지 않을 수 없었기 때문이다. 이윽고 나는 불교와의 만남을 통해서 전통적 기독교를 재표현하는 것이 예수가 내게 주신 두렵고도 떨리는 명령인 것처럼 느끼게 되었다.

내가 기독교 신앙에 들어선 것은 직접적으로는 아우구스티누스의 '고백록'의 영향이었다. 그러나 입신(入信)이라든지 회심이라고 하는 제2의 탄생은 조금 더 거슬러 올라가 보면, 니체에 깊게 심취한 나머지 절망적인 니힐리즘에 빠졌던 내가 기적적이라고밖에 할 수 없는 방식으로 구원받은 경험이었다. 그것은 땅의 표면이 새롭게 되는 눈 뜸의 경험이기도 하였다. 그래서 나에게 있어서 믿음과 깨달음은 처음부터 하나였다.

그러면 기독교인으로서 왜 또 불교 — 특히 선불교 — 에 접근하지 않을 수 없었는가? 그 하나의 이유로서 생각해 볼 수 있는 것은 외국 유학 중에, 원하든 원치 않았든 간에 일본인, 동양인으로서의 자기이해에 직면하지 않으면 안 되었다는 사실이었다. 그러나 아무리 생각해 봐도 그것이 이유의 전부는 아니었다. 역사적이고 세속적인 형태로서의 서양 기독교의 역사를 허무주의로서 가차 없이 단죄한 니체의 시점이 다른 차원에서 소생했기 때문은 아닐까 생각된다. 니체의 눈에는 그러한 전통적 기독교는 '대중을 위한 플라톤주의'이며, '신성한 거짓말'에 지나지 않았지만, 나는 나대로 막 배우기 시작한 전통적 가톨릭 교학에서 발견했던 것은 단순한 대상 논리적 구성물에 불과하였다. 그리하여 신앙의 표현이 점차 이러한 대상 논리에 속박되는 것에 대해서 무의식적인 저항을 느낀 나머지, 다시금 니체적인 시점이 발동했던 것 같은 생각이 든다. 원래 입신 전 니체에 심취하고 있었을 무렵의 나는 신약성서의 그리스도를 전혀 만나지 못했으므로, 무지와 오해로 굳어진, 세속적 형태로서의 기독교에 대해서 무언가 반항하는 척 연기하고 있었던 것에 지나지 않았다.

(2)

내가 성서의 예수를 처음으로 만나, 원하든 원치 않았든 간에 신을 믿게 된 것은 24살 때의 여름이었다. 그 반년 후에 가톨릭의 세례를 받아 교회의 전례나 비적 — 특히 '성체의 비적' — 에 깊은 영혼의 양식을 발견하였다. 그 후 3년의 기간을 거쳐서 도미니코 회에 들어갔으며, 유학을 떠나오로지 서양 중세의 스콜라 철학을 배웠다. 나는 무의식적으로 나의 입신 체험의 사실을 사실에 입각해서 설명할 수 있는 논리를 계속해서 모색해 보았지만 결국 허사였다. 스콜라 철학은 어디까지나 아리스토텔레스의 형식논리를 기반으로 하고 있어서, 그 자체로 신앙의 논리가 아니었으며, 더욱이 동양 사상과의 매개는 전혀 찾아볼 수 없었기 때문이다. 따라서 영적 생활과 지적 생활, 신앙의 인식과 신학적 설명과의 이분법적 경향(이층 건물 방식)에 대한 격화소양(隔靴搔痒)적 느낌에 괴로워하고 있던 참에 점차 '일본이란 무엇인가, 일본인이란 무엇인가'라는 민족적 기사구명(己事究明)의 문제가 뿌리치기 어려운 선결 과제로 자각되었다.

물론 처음부터 문제점이 그처럼 명확하게 의식되었던 것은 아니었다. 의식의 면에서는 오히려 아리스토텔레스의 형식논리를 최대한으로 구사한 엄밀한 분석적 사상 체계의 위대한 전당에 매료되어서 신앙이라는 이름하에 모든 것을 거기에 포함시키기 위해 필사적이었다. 그러나 형식논리 자체는 신앙의 논리도 실존의 논리도 아니었으므로 그러한 의식적 노력을 하면 할수록, 무의식적 혹은 실존적, 신체적 차원과의 갈등의 골은 더욱 깊어 갈 뿐이었다. 나는 이윽고 수년간에 걸쳐 가스의 이상 발효, 복부 팽창, 구토 등의 로지칼 쇼크(logical shock) 심신증이라고도 할 수 있는 보디랭귀지에 시달리게 되었다.[1]

---

1 그 간의 논리적으로 고투한 상세한 내용에 대해서는 졸저 『超越者と自己 - 滝沢・阿部論争に寄せて』(創言社, 1990年, 20~27쪽)과 『仏教とキリ

(3)

귀국해서 도미니코 회를 탈퇴하고는 수 년 동안 연구를
단념하고 고교 교육에 전념하였다. 그런데 어느 날 나이 든
한 농부와의 만남을 통해서, 나 자신의 영혼의 심부에 깊게
흐르고 있던 불교적 감성에 눈을 떴다. 이로써 불교와의 자
각적인 만남은 점차 피할 수 없는 과제가 되어 갔다.

이렇게 해서 1967년에 쿠마모토(熊本)에서 코오베(神戶)로
옮겨 갔으며, 호랑이 굴에 들어가는 심정으로 노(老) 불교철
학자 나카야마 노부지(中山延二) 박사의 연구실 문을 두드렸
다. 그로부터 10년, 오로지 '즉의 논리'에 근거하는 불교 경
전의 강석을 참사문법(參師聞法) 하면서, '즉의 신학'이라고
하는 들어본 적도 없는 새로운 테마에 몰두하게 되었다. 기
독교가 포교지의 민족적 지하수에까지 수육(受肉)되는 것,
그리고 입신의 경험을 사실에 입각해서 설명하는 구체적인
논리를 발견·발명해 가는 것, 이것이야말로 그리스도의 본
원(本願)임에 틀림없다. 사상에 종사하는 사람으로서는 이
역사적 사명에 호응해서 동양의 신학을 형성하는 것이야말
로 급무가 아닐 것인가? 이 목적을 실현해 가기 위한 강력

스ト教-滝沢克己に問う』(阿部·秋月·八木·本多共著, 三一書房, 1981年)
에 실린 졸론 「根源的リアリティーの論理的探求」를 참조해 주시면 고
맙겠습니다. 앞의 책은 제7회 東西宗教交流学会(1988년 7월 25~28일, 교
토 팔레스사이드 호텔)에서 첫째날 발표했던 졸론의 전문이고, 뒤의 글
은 아베씨의 논문을 둘러싼 공저 4명의 토론을 기록한 것이다. 또한
일반인을 대상으로 썼던 졸고 「心身症から東洋神学へ(1)-(3)」(柏樹社,
1994년 10월호~1995년 1월호)에 실린 글도 참조하시오.

한 무기로서 내가 아무래도 무시할 수 없게 된 것이 바로 불교적 즉의 논리였으며, 그 논리적 구조를 철학적으로 해명한 것이 니시다의 '장소적 논리' 혹은 나카야마의 '모순적 상즉'이었다. 이러한 논리를 매개로 전통적 기독교의 세계관을 재표현·재해석하면서, 학제적·종제적(宗際的) 광장에까지 이것을 전개해 가는 창조적인 학문의 활동이야말로, 유일한 대승불교국이라고 하는 일본의 기독교 학도에게 주어진 피할 수 없는 섭리적인 사명이라고 생각했던 것이다. 오랫동안의 사상적 갈등을 거친 끝에 나는 변변치 않은 표현이기는 하지만, '불가역 즉 가역', '하늘에 계신 아버지 되시는 하느님과 땅에 계신 어머니 하느님'과의 '불이상즉(不二相卽)'(도표 참조)이라는 도식에 의해서 상즉신학의 기본 개념을 규정해 보았다. "서구 가톨릭 신학 그대로를 가지고는 일본인에게 복음을 말하기에 전혀 도움이 되지 않는다는 사실을 피부로 느끼게 되었다"고 하는 이노우에 요오지 신부의 비통한 술회는 그대로 당시부터 나 자신이 은밀하게 실감하고 있던 것이기도 하였던 것이다.[2]

2 井上洋治, 『余白の旅』, 日本基督教出版局, 1980年, 138頁.

새로운 인간학을 위하여

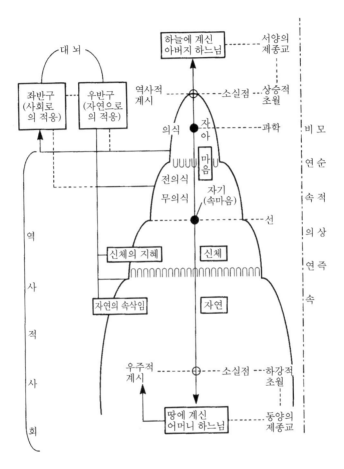

⟨당신은 우리의 안보다 더 안에 계시고, 우리의 위보다
더 위에 계신다⟩ (아우구스티누스 『告白錄』 3.6.11)

(4)

니시다의 장소적 논리의 확대 재해석을 통해서 '불가역 즉 가역'이라는 도식에 이르기까지의 사상적 갈등의 경과는 지면 관계로 다른 졸저를 보아 주시기를 부탁드리면서, 여기에서는 '즉'이란 어떠한 논리구조를 가지는가를 명확하게 하기 위해서 나카야마의 '모순적 상즉'에 관한 간결한 설명을 소개하고, 그 현대적 전개의 광대한 영역을 시사해 두고 싶다. 나카야마에 의하면 사물의 관계방식은 이하와 같은 세 가지 단계로 구분해서 생각할 수 있다고 한다.[3]

먼저, 우선 두 개(또는 다(多))의 사물(예를 들면 콩과 쌀)이 있고 그 다음에 하나(콩밥)로 결합되는 관계, 이것은 상식적인 대상논리이며 과정적인 생각이다. 둘에서 하나로, 분리를 근거로 해서 결합을 생각하기에 근본적으로는 이원론(또는 다원론)의 입장이다.

이러한 입장에 선다면 우리는 '콩과 쌀' 대신에 다음과 같은 것을 얼마든지 자유롭게 열거할 수 있다. 예를 들면, 주관과 객관, 나와 너, 자기와 초월자, 서양과 동양, 남성과 여성, 기독교와 불교, 유일신과 음양의 원리, 상승과 하강, 하나의 중심(원)과 두 개의 초점(타원), 말하는 종교와 듣는 종교, 불가역과 가역, 직선과 곡선, 지성과 심정, 의식과 무의식, 자아(에고)와 자기(셀프), 분석과 직관, 마음과 몸, 인간

3 拙著 『超越者と自己』, 34~55頁 参照.

과 생태계, 입자와 파동(닐스 보아), 명재계(明在系)와 암재계(暗在系)(데이비드 봄), 방편설과 진실설(불교), 드러남[顯]과 감춤[隱](화엄경), 비연속과 연속, 이원론과 일원론, 삶과 죽음, 대상 논리와 구체적, 장소적 논리(니시다) 등이 있을 것이다.

두 번째, 첫 번째와는 반대로 원래 하나라는 근저가 있고, 그것이 이러저러한 방식으로 나누어져서 둘(또는 다)이 되는 관계. 예를 들면 주객미분이라는 곳으로부터 모든 것을 생각하는 것이 이에 해당한다. 하나로부터 둘(다)로, 결합을 근거로 해서 분리를 생각하는 입장이기에 근본적으로 일원론이다. 그러나 이것도 근거를 한편에 둔다는 점에서는 첫 번째 입장과 같아서 추상적이고 과정적이라는 사실을 면할 수 없다.

이 인용문에 대해서 사족을 덧붙이고 싶다. 만약 둘(또는 다)로부터 근원적인 하나를 상정하고, 대립물의 추상적인 통일 개념으로서의 하나로부터 다시금 둘(또는 다)을 관념 조작적으로 설명해 가려는 것이라면, 그러한 일원론도 실은 이원론(또는 다원론)의 변형에 지나지 않는다고 하는 것이다.

세 번째는 분리에도, 결합에도 근거를 두지 않으면서 하나에 결부되어 있는 것이 동시에 둘로 나누어져 있는 것, 둘로 나누어져 있는 것이 동시에 하나로 결합되고 있는 관계, 이는 하나이면서 둘이고, 둘이면서 하나라는 관계로서, 불일불이(不一不二, 줄여서 不二)론의 입장이다. 이 '불이'는 결코 무매개적, 무차별적인 불이가 아니고, 모순된 것의 불이이다. 종래의 서양 철학사에서 이러한 입장은 아직 나타나지 않았다. …… 이 세 번째 입장은 인간의 작위에 의한 것이 아니고, 현실 자신에게 말하도록 한 것이며, 저절로 성립되는 진리에 대한 파악으로서 불교의 독자적이고 구체적인 이해이다. …… 첫 번째, 두 번째는 세 번째 입장을 양방향에서 추상적으로 생각한 것과 다르지 않다.

나카야마가 말하는 세 번째 입장은 대상 논리적이고 합리주의적인 설명을 그 근저로부터 불식시키는 것이어서 문자 그대로 역접적(逆接的)으로 무[否定] 매개적인 직관의 논리이다. 이것이 나카야마의 '모순적 상즉' 혹은 생략해서 '상즉', 한층 더 생략해서 단지 '즉'이라고 하는, 의식에 앞서는 근원적인 논리인 것이다. 따라서 이 '즉'은 '즉비'라는 것과 별개의 것이 아니다.[4]

---

4 中山延二, 『現実存在の根源的究明』(百華苑, 1971年, 17~31頁) 参照.
또한 '十不二門指要抄(上)'에 있는 四明의 '卽論'과 '不二論'-『大蔵経』第46巻, 707頁에 대한 비판, 즉 四明의 '不二'가 말하는 '当体全是의 卽'은 불교 본래의 입장으로부터 본다면 '不一'에 의해서 논리적으로 보완할 필요가 있다고 보는 나카야마 씨의 비판적 전개에 대해서는 拙論「仏教的卽の論理とキリスト教」,「カトリック研究」 第二三号(上智大学神学会, 1973년, 1~3頁), 또는 拙著『神の死と誕生-'卽'の展開を求めて』(行路社, 1992년, 142~146頁) 参照. 中山延二, 『現実の具体的把握』(百華苑, 1968年, 160~169頁) 参照. 中山延二, 『華厳経哲学素描』(百華苑, 1978年, 10, 65, 73頁 이하), 『華厳一乗十玄門』(大正四五・五一五c), 『五教章』(大正四五・五〇五a)에 있는 十玄の第三「秘密隠顕倶成門」 参照.

(5)

그런데 나는 '즉'이 가지는 중요한 사실을 한 가지 더 첨가해 두지 않으면 안 된다. '불일불이'라든가 '둘이면서 하나이고 하나이면서 둘이다'라는 것은 이미 설명한 것처럼 결코 양자가 단순히 표면적으로 무매개적인 '불이'의 관계에 있다는 뜻이 아니라 모순적인 '불이'의 관계에 있다는 말이다. 그 진상은 '은현구성(隱顯俱成)'적 상보성(complimentarism)의 원리에서 관철되고 있다고 생각된다. 예를 들면 '초월 즉 내재'에 있어서, 초월이 '현'인 경우에는 내재가 '은'이 된다. 그러한 형태로 양자는 서로 포함하고 포함되는 관계를 이룬다. 그러므로 세계가 궁극의 근저에 있어서 '불가역'이라든가 '가역'이라는 주장도 일종의 요소환원주의적 발상이며, 그것들은 모두 추상적이고 일방적인 관찰이라고 하지 않을 수 없는 것이 아닌가? 불가역적인 면과 가역적인 면도 은현구성적 상보적 세계의 양 측면으로서 파악할 수 있다면, 모두 하느님을 표현하는 정당한 개념으로서 수용해야 하지 않는가?

그런데 '은현구성'이란 도겐(道元)에 의하면 '한편은 깨달음이고, 한편은 일상생활'이라고 하는 것이다. 그것은 '심신을 들어 올려서 색을 간취'하면 '거울의 그림자를 간직하지 않는다'라는 말이다.[5] 만약 온 천지가 복숭아 꽃[顯]이면, 이미 거기에는 자기라고 하는 것도 없다[隱]. '어두워지는 것(晦

---

5 道元禪師, 『正法眼藏 – 現成公案の卷』.

ㄴ'은 거울이 비추는 그림자처럼 자아가 형태로서 잔존하는 것이 아니고, 복숭아 꽃 안에 완전히 '숨겨져[隱]' 사라지는 것이다. 그것은 '현'의 절대부정으로서의 '은'이다. 동시에 '현'도 '은'의 절대부정으로서의 '현'이 아니면 안 된다.[6] 그렇다면 '가역을 깨달을 때는 불가역은 어두워지며', 반대로 '불가역을 깨달을 때는, 가역은 어두워지지' 않으면 안 된다. 나의 '불가역 즉 가역, 가역 즉 불가역'의 입장은 전통적 기독교의 이론으로부터 벗어난 것이어서, 나 자신의 입신체험의 경험을 불교 철학의 논리를 통해 재표현해 본 결론이었다. 아베와 타키자와의 논쟁에 대한 나의 시점도 이러한 입장으로부터 비롯된 것이지만, 그 내용은 다음과 같다. 과거의 기록으로부터 재현해 보고 싶다.

(6)

나는 입신 이래로 단순하게 불가역성의 의식으로 가득 채워져 있을 뿐이었다. 그런데 후에 불교와 만나 즉의 논리를 깨닫고부터는 불가역성이 단순한 불가역성이 아니라 가역성과 상즉적인 불가역성임을 자각했다. 즉 이 불가역성은 결코 공포의 느낌만을 환기시키는 일방통행적인 불가역성(단순한 불가역성)이 아니라, 동시에 사랑과 자유와 신뢰의 교제를 가져오는 불가역성이었다. 그런데 사랑과 자유와 신뢰의 교제는 가역성의 지평에서 피어나는 꽃이기 때문에, 불

---

6 本多正昭, 『比較思想序説』(法律文化社, 1979年, 67頁) 참조.

가역성은 가역성의 인(因)이었다고 하지 않으면 안 된다.

그런데 한 번 더 뒤집어서 생각해 보면, 불가역성의 의식은 실은 내가 신을 만나서 사랑의 교제라는 고차의 가역적 관계에 둘러싸인 순간에 발생하는 사실이다. 그렇다면 실은 가역성이야말로 불가역성의 인(因)이라고 할 수 있다. 이상의 내용을 요약해 보면, 불가역성을 자각하는 것이 곧 가역성의 성립이며, 동시에 만남에 있어서 절대의 결합(가역성) 없이는 절대의 분리(불가역성)도 자각될 수 없다. 그러므로 신앙의 사실에서는 가역성과 불가역성은 상호적이며 동시 인과라는 관계를 이루고 있다. 그렇다면 비록 '하나'가 다른 무엇보다 상대적으로 강조된다고 해도 — 예를 들어 불교에서는 가역 면이, 기독교에서는 불가역 면이 강조된다 — '하나'를 다른 것으로부터 완전히 단절시켜서 독립적으로 한쪽이 절대화되는 경우에는, 어느 쪽도 추상적이고 배타적인 자폐적 세계를 허구(虛構)적으로 만들어낼 뿐이다. 이러한 의미에서 나는 근원적 현실의 논리구조를 '불가역 즉 가역, 가역 즉 불가역'이라고 규정했던 것이다. 아마도 절대자의 작용은 어디까지나 스스로의 불가역적 선행성을 비우고, 동시적 상호인과를 현성해가는 작용일 것이다. 따라서 그것은 동시에 우리의 상대적 자아의 절대화를 끊임없이 비워가는 작용이라고 생각하지 않을 수 없다.[7]

---

7 本多正昭, 『滝沢克己 著 「続・仏教とキリスト教」(法臓館, 1979年)の書評』, 『日本の神学』 二〇号, 日本キリスト教学会, 1981年, 131~132頁

(7)

나는 이상과 같은 입장으로부터 불교적인 즉과의 만남을
통해서 그 논리적 확대 재해석을 시도하여, 전통적 기독교
의 근본 개념을 재구축 내지 재 표현하려 하였다. 나는 나
자신의 능력을 훨씬 뛰어넘는 세기의 과제에 미력을 다하여
임하면서 오늘에까지 이르렀다. 그 성과는 참으로 미미한
것에 틀림없겠으나 이하에서는 이 새로운 논리적 입장으로
부터, 에고·셀프·몸·자연생태계, 그리고 이것들 모두에
게 초월적 즉 내재적, 상승적 즉 하강적, 부성적 즉 모성적
으로 관통하고 있는 신의 기능에 대해서 내가 현재 생각하
는 부족한 견해를 기술해보려 한다.

제2부 '즉'의 신학적 전개를 찾아서

(1)

융에 의하면 예부터 교회는 '삼위일체'로부터 여성적 요
소를 이단으로서 배척해 왔음에도 불구하고, 1947년에 성인
으로 인정된 15세기 스위스의 신비가(神秘家) 플류에의 니콜
라우스가 본 비전에 의하면, 신은 두 개의 모습을 하고 있
었다. 한쪽은 왕으로서의 아버지, 다른 한쪽은 여왕으로서
의 어머니였다. 삼위일체의 환상도 전통적인 신의 이미지가
아니고, 이교적인 '아버지·어머니·아들'이라는 신의 모습

참조.

이었기 때문에, 융은 매우 곤혹스러워 했다고 한다. 그러나 융 자신은 같은 스위스인인 이 희유의 신비가가 그러한 비정통적인 비전에 접했던 것도, 전적으로 신의 은총에 의해서 거룩한 영혼의 깊은 곳을 정확하게 들여다보는 것이 허락되었기 때문이라고 보고, 이것은 오랫동안 교회의 도그마에 의해서 분단되어 있던 전 인류의 확신이 하나의 상징적 원형(one symbolic archetype) 안에 통합된 것이라고 보아 높게 평가하고 있다.[8]

(2)

나는 인간이 신을 만나는 것은 원형으로서의 부성애와 모성애의 통합을 체험하는 것이라고 거듭 생각해 왔다. 그 이유는 신의 소명에 응답해서, 신의 은총에 의해서 살아가는 신부나 수녀들에게 이러한 통합의 모델이 몇 번이나 감득되어 왔기 때문이다. 그러나 눈을 돌려 동서의 일반적인 전통적 경향을 비교해 보면, 서양에서는 부성적이고 천상적 (天上的) 측면이 강조되었고, 동양에서는 모성적이고 대지적 측면이 강조되어 왔다고 할 수 있다. 물론 이것도 우리에게 있어서는 어느 쪽이나 다른 쪽의 요소를 잠재적으로 포함하

---

8 C·G. ユング, 『元型論－無意識の構造』, 林道義訳, 紀伊国屋書店, 1982年, 107~108頁 참조. cf. C. G. Jung, Gesammelte Werke Bd. XI, "Bruder Klaus"(1933), Zur Psychologie westlicher und östlicher Religionen, 1988, 328~334 ; The Collected Works of c.G. Jüng, Vol. 11(Princeton University Press, 1945), 322~323.

며, 이런 의미에서 양자는 은현구성적 관계를 이루는 것이라고 재해석해야 한다. 본래 부성이 있기에 모성이 있고, 어머니가 있기에 아버지가 있기 때문이다.

(3)

그렇다면 예수가 가르쳤던 그 유명한 '주기도문'의 모두에 등장하는 '하늘에 계신 우리 아버지' 되시는 신이라는 개념도 구체적으로는 '땅에 계신 만물의 근원인 신'이라는 개념을 은(隱)적으로 포함한다고 재해석해야 한다. 가부장제 사회에서는 아버지의 부권적 측면만이 갑자기 초시공적인 보편타당성을 지니는 것으로서 추상적으로 고정되기 십상이다. 그럼에도 불구하고 인간의 마음으로부터 모성애에 대한 열망을 완전히 근절하는 것은 도저히 불가능하기에, 가부장제 사회에 있어서의 서양적 제 종교 안에도, 예부터 모성적 요소는 끊임없이 잠재되어 왔다. 에리히 프롬(Erich Fromm)이 말하듯이, 유태교에서는 신비주의 안에, 가톨릭에서는 만물의 근원인 교회와 성모 마리아 숭경 안에, 개신교에서는 '오직 신앙만으로(sola fide)' — 이는 어머니에 대한 아들의 절대적 신뢰와 통한다 — 라는 신앙주의 안에 모성적 요인이 숨겨진 채 살아 있다는 사실을 알 수 있다.[9]

---

9 E. Fromm, The Art of Loving(New York: Harper, 1957), 65~68.

(4)

그런데 인간의 종교적 초월에는, 마음의 두 초점인 에고와 셀프의 강약 관계에 의해서 부성적·상승적 초월과 모성적·하강적 초월이라는 두 방향이 은현구성적으로 존재하는 것처럼 보인다. 전통적으로 서양에서는 전자가, 동양에서는 후자가 보다 특징적으로 드러난다. 그러나 동서의 국제 교류가 급속히 심화되고 있는 현대에 이르러서는 동양과 서양이라고 하는 개념도 단순한 공간적 개념이 아니고, 각 개인에게 있어서 한쪽과 다른 한쪽이 상보적 원리로서 서로를 포함하는 새로운 인간학적 개념으로서 재해석하는 편이 보다 현실적이라고 생각한다. 여기에서는 에고와 셀프의 심리학적 역방향성에 근거해서 종교적 초월의 상승성과 하강성을, 말하자면 은현구성적으로 서로를 포함하는 보다 통합적인 신관·인간관·자연관이라는 새로운 모델을 제시하고 싶다.

(5)

누누이 지적되고 있듯이, 인간의 에고(의식)의 활동은 합리적·추상적·개인적·독립적·비연속적·불가역적·부분적·이분법적·객관적·과학적이라고 할 수 있다. 모순율(A는 비A가 아니다)이나 동일률(A는 A이다) 등 아리스토텔레스적인 형식논리는 분명히 의식적 자아의 제일 원리이다. 우리는 이것들을 요약해서 비연속성적 세계라고 부를 수 있다. 그것들은 오로지 좌뇌(언어 뇌, 로고스 뇌)의 기능에 속한다고 생각되고 있다. 그렇다면 요소(입자) 환원주의를 전제로 하는 근대 과학적 사고의 중추신경의 자리도 좌뇌에 위치한다고 생각할 수 있다.

이상과 같은 사실에 대해서 셀프(무의식)의 활동은 직관적·구체적·집단적·상호의존적·연속적·가역적·전체적·종합적·무차별적이라고 볼 수 있다. 형식논리의 입장으로부터 보면 이것은 분명히 비논리적인 세계이다. 그러나 여기에도 어떠한 논리가 있다고 한다면, 그것은 직관의 논리, 연속성의 논리이다. 그리고 그 특징은 일반적으로 우뇌(음악 뇌)의 기능에 속한다고 생각되고 있다.

본고의 목적은 이상과 같은 에고와 셀프, 비연속성과 연속성의 두 계열을 모순 상즉적이고 은현구성적 실재계의 양면으로서 이해함으로써 신과 인간과 자연에 대해서 재해석하는 것이다.

(6)

그런데 인간에 있어서 의식과 무의식의 관계는 아리스토텔레스가 말한 형상(forma)과 질료(materia) 사이의 관계와 유사한 면이 있다. 왜냐하면 제1 질료(materia prima)는 실체적 형상(forma substantialis)에 한정됨으로써 비로소 현실의 사물, 즉 제2 질료(materia secunda)가 되는 것처럼, 무의식은 의식의 빛에 비추어지는 정도에 따라서 무의식이 묻어 둔 보물이 현실적으로 가치 있는 힘이 될 수 있기 때문이다.[10] 그렇지만 무의식은 결코 제1 질료처럼 순수가능태(pura potentia)는 아니다. 의식과의 관계는 바야흐로 은현구성이다. 질료는 일방적으로 형상에 의해서 한정되고 형성되는 데 비해서, 무의식은 일방적이고 불가역적이기 때문에 의식으로 한정되는 것은 아니다. 반대로 그 의식의 한정력을 의식에 공급하는 것마저 무의식과 다르지 않다. 은(隱)은 항상 현(顯)하게 하는 숨겨진 작용을 그 자신 속에 지니고 있기 때문에,[11] 무의식은 개체 발생적으로나 계통 발생적으로 의식에 앞서는 것이다. 따라서 무의식이 의식적 활동의 모태가 되는 것이다. 무의식은 '우뇌의 의식'이라고 볼 수 있지만, 그것은 의식 혹은 좌뇌의 작용적 왜곡을 보상(compensate)하며, 의식과 무의식, 에고와 셀프, 좌뇌와 우뇌의 교류를 재촉하는 심적 자연치유력을 가진다.[12]

따라서 이상의 내용을 대비적으로 말하면, 형상 – 질료 관계가 일방적이고 불가역적임에 대해서 의식 – 무의식의 관계는 한층 더 상호적이고 가역적이다. 형상 – 질료 도식에 근거하는 신학이 부성적 성격을 지니고, 에고 – 셀프 도

---

10 Ignace Lepp, Clarte et Tenebles de L'ame: Essai de psychosynthese (Paris: Aubier, 1956), 50. 本多正昭訳, 『心の底にあるもの―精神分析を超えて』(川島書店, 1975年), 49頁.

11 中山延二, 『華厳経哲学素描』(百華苑, 1978年), 73頁.

12 Restak, R. M. Brain, The Last Frontier(New York: Doubleday, 1979), part 4.10. R.M.レスタック, 河内十郎訳, 『人間の脳』(新曜社, 1982年), 201頁.

식에 근거하는 신학이 보다 모성적 성격을 가지는 것은 이러한 사실로부터도 용이하게 수긍될 수 있다. 양자를 통합하는 이론은 이처럼 불가역 즉 가역, 부성적 즉 모성적이라고 하는 입장의 신학이 아니어서는 안 된다.

(7) 제등(提燈)의 논리 – 실재 구조의 상징으로서

일반적으로 'A 즉 B', 예를 들면 '초월 즉 내재, 내재 즉 초월'(니시다 기타로), 나아가서는 앞에서 언급했던 '부성적 즉 모성적', '상승적 즉 하강적'이라는 모순 상즉적 실재 표현은 '초월적 내재(내가 말하는 상승적 초월)'로부터 '내재적 초월(하강적 초월)'로 끝없이 침잠할 수 있는 동시에, 반대로 후자로부터 전자로 끝없이 열려 갈 수도 있는 현실 존재 일반의 보편적 표현 형식이라고 할 수 있다. 그것은 마치 하나의 제등의 윗부분(상승적 방향)과 밑부분(하강적 방향) — '하늘'을 향한 방향과 '땅'을 향한 방향 — 의 역접적 상황의 차이를 나타낸 것에 지나지 않는다. 완전히 닫혀 '천지동근(天地同根)'으로 보일지라도 천지의 구별이 없을 리가 없다. 또 완전히 열려서 하늘을 바라볼 때에도 하늘이 땅으로부터 초월하고 있는 것은 아니다. 이 '제등'은 하늘과 땅이 역접하는 은현구성적인 세계이다.

(8) 소실점

그런데 상승적인 초월과 하강적인 초월 모두에 있어서, 그것이 진정한 초월자와의 만남이기 위해서는 어느 방향으로든 그 자신의 소실점(vanishing point)을 넘어갈 필요가 있다. 이 소실점에서 비로소 '상승적 초월'과 '하강적 초월' 사이의 이원론적 분리가 다시금 소멸해서 실로 불일불이의 세계가 현성한다. 따라서 키워드는 소실점이다. 우리가 상승적 초월의 신(아버지 되는 신)을 만나기 위해서도, '신처럼 되려는' 자아의 직선적 상승의 의지가 뿌리째 비워지지 않으면 안 된다. 환언하면 색(色, 변이성, 신체성 …)과 공(空, 불변성, 정신성 …)을 단순하게 이원화해서 공에 집착하는 에고도 일단 소실점을 통과해야 한다. 소실점을 통과하면 공 자체도 또 비워지므로 색즉시공이다. 색즉시공, 상승 즉 하강이라는 모순적 상즉의 세계에 눈을 뜨지 않으면 안 된다. 기독교적으로 말해 보면, 이것이야말로 십자가의 죽음(하강)과 부활(상승)의 비밀[不二相卽]이다. 예수를 통해 우리 기독교인은 색즉시공의 기독교적 원형을 볼 수 있다. 또 실로 구체적인 긍정신학도, 부정신학과의 은현구성적 관계의 현(顯)적인 측면으로서만 진정한 구체성을 획득할 수 있다. 이와는 달리 단순한 상승적 · 초월적인 긍정신학은 아무리 대상 논리적으로 부정적 초월이라고 해도, 그 근저에 있어서 일면적이고 추상적이지 않을 수 없는 것이다.

(9) '하강 없는 상승' 비판

'상승 즉 하강'의 입장에서 보면, '상승 없는 하강'도 '하강 없는 상승'도 추상적이고 일방적인 사고방식이기에 부정되지 않으면 안 된다. 그러나 여기에서는 전통적 기독교에 대한 반성과 그의 재생을 주된 목표로 하고 있으므로, '상승 없는 하강'이 지닌 문제점에 대한 고찰은 생략하고 '하강 없는 상승'의 허무주의성을 진단하는 데에 그치고 싶다.

앞서 서술한 에고의 소실점 이전의 단순한 일상적 입장에서 나타난 상승적 초월이란 어떠한 것인가? 그것은 표면적으로는 아버지 되시는 신의 역사적 계시에 대한 신앙의 응답으로서 합리화되고 있는 것처럼 보이지만, 실제로는 일상적 언어로 번역되고 신학화된 관념에 집착하는 단순한 개인의 신념(belief)에 지나지 않는 한, 거기에는 회심과 같은 인격적 응답의 숨결은 볼 수 없다. 거기에 있는 것은 단지 형식논리적인 지적 추상물에 대한 아집일 뿐이다. 그렇다면 조금 더 적나라하게 말해서, 스스로 '신처럼 되려는' 직선적인 상승에의 의지가 굴절된 형태로 스스로의 신적 관념 앞에서 걸려 넘어진다고 하는 '신성한 거짓말'이 개입되지 않을 수 없는 것이다. 종교생활의 허구성이나 허무주의적 도착현상은 바로 여기서부터 발생한다. 많은 경우 이러한 증상은 내심의 허무함을 참고 견디는 일종의 겸손함을 이르는 형태를 띤다.

형식논리에 의하면, 'A는 비A가 아니기(모순율)' 때문에 모든 피조물의 속성이라고 간주되었던 것들(예를 들면, 시간성, 변이성, 불완전성, 유한성, 물체성 등)로부터 소극적인 면을 모두 사상해 버리고 — 그렇다고 해도 이것은 지적 자아의 의식을 축으로 하는 관념의 번전(飜轉)에 지나지 않기 때문에, 자아의 절대 부정은 아니다 — 그 상대개념만을 추상하며, 그 모든 것이 안이하게 신의 속성이라고 기술되는 것이다. 즉 신은 단순하게 영원, 불변, 완전, 무한한 비물질적 실재로서 긍정된다. 여기에 드러나는 긍정신학의 입장은 추상적이면서 상대적인 것을 면할 수 없다. 이것은 분명히 에고에 의한 이분법의 산물에 지나지 않지만, 에고는 이 사실에 눈감아 버리고, 스스로의 개념적 피조물을 신격화해, 그 앞에서 걸려 넘어져서 순종을 맹세하는 것이다. 이제 아버지 되는 신은 에고의 투사에 지나지 않는다.[13] 이렇게 해서 비신체적인 에고는 신체로부터 분리된 지적 관념 안에서 신에게까지 오르는 것, 아버지에게 자기를 동일화하는 것, 바꾸어 말하면 비신체적인 에고에 있어서는 아마도 에고 자체를 질질 끌고 가는 과정의 저편에서 상승적 초월의 완성을 기다리게 되는 것이다. 출가자라는 이들 중에도 의외로 권력욕이나 상승 지향이 강한 가짜 수행자가 많은 것도 바로 이 때문이다. 도겐의 말을 인용하면, 이것은 그야말로 '자기를 옮기고 만법을 수증(修證)한다'는 입장, 즉 '미혹'이며, 니시

---

13 本多正昭, 「仏教的卽の論理とキリスト教」, 『カトリック研究』第23号 (上智大学神学会, 1973年), 18~19頁.

타니 케이지가 말하는 '가면을 쓴 허무주의'도 바로 이것을 일컫는 것이다.

(10)

에고에 의해서 단지 대상 논리적으로밖에 생각되지 못했던 '영원불변'의 신이 진정한 기독교의 신과는 전혀 닮지 않았다는 사실은 이미 명백해졌을 것이다. 거기에는 사랑도 죄의 용서도 없다. 그럼에도 불구하고 일찍이 서양의 위대한 기독교의 성자들은 '영원불변'의 신을 신봉하고 찬미했다. 예를 들면 아우구스티누스는 신플라톤주의의 영향을 완전히는 벗어날 수 없었기 때문에 영원불변이면서 완전히 비질료적인 신을 불가측한 신의 다른 이름으로 보고 신앙의 입장에서 이것을 긍정하고 있다. 그의 신앙은 그 논리를 넘어서 "신은 우리의 안보다 더 안에 계시고, 우리의 위보다 더 위에 계신다(Tu autem eras interior intimo meo et superior summo meo)"고 고백하였던 것이다.[14] 심층심리학자 이그나스 렙은 아우구스티누스의 이 말을 인용하면서 다음과 같이 주석을 달았다.

'안보다 더 안'이라는 것은 신이 우리들의 영혼의 가장 내면에 존재하고, 신은 우리들에게 있어서 실존적으로 불가결하다는 사실을 의미한다. …… 이 내재성은 결코 초월성과

---

[14] Augustinus, Confessiones, 3: 6~11.

대립한다든지, 그것을 부정한다든지 하는 것이 아니라 초월 성을 전제로 하고, 또 그것을 요구한다. …… 신이 '나의 안 보다 더 안에' 있다는 것은 신이 동시에 '나의 위보다 더 위 에' 존재하기 위함과 다름없다.[15]

이와 같은 사실은 도겐이 말하는 "깊은 것은 높은 분량이 되어야 한다"라는 문장을 상기시키기에 충분하다.[16]

그런데 철학자로서의 아우구스티누스에게 있어서 신앙과 논리 사이에는 틀림없이 멈추기 어려운 긴장이 잠복해 있 다. 완전히 비질료적이고 불변이신 신과 교회의 감각적인 표시인 비적이나 그리스도의 수육은 어떻게 결합된단 말인 가? 아우구스티누스는, 에띠엔즈 질송도 지적한 것처럼, 자 기의 신학에 적확하게 어울리는 철학과 논리를 끝내 가질 수 없었다. 그는 다만 신플라톤주의 철학을 편리한 도구로 서 사용은 하였지만 그 이질감에 괴로워하였던 것이다.[17]

(11)

이와 동일한 사정은 토마스에 있어서의 아리스토텔레스 철학의 매개 작업에서도 심각하게 파악될 수 있다. 아리스

---

15 Ignace Lepp, op. cit.(n.3) p.280. 拙訳, 上掲書(注10), 311頁.

16 道元禪師, 『正法眼蔵—現成公案の卷』.

17 E・Ⅰ・ワトキン, 本多正昭訳, 「聖アウグスチヌスの神秘主義」, 『哲学 論文集』(九州大学哲学会, 1969年)(The Mystidsm of St. Augustine: A Monument to St. Augustine(London, 1930)) 참조.

토텔레스의 신은 주어가 되고 술어가 되지 않는 제일 실체적인 신이었다. 그러므로 단지 불가역적인 신으로 구상된 개념이었다. 니시다에 의하면 전통적인 기독교의 신 개념은 오랫동안 아리스토텔레스의 주어적 논리에 편승해왔기 때문에 그것은 때때로 하나의 '군주적인 신'에 지나지 않았다. 토마스에 의하면 신은 '감정 없이 사랑하는(sine passion amat)[18] 존재'이고, '피조물에 대해서는 실재적 관계(realis relatio)를 전혀 갖지 않는다.'[19] 따라서 이러한 신은 지(知)와 정(情)을 분리하기 어려운 일본인에게는 매우 친숙해지기 어려운 신일 것이다. 또 신과 피조물 사이의 단순한 불가역적인 관계에서는 군주적인 신의 무서운 얼굴은 떠올라도, 죄인을 포용하는 그리스도의 모습은 도저히 연상할 수 없을 것이다. 토마스의 신 개념도 지극히 부권적 성격의 것이었다.

(12)

단순한 상승적 초월의 신(아버지 되시는 신)은 하강적 초월의 신(어머니 되시는 신)으로부터 떼어내서 고립화된 추상적이고 일면적인 신 개념과 다름없다. 그것은 마치 아니마(anima)를 모두 결여하고 아니무스(animus)만 남은 꺼칠한 남자와 같은 신이다. 불교적으로 말해 본다면, 색 없는 단공(但空, 얕은 공)의 입장이다. 그것은 고봉정상에 책상다리를

---

18 Thomas Aquinas, Summa theologiae, I, q.20, al, resp.
19 Ibid., 7c.

하고 앉아 있는 '제3인칭적 신'일 수는 있어도, 결코 죄인(범부)의 동행자(제2인칭적)로서의, 나아가서는 자기의 초월적 주체(제1인칭적)로서의 신은 아니다. 플라톤의 '선의 이데아'도, 아리스토텔레스의 '부동의 동자'도, 하강적 초월의 방향을 지니고 있지 못하기 때문에 본질적으로는 마찬가지로 단공의 신일 것이다. 아우구스티누스나 토마스 아퀴나스의 신학도 그들 자신의 기독교적 신 체험이나 부정 신학적 배경에도 불구하고, 논리적 기반은 에고 주도형이며, 그리스적 주지주의의 경향을 면할 수 없었다.

(13)

이렇게 보면 이미 과정신학에서도 주장하고 있듯이, 서양의 전통적 신 개념은 완전히 부권사회구조를 반영한 '남성으로서의 신'이었다. 존 캅의 말을 빌리면, 이 신은 "완전히 능동적이고 지배적이며 한편 독립적이지만, 수용성이나 응답성은 전혀 갖고 있지 못하다. 신은 권력을 쥐고 있으며, 완고하고 비감정적이고, 완전히 독립적인 남성의 원형인 것처럼 보인다."[20] 이하에 나타내 본 '비판적 통합도'는 과정신학과 함께 이러한 불변성(immutability)과 무감각(impassibility)을 본질적 속성으로 하는 단순한 부권적, 자기긍정적인 신 개념을 벗어나서 모성적인 신과 은현구성적, 역접적인 부성

---

[20] John B. Cobb and David R. Griffin, Process Theology(Philadelphia: Westminster, 1976), 9~10, 61~62.

적 신 개념을 긍정하는 것이다. 통합도는 본고 제2부의 거의 전 내용을 표시한 것이지만, 약간 빠진 부분도 있어서 이하에 주석을 부기하면서 글을 맺고자 한다.[21]

---

21 이 『批判的統合版』의 영어판은 『産業医科大学雑誌』3号(1985年), 335~344頁)의 졸론에서 사용한 것이다. 또 본고는 그 졸론의 골자를 새로운 시점에서 약간 수정, 가필해서 여기에 삽입하였음을 밝혀둔다.

부 기

신체의 지혜와 자연의 속삭임

"동양 사상에 의하면, 우리의 자기개념은 신체 감각을 안후에 구축되는 것이다. 게다가 신체는 직접 자연과 접촉하고 있고 자연의 지배하에 있다. 따라서 신체에서 비롯된 자기개념은 우리가 신체 감각이나 몸 안에서 작용하고 있는 자연의 법칙(우리의 안이 되는 자연)을 끊임없이 생생하게 느끼도록 재촉한다. 이러한 신선한 기분은 머리로 파악하는 개념적인 자연 이해와는 질적으로 다르다. 인간과 인간의 생물학적인 환경과의 관계를 연구하는 인류 생태학의 입장에서 보면, 자연에 대한 현대문명의 반역은 신체의 반역에도 연결되며, 이것이 현대인의 건강치 못한 모습, 나아가서는 오늘날의 세계적인 위기의 근원이라고 할 수 있다. 동양인들은 자연의 법칙(숨겨진 질서)에 따르는 것을 최고의 길이라고 생각해 왔으며, 이를 어떤 의미에 있어서는 서양 문명에 있어서의 신의 말씀에 대한 복종처럼 생각해 왔다. 이러한 동양의 길은 자연과학의 생각이나 그것이 목표로 하는 방향과 기본적으로 모순되지 않는다."[22]

---

[22] 池見西次郎, 『セルフ・コントロールと禪』(NHK), 135~136頁.

땅에 계신 어머니이신 신

서양에는 하늘의 아버지뿐만 아니라 하늘의 어머니 (Heavenly Mother)라는 관념이 원시시대로부터 있었다고 한다.[23] 그러나 '땅에 계신 어머니이신 하나님'이라는 표현은 '땅'이라고 하기 때문에 서양에서는 익숙해지기 어렵고, '신'이라고 하기 때문에 동양에 있어서 익숙해지기 어려운 개념이다. 하지만 본고에서는 전혀 새로운 동양신학의 시도로서 은현구성적 신 개념의 은(隱)적 측면을 드러내기 위해서 감히 새로운 개념을 시험 삼아 사용해 보았다.

우주적 계시

우주적 계시의 특징은 성서적으로는 바울로가 말하고 있듯이 "눈에 보이는 것을 통해서 신이 인식된다"고 하는 점에 있다고 할 수 있다.(「로마서」 1장 20절 참조) 「시편」에도 "하늘이 하나님의 영광을 선포하고 궁창이 그의 손으로 하신 일을 나타내는도다."(「시편」 19장 1절)라고 써 있고, 위(僞)디오니시우스는 "신은 태양이며, 별·불·물·바람·이슬·구름·돌·바위이다. 한마디로 말하자면 존재하는 것 전부이며, 존재하는 것 어느 것도 아니다"라고 단언한다.[24] 이 말은 나에게는 마치 도겐 선사가 "일체 중생은 모두 불성을 가지고 있다[一切衆生悉有佛性]"를 "일체 중생은 불성을 가지

---

23 주(1) 참조.

24 Thomas Aquinas, De divinis nominibus, c.1, 6.25.

고 있지 않다[一切衆生無佛性]"라고 해석하는 것과 완전히 같은 논리 구조를 표현하고 있는 것처럼 생각된다. 절대의 진리는 유와 무의 상대관을 넘어서므로, 동시에 절대유라고도 절대무라고도 말할 수 있을 것이다. 그것은 모든 사물을 초월하면서도 동시에 그 모두에게 내재하기 때문에, 불교에서는 예부터 "이 부처는 어떠한 것인가"라는 물음에 대해서 '뜰 앞의 잣나무'(조주)라든가 '마삼근'(동산)이라든가, 혹은 '어떠한가, 이것은 부처가 될 수 없다'(풍혈) 등으로 그때그때마다 임기응변식의 대답이 튀어나오는 것이다. 거기에 예를 들면 신과 불일불이한 신의 상징으로서 한 송이 꽃의 생명에 접할 때, 거기에 신의 우주적 계시의 수용이 있다고 볼 수 있는 것은 아닐까?[25]

---

25 本多正昭, 『神の死と誕生 – '卽'の展開を求めて』(行路社, 1992년), 225
~227頁 참조.

코멘트

니시무라 에신(西村惠信)

1.

저는 1933년 7월, 시가(滋賀) 현의 벽촌에 있는 농가에서 열 명 중 막내아들로 이 세상에서의 생을 누리게 되었습니다. '아이 한 명이 출가하면 9족(族)이 하늘에 간다'고 믿었던 저의 부모님은 갓 두 살 된 저를 근처의 신사(禪寺)에 동자승으로 보냈습니다. 자신의 의지에 의해서가 아니라, 코후쿠 선사(興福禪寺)의 남묘(南明) 화상과 부모님의 합의에 의해서 출가했기 때문에, 저는 성장하고 나서 제 자신에게 내려진 이 기구한 운명을 무척이나 원망하였습니다.

선사의 생활은 극도로 청빈하였고 또 재가의 생활과는 거리가 멀게 엄격하였기 때문에, 철이 들고 나서 몇 번인가 남 몰래 절을 빠져나와 어머니의 곁으로 돌아갈까라고 생각한 적도 있었습니다. 하지만 도대체 우리 집이 어디 있는지도 알지 못했고, 또 어머니께서 내가 다섯 살이 되던 해에 이미 세상을 떠나셨다는 소문을 들었으므로, 결국 도망치지 못했습니다. 선승으로서의 저의 인생은 이렇게 시작되었으므로 저는 처음부터 선승의 삶과는 어울리지 않는 듯했습니다. 어떤 일이든 동기는 매우 애매모호할지라도 결과는 명료해지는 법이므로, 저의 인생도 전문 선종의 승려말고는 다른 길을 갈 능력은 사라져 버리고 말았던 것입니다.

저는 가끔 저 자신의 삶의 방법을 타원형 인생이라고 말합니다. 그 의미는 제 인생이 타원처럼 두 개의 중심이 있으면서도 왠지 모르게 전체적으로는 그 나름대로 아이덴티티를 형성하고 있다고 생각되기 때문입니다. 현재는 선사의 주지로서 근무하면서 절의 신도들과 종교적인 접촉을 하고 있으며, 게다가 대학의 교원으로서 편도 2시간 가깝게 걸리는 교토의 대학에서 근무하면서 어느새 근 40년 동안 연구와 교육에 종사해 왔습니다. 거리적으로도 동떨어져 있고 게다가 종교가로서의 실천과 선불교에 대한 원리적 연구라고 하는, 서로 질이 다른 두 일이 제게는 결코 다른 일이 아니고 상보적인 일로서, 긴밀한 관계를 유지하면서 저의 인생의 내용을 형성해 왔다는 말입니다.

그리고 또 한 가지는 역시 저 자신이 출가해서 전문적인 종교인이 되어 60년이나 살아오면서 아직도 자신을 밖으로부터 바라보는 버릇이 고쳐지지 않는다고 하는 점입니다. 즉 세속에서 생활하고 있는 형제들과 가끔 만나고 있으므로 저는 결코 진짜 의미에서의 '출가'를 하고 있지는 않은 것입니다. 그리고 어떤 때 법사(法事)가 끝나 법의를 접을 때 문득 이러한 것을 몸에 걸치는 이상한 운명에 놀라기까지 한 적도 있습니다. 깊은 의식의 바닥에서 출가와 재가가 둘로 나누어져 있고, 그러한 생각은 일상적인 삶의 방법 속에서 더욱 뚜렷해진다고 생각할 수 있습니다. 이것도 또한 타원형처럼 생각됩니다. 혼다 교수님이 제출하신 과제의 중심은 '상즉'이라는 것입니다. 저의 경우 이처럼 인생의 삶의 방법 자체부터 '상즉적'은 아닐까 생각하는데, 어떻습니까?

그리고 최근에 하나 더 재미있는 것이 생각났습니다. 먼저 말씀드렸듯이 저는 어렸을 때 절에서 받아들여졌으므로, 매일 저녁이 되면 스승님은 저를 목말 태워서 종루에 올라 만종을 치셨습니다. 아침은 4시 무렵에 종을 치기 때문에 스승님 혼자서 종을 치셨지만, 저녁이 되면 종을 치는 일이 즐거워서 기다려지기도 했습니다. 그런데 종을 한 번 칠 때마다 스승님은 습관처럼 하나의 노래[道歌]를 불러주셨습니다. '종이 울릴까나, 당목(撞木)이 울릴까나, 종과 당목 사이가 운다'라고 하는 노래인데, 어린 제가 그게 무슨 뜻인지 알 리가 없었겠지요. 그러나 매일 되풀이되는 일이었기 때문에 피부로 기억하게 되었습니다.

그런데 이 노래를 잘 음미해 보면, 이것이야말로 '상즉'임을 알 수 있습니다. 벌써 30년 이전의 일이라고 생각됩니다. 변증법이라는 것에 대해서 생각하다가 문득 이 노래를 기억해냈습니다. 아, 그 노래야말로 변증법의 논리를 문답무용(問答無用)이라고 하듯이 '땡!'이라는 한 소리로 파고드는 것은 아닐까 하고 깨달았습니다. 그런 일로 해서 저는 '상즉'이라는 것을 논리 이전의, 혹은 모든 논리를 다하고 난 뒤의 것으로서 실 체험적으로밖에 받아들일 수 없습니다.

그런데 이런 일은 말씀드리는 것은 이와 같은 심포지엄에서는 안 될 말이기에, 일단 혼다 선생님의 문제 제기에 대해서 저의 생각을 말씀드리려 합니다.

2.

그런데 선승으로 전통 교단의 폐쇄적 습관 속에서 자라온 저는 청년시대에 기독교인들과 만남으로써 상상도 할 수 없었던 넓은 세계로 나갈 수 있었습니다. 기독교와의 만남은 저에게 있어서 확실히 '해후(邂逅)'라고 부를 만한 것이었습니다. 듀물랭 선생님으로부터 『Christianity Meets Buddhism』을 일본어로 번역하라는 부탁을 받았을 때, 『불교와 기독교의 해후』(춘추사, 1975년)라고 제목을 정한 것은 그 때문이었습니다.

패전한 다음 해인 1946년, 저는 구제(舊制) 히코네 중학교에 입학해서 그때까지 적국의 언어였던 영어를 사뮤엘 니콜슨이라는 미국인 선생님으로부터 처음으로 배웠습니다. 선생님은 선교사로 일본에 오신 분인 듯, 수업 중에 곧잘 기독교에 대해서 말씀하셨는데, 저는 그게 무엇인지 전혀 몰랐을 뿐만 아니라 패전국의 불교도로서 남몰래 강한 반감조차 느끼고 있었습니다.

선을 배우기 위해서 하나조노(花園) 대학에 들어간 저는 원래 철학에 깊은 관심을 갖고 있었으므로, 마침 교수로 재직하고 계시던 니시다 기타로 문하의 태두 히사마츠 신이치

(久松眞一) 박사에게서 폭넓은 선 사상을 배웠으며, 학부 졸업논문으로 「키에르케고르의 실존과 선의 실존」을 썼습니다. 그 논문을 쓰기로 한 착상은 단순한 것이었는데, 우연히 그 해(1955)가 키에르케고르 사후 백 년이 되던 해여서 많은 연구서가 나와 있었기 때문이었습니다. 그런데 논문의 구두시험 때 저의 천박한 기독교 이해에 대해서 히사마츠 선생님으로부터 2시간에 걸쳐 심하게 꾸중을 들었습니다. 이것이 없었다면 오늘날의 저는 있을 수 없었을 것이라고 감히 단언할 수 있습니다. 저는 히사마츠 선생님에 의해서 선종의 독아론으로부터 해방되어 이교(異敎)에 눈을 뜨게 되었던 것입니다.

26살 때(1960년) 은사인 오가타 무네히로(諸方宗博) 선생님의 추천으로 생각지 못했던 미국 동해안의 펜실베니아 주에 있는 퀘이커 교도의 벤델힐 연구소로 유학을 가서 기독교 교리와 사회봉사에 대해서 청년다운 순수한 기분으로 공부했습니다. 기독교의 나라에서 본 기독교인에게는 무리가 없었고, 마치 일본에서 불교도를 보듯이 극히 자연스러웠다는 사실로 인해 저는 오늘날처럼 기독교에 친밀감을 느끼게 되었습니다. 게다가 외국에 나와서 밖에서부터 일본의 불교를 볼 수 있었으므로 불교를 객관적으로 보는 눈을 가질 수 있게 되었습니다.

귀국해서는 생각이 있어서 대학원에 진학해 다시 키에르케고르 연구를 하였고, 석사논문으로 「키에르케고르에 있어서 역사의 문제」를 제출했습니다. 덧붙여서 말씀드리면 저의 박사학위논문은 『기사구명(己事究明)의 사상과 방법에 관한 연구』(법장관, 1993년)입니다. 그것은 키에르케고르의 사색 방법에 따라서 선사상을 규명해 본 것이며, 이렇게 해서 저의 선사상은 정말로 특이한 내용으로 응축되었습니다.

그 후 저의 반생은 거의 기독교인들과의 대화로 지나왔다고 해도 과언이 아닙니다. 개신교 신자들과의 대화는 물론이고 유럽의 가톨릭 교인들과의 대화로 넓어져 현재의 관심은 세계의 제 종교에서 나타나는 수도생활의 사상적 의의에 집중하고 있습니다.

3.

제가 혼다 선생님을 만난 것은 벌써 25년 전, '선과 기독교 간담회'의 자리에서였습니다. 그때부터 오늘날에 이르기까지 매년 만나 서로의 신앙을 나누고 서로의 사색이 서로 깊어져 온 관계로, 혼다 선생님이 무엇을 생각하고 계실지에 대해서 저는 잘 알고 있습니다. 서로 이해하고 있다는 말은 생각이 같다는 말이 아니라, 서로 다른 것에 대해서도 잘 알고 있다는 뜻입니다. 게다가 서로가 전혀 다른 전통을 걸어왔으면서도 그 걸어 온 방식이 서로 닮았다는 것은 정말로 기묘한 이야기입니다. 한편에서 보면 자신이 속한 전통 교단의 상황, 혹은 사상적 경향에 대해서 불만을 느끼고 있습니다. 하지만 거기에서 도피하지 않고 오히려 그것의 근원적 기저의 소재를 요구하고 사색을 계속하는 과정 속에서, 타종교의 사상과 만나고, 그것을 통해서 자기 종교에 있는 근원적인 것에 눈 뜰 수 있다고 하는, 개안(開眼)의 길을 걸어왔습니다. 그러한 서로의 과거의 정신적 편력이 일치하는 데서 오는 친근감이 우리 두 사람의 이야기를 생산적인 것으로 만들어 온 것은 숨길 수 없는 사실입니다. '산봉우리로 올라가는 산기슭의 서로 다른 길은 무수히 많지만, 산봉우리에 걸린 같은 달을 보는구나'라는 감개를 금할 길이 없습니다.

혼다 선생님의 발제 가운데 후반 부분, 즉 기독교 교의 자체에 대한 부분은 그리스도인들 내부에서 찬반을 둘러싼 논의가 이루어지겠지요. 그래서 제가 들어갈 수는 없는 영역이므로, 선생님 논리의 근본이 되고 있는 '즉'이라는 것에 대하여 저의 생각을 몇 가지 말씀드리고자 합니다.

(1) '즉'은 관계의 개념이 아니다

혼다 선생님이 사색 상의 영향을 받았다고 하는 스즈키 토오루(鈴木亨) 씨는 '즉'이라는 말을 보다 내용적으로 '역접'이라는 말로 바꾸어 표현하였습니다. 그러나 이것은 적절치 않다고 생각합니다. 불교에서 말하는 '즉'은 '즉시'라든지, '그대로'라는 의미이며, 예를 들어 '색즉시공'은 색과 공이라는 모순되는 것이 동시에 하나라고 하는 논리구조의 설명은 아닙니다. '색즉시공'이란 '색이 색인 채로, 이미 공을 포함하고 있다'는 것을 간파하는 지혜의 작용을 서술한 것이기에, 그러한 지혜에 의해서 색이 참으로 색이 된다(세계가 세계에 반본환원(返本還元)한다)는 말입니다. 그것을 강조하기 위해서 먼저 '색불이공(色不異空)', 즉 색은 공과 다르지 않다고 말하고 있으며, 일부러 역으로 접하게 할 필요는 없는 것입니다. 이와 동일하게 공에 대해서도 말할 수 있습니다.

스즈키 씨는 색(존재자)과 공이라고 하는 완전히 모순되는 양자의 부정적 관계를 강조하기 위해서 '존재자역접공(존재자가 역으로 공에 접한다)'라고 표현하였지만, 색과 공이 접한다고 할 수 있기 위해서는 그것을 바라보는 제3의 관점이 필요합니다. 니시다는 그것을 '장소'라고 불렀습니다. 니시다가 말하는 장소는 역시 지혜(초기의 순수경험)이고, 제3의 '객관적 입장', 즉 분별의식이어서는 안 됩니다. 만약 분별의식에 의해서 그렇게 부른다면, 동일한 것이 뒤로 뒤로 연쇄해서 실재로부터는 밀어질 뿐입니다. 대승 불교의 근본원리인 '즉'을 그처럼 관계 개념으로 지환해 버리면, 결국 지금까지 해왔던 대로의 신과 세계의 관계의 설명으로 되돌아가는 것은 아닐까요?

저는 일찍이 타키자와 카츠미 선생님의 임마누엘론에 대해서도 이와 똑같은 의문을 가지고서 선생님에게 말씀드렸던 적이 있었습니다. 특히 선생님이 불교의 '이(理)'와 '사(事)'의 관계를 가지고서 '이사무애'야말로 진실재의 근본적 구조라고 하셨기에, 저는 그것은 아직 불교가 말하는 궁극의 실재라고는 할 수 없다고 했습니다. 진정한 실재는 '이'라는 장소가 열려서 세계 안에 존재하는 개체가 각각 실로 '사'가 되는 것이고, 그곳에는 이와 사의 관계 같은 것은 있을 수 없다고 말씀드렸습니다. 그에 대해서 타키자와 선생님 사후에 출판된 책 『현대에 있어서 인간의 문제』(삼일서점, 1984) 206쪽 이하에서 치밀한 반론을 펼치셨지만, 유감스럽게도 선생님은 이미 사자의 세계(鬼籍)로 넘어가시고 말았습니다. 그래서 저는 졸저 『기사구명의 사상과 방법』(법장관, 1993) 293쪽 이하에서 선생님에 대한 저의 생각을 말씀드렸습니다.

타키자와 선생님도 혼다 선생님도 모두 니시다 철학을 통해서 기독교의 근본 문제를 생각하신다는 점에서는 일치하고 있습니다. 그러나 니시다의 '절대모순적 자기 동일'이나 '역대응'에 대한 많은 사람의 이해에는 역시 불교가 말하는 '즉'과는 어긋난 점이 있다고 여겨집니다.

(2) '즉'은 경험의 사실이다

앞에서도 말씀드렸듯이 반야경의 '색즉시공'이라는 말은 반야의 지혜의 작용에서 본 세계의 진상을 예를 들어서 그렇게 표현한 것입니다. 따라서 그것이 일종의 실재의 구조라고 생각되어서는 안 된다고 생각합니다. 같은 반야 경전으로서 중국의 선종이 특히 6조 혜능 시대부터 중시해 온

『금강경』에서는 이 점이 더욱 뚜렷이 드러납니다. 예를 들어 『금강경』에는 '세계는 즉 세계가 아니다. 이것을 세계라 한다(世界卽非世界 是名世界)'는 말이 있습니다. 그 밖에도 같은 구절이 반복되는데, 스즈키 다이세츠 선생님은 이것을 '반야즉비의 논리'라고 불렀습니다.

이것을 보면, 세계는 세계가 아니기에 세계는 비로소 세계라는 것입니다. 세계라는 것을 보고 있는 우리는 정말로 세계를 보고 있는가 하면, 말하자면 주관의 관점을 통해서 세계를 보고 있다고 할 수 있습니다. 실은 그러한 세계는 자기의 투사에 지나지 않습니다. 그래서 한 번 세계를 우리의 주관으로부터 해방시키지 않으면 안 됩니다. 그것이 '세계는 세계가 아니다'라는 말을 통해서 세계에 대한 집착을 끊어내는 것이고, 이것이 곧 공의 열림이라는 것이겠지요. 그렇게 해서 세계는 세계를 보는 주관의 자아로부터 해방되고 세계가 세계 자신으로 돌아갈 수 있습니다. 그렇게 참으로 세계가 될 수 있던 것을 다시금 세계로서 보는 것을 가리켜서 '이것을 세계라 한다'라고 했던 것입니다. 이와 같은 것 전체를 가능케 해주는 것이 다름 아닌 '공지(空智)'입니다. 그것은 인식상의 작용이며 경험적 사실입니다.

그것은 '존재자(세계)가 공과 역으로 접하고 있다'라는 식으로 실재의 구조를 설명하는 것이 아니라, 존재자(세계)의 주관적, 상대적, 직접적 본연의 자세가 부정되는 것, 그것에 있어서 세계 자신을 되돌려 받는 것입니다. 말할 필요도 없겠지만, '색즉시공'이라고 하는 경우의 '공'은 분명히 '비우는' 작용이지 '아무것도 없다'라고 하는 존재자의 대립개념은 아닙니다. 또 색과 공이라는 양자의 능소적(能所的) 관계도 아닙니다. 대승 불교에도 유식 교학 등에서는 "세계로서 존재하고 있는 것은 모두 마음의 소산"이라고 보아 "세계란 마음 밖에 나올 수 없다[心外無法]"라고 합니다. 그러나 '천지가 나와 같은 뿌리이고, 만물이 나와 일체'라든가, '만법이 하나로 돌아간다'라고 말해도, 그것이 지혜의 작용에 의한 경험적인 사실이 아니라면, 결국은 문자 그대로의 '공론'에 지나지 않는다는 말이 되겠지요.

선승의 전기집인 『오등회원(五燈會元)』의 「법안문익전(法眼文益傳)」에 나오는 다음과 같은 이야기도 앞에서 말한 것을 보여준다고 하겠습니다.

법안문익이 젊었을 때 도반 세 명과 같이 행각(行脚)하고 있었다. 폭설로 길이 갇혀 지장계탐(地藏桂探) 스님의 암자에 투숙하게 되었다. 그들이 '조론(肇論)'에 있는 '천지는 나와 같은 뿌리'라는 말에 대해 논의하고 있으려니까 지장 스님이 "산하대지와 그대의 자기는 같은가 다른가"라고 물었다. 법안이 "다릅니다"라고 대답하자 지장 스님은 두 개의 손가락을 들어 보이셨다. "아니 같습니다"라고 하면 또 손가락 두 개를 들어 보이신 후 서둘러 어딘가로 가 버리셨다.

이튿날 아침 그들이 암자를 나가려고 하자 문까지 배웅

나온 지장 스님이 마당의 돌을 가리키면서 "그대들은 아무렇지도 않게 '삼계유심(三界唯心)'이나 '만법유식(萬法唯識)'을 운운하는데, 이 돌은 당신의 마음속에 있는가, 혹은 밖에 있는가"고 물었다. 거기서 법안이 유식 교학의 입장에서 "돌은 우리 마음속에 있습니다"라고 대답했다. 그러자 지장 스님은, "어째서 그렇게 무거운 돌을 마음에 담고 있을 필요가 있는가?"라고 말하였다. 그것을 듣자 법안은 그 즉시 짐을 내려놓고서 바로 지장 화상의 제자가 되었다.

(3) '즉'은 이자택일의 원리라는 것

이처럼 '즉'이란 것이 경험상의 사실로서 논리를 뛰어넘는 다는 사실을 인정하면서도 혼다 선생님은 과감히 그것을 논리로 파악하려 하시고, 그것은 일찍이 니시다 기타로가 시도해 본 것과 마찬가지 선상에서 이번에는 기독교인으로서 하시는 연구로 저는 진지하게 귀를 기울이고 있습니다.

거기에서 선생님은 발표논문에서 '이 입장(인용자 주- 나카야마 노부지 박사가 말씀하시는 모순적 상즉, 상즉 혹은 즉을 가리킴)은 동일성 논리나 단순한 분별지의 입장으로부터 보면 성자라고 해도 결코 파악할 수 없는 것, 가령 그것은 깨달은 자[仏]라고 해도 통상의 인간의 언어로는 절대로 전달할 수 없는 세계라고 일컬어진다. 그렇다면 그처럼 난해난입의 논리를 우리들이 여기서 갑자기 학문의 논리로서 파악하는 것은 있을 수 없지 않을까? 나는 감히 그렇다고, 또 동시에 그렇지 않다고 대답하고 싶다. 그것은 이 논리는 인간이 머리로 만들어 낸 것이 아니라 모든 현실이 예외 없이 그렇게 되는 것을 나타내는 논리라는 것이기 때문에, 우리들도 비근하게 관찰할 수 있는 모든 사례에 있어서 이런 논리적 입장으로 접근하는 것은 언제나 어느 정도는 가능하기 때문이다'라고 말씀하고 계시지만, 글 중에서 '어느 정도'라는 문구가 저에게는 아무래도 걸림돌이 되고 있습니다.

저의 입장에서 본다면 여기에서야 말로 철학과 종교의 결별점이 있다고 생각되기 때문입니다. 철학은 어디까지나 필로소피아(지의 사랑)으로서 지와 관계하려는 끝없는 운동을 그 본질로 하기에, 어디까지나 과도적인 것이 되지 않으면 안 되지만, 종교는 반드시 결착을 지어 결론에 도달해서 안주하지 않으면 안 되는 것이라고 생각하기 때문입니다. 즉 종교의 세계에서는 신앙과 좌절은 이자택일적입니다. 불교에서 말한다면 미망과 깨달음 중에서 어느 쪽인가 하는 것이어서, 그 중간이란 있을 수 없습니다. 그래서 혼다 선생님이 '어느 정도'라고 하신 것은 지적 관심으로서의 철학에서는 가능하겠습니다만, 종교로서는 있을 수 없다고 생각합니다.

다른 곳에서 '즉이 가진 중요한 사실은 (중략) 결코 이자택일의 단순한 표면적인 무매개적인 불일 혹은 불이가 아니라, 모순적인 불이이지만, (중략) 그 진상은 '은현구성'적 보완성의 원리에 의해서 관통되고 있다'고 말씀하셨습니다.

그런데 이 '은현구성적 보완성'이라는 말도 마음에 걸립니다. 즉 은과 현은 한 쪽이 다른 쪽을 필요로 해서 서로 보완하는 불완전한 것이 아니라 은이면서 현, 현이면서 은으로 완벽하게 전기현(全機現)하는 것이 아니어서는 안되기 때문입니다.

선자가 '생사즉열반'이라고 하는 경우도 그렇습니다. 사실로서는 확실히 생사(미망)인가, 열반(깨달음)인가, 하는 것이지 그 중간은 없는 것입니다. 생사라면 생사인 것이고, 열반이라면 열반이라고 하는 것이 전기현입니다. 우리들은 생사를 열반과의 관계에서 생각하기 쉽습니다만, 그렇게 되면 영원히 생사를 탈득(脫得)할 수는 없는 것입니다.

보리달마가 '보살이 생사를 버리지 않고 열반에 드는 것은 생사의 성(性)이 바로 열반이기 때문에 생사를 버리고 열반에 드는 것을 기다리지 않는다'[이입사행론(二入四行論)]고 말하는 것이 그것입니다. 마조도일(馬祖道一)이 '번뇌즉보리'라고 하는 것에 대해서 '해가 뜰 때, 어두움이 함께 있지 않는 것처럼, 지혜의 해가 뜬다면 번뇌의 어두움은 같이 있지 않다'고 설한 것도 이 이치입니다.

우리의 도겐은 『정법안장(正法眼藏)』「생사(生死)」편에서 다음과 같이 말하고 있습니다.

"다만 생사가 곧 열반이라는 것을 마음으로 깨닫는다면, 생사라고 해서 싫어할 것도 없고, 열반이라고 해서 바랄 것도 아니다. 이렇게 될 때 비로소 생사를 떠날 수 있다. 생으로부터 사로 옮겨간다는 생각은 잘못된 것이다. 생 역시 한 때의 존재방식이어서 거기에는 이미 그 앞도 있고, 또 그 뒤도 있다. 그러므로 불법(佛法)에서는 생이 그대로 불생(不生)이라고 하는 것이다. 또 멸함도 한 때의 존재방식이니 거기에도 그 앞이 있고 그 뒤도 있다. 때문에 멸은 바로 불멸(不滅)이라고 하는 것이다. 요컨대 생이라고 할 때에는 생 밖에 아무것도 없고, 멸이라고 할 때에는 멸 밖에 달리 아무것도 없다. 그러므로 생이 되면 다만 생일뿐이고, 멸이 되면 또 다만 멸일 뿐이다. 다만 그것을 향할 뿐이니 싫어할 것도 좋아할 것도 없다."

(4) 소실점으로서의 '대사(大死)'

혼다 선생님이 상즉 혹은 역접의 성립 근거로 '소실점'이라는 것을 중시하고 계신 것은 대단히 중요한 지적입니다. 그것은 확실히 선가(禪家)에서 '크게 한번 죽음[大死一番]'이라고 부르고 있는 것이고, 한 번은 낭떠러지에서 손을 놓아서 상신실명(喪身失命) 하는 체험을 거치지 않으면 자기도 세계도 그 리얼리티를 현성할 수 없다는 말입니다. 여기서 대사(大死)라고 할 때 '대'라고 하는 글자가 있다는 사실에 특별한 의미가 포함되어 있습니다. 그것은 '대의(大疑)'라든가 '대오(大悟)'라고 하는 경우처럼, 보통 말하는 죽음이나 의심, 깨달음과는 질을 달리하는 것입니다.

대사라고 하는 것은 삶과 죽음이라는 상대 분별의 세계에 대해서 죽는 것이기 때문에 단지 생의 부정이 아니며, 죽음조차 뛰어넘는 것이며, 요컨대 분별의 의식을 뛰어넘는 것입니다. 지도무난(至道無難) 선사가 "살아 있으면서 철저히 죽은 사람이 되어야 마음먹은 대로 할 수 있다"라고 노래했던 것과 같은 경험적 사실입니다.

사실이라고 해도 그것은 의식을 뛰어넘는 세계이기 때문에 일상 의식적으로는 경험할 수 없습니다. 반드시 좋은 지도자를 필요로 하는 정말로 위험한 여정입니다. 기독교 신비가가 '영혼의 어두운 밤'이라고 말하는 경지가 이것과 유사한 것은 아닐까 하고 생각하지만, 저로서는 잘 모르겠습니다.

왜 그처럼 위험한 일이 필요할까요? 우리는 일상생활에서 의식을 통해서 세계와 자기를 보고 있습니다. 우리가 알고 있다고 생각하는 것은 의식이 만들어 내는 표상에 지나지 않는 것이고, 세계나 자기 자체와는 멀리 떨어져 있는 것입니다.

당나라에 육긍대부(陸亘大夫)라는 사람이 남전보원(南泉普願) 스님에게 "조법사(肇法師)가 '천지동근, 만물일체'라고 말씀하신 것은 납득하기 어려운 이야기군요"라고 하자, 남전 스님은 "세상 사람은 저 한 송이의 꽃을 보는 것조차 꿈을 꾸는 것 같다"라고 말씀하셨습니다.(『벽암록』 제40칙)

우리는 의식에 의해서 주관과 객관을 '나눔'으로써 비로소 '알기' 때문에, 우리가 알고 있다고 생각하는 것은 모두 허망에 지나지 않는다는 것입니다. 자기가 자기를 알 때조차 그렇습니다. 그래서 한 번 그러한 의식을 깨고서 자기와 자기를, 자기와 세계를 '바로 접하게' 할 필요가 있게 됩니다. 그렇게 해서 자기와 자기가, 자기와 세계가 하나가 되는 '대사'를 통해 한 번 더 '절후(絶後)에 다시 소생해서' 새롭게 자기가 자기에 대하고 자기가 세계에 대할 때, 자기는 진실한 자기이며 세상도 또 진실의 세계가 되어 현성하는 것입니다. 그러한 360도의 회전에 있어서 현실 세계가 '색불이공 공불이색 색즉시공 공즉시색'이라는 진실을 나타내는 것입니다.

자기와 세계가 허망한 꿈에서 깨어 나와 자기가 자기가 되고 세계가 세계가 되기 위해서는 한 번 자기, 즉 세계라는 '공'의 장소를 열지 않으면 안 됩니다. 물론 그러한 공의 열림에 새롭게 자리한(repose) 세계가 역시 원래 그대로의 일상 세계인 것은 말할 필요도 없습니다. 그러한 현실 세계는 '공'에 비친 진여세계(眞如世界)입니다.

노승이 30년 전, 아직 참선하고 있을 때 산을 보니 곧 산이요, 물을 보니 곧 물이었다. 훗날 잘 알게 된 선지식을 만나 하나의 깨침이 있음에 이르러서는, 산을 보아도 곧 산이 아니요, 물을 보아도 곧 물이 아니었다. 이제 하나의 휴식처를 얻고 보니, 역시 산을 보니 곧 산이요, 물을 보니 곧 물

이었다.[26]

또 당의 시인 소동파도 이 소식을 다음과 같이 읊고 있습니다.

여산연우절강조(廬山煙雨浙江潮)
미도천반한불소(未到千般恨不消)
도득환래무별사(到得還來無別事)
여산연우절강조(廬山煙雨浙江潮)

　여산의 안개비, 절강의 조수(潮水).
　천하의 절경을 보지 못할 땐 온갖 한이 되더니만
　실제로 가보고 돌아오니 별 것이 없네.
　여산의 안개비, 절강의 조수.

이상으로 혼다 선생님의 논문을 읽고 느낀 점에 대해서 길게 우견(愚見)을 말씀드렸습니다. 혼다 선생님에 의해서 불교에 근거해 있는 자신의 입장도 한층 더 뚜렷해지는 것 같습니다. 더욱이 잘 생각해 보면 제가 이러한 형태로 불교의 즉비의 경험적 사실을 설명할 수 있는 것도, 역시 깊은 곳에는 일찍이 배운 키에르케고르의 실존 변증법의 사색 방법에 많이 의존하였다고 하는 사실을 새삼스럽게 느끼고 있습니다. 반대로 또 혼다 선생님도 자신이 서 계신 기독교에서 신과 세계가 격절된 신학에 대해서 의문을 품고 상즉의

---

26 『普燈錄』六,「青原惟信」の章

논리로써 이것을 극복하고자 하십니다. 혼다 선생님과 저 사이에도 기독교인과 불교도로서 서로의 자각이 깊어지는 '즉'의 논리가 성립되고 있는 것처럼 생각됩니다.

기독교와 불교

– 대화는 어디에서 가능한가? –

1.

'일본에서 기독교 신학은 불교로부터 무엇을 배울 수 있는가'란 주제가 이번 심포지엄에 포함되어 있다고 생각하는데, '무엇을 배울 수 있는가'라고 하는 학문적 수준에서는 기독교와 불교의 대화는 성립되지 않으며, 따라서 기본적인 의미에서 '배운다'는 것은 불가능하지 않을까 하는 것이 나의 개인적인 생각이다. 기독교와 불교의 종교적 유사성이라든지 병행 현상을 지적하고 그 바탕 위에서 상호 비판과 인정을 한다는 것은 믿음과 이해 그 자체에 있어서 의미가 없다. 이는 신뢰와 이해가 본성 및 개념을 초월해 있고, 따라서 비교라든지 상호간의 배움이라는 수준에서 다루어질 수 없는 사항이기 때문이다. 오히려 서로 배운다는 자세와 작업이 쓸모없는 일임을 서로가 인정하는 것이야말로 종교가 상호 배울 수 있는 것이라 생각한다. 먼저 이것을 설명해 보고 싶다.

바울에게는 다메섹 도상에서 '눈에서 비늘 같은 것이 벗어졌다'라는 회심(回心)체험이 있다고 '사도행전'에 기록되어 있는데, 이 같은 체험은 때와 장소까지도 지정 가능한 사건으로서 나에게 존재한다. 이는 십자가 위에서 죽은 예수가 부활하여 그리스도가 되었다는 것을 믿을 수 없던 자신의 현실이 불신앙이었다는 것을 인정하게 된 것이고, 이것이 하나님의 아들 예수가 십자가 위에서 돌아가신 의미라는 것이 한순간 열렸던 깨달음이다. 내가 도저히 '믿을 수 없다'라는 것을 받아들일 수 있었던 그 이면에는 예수가 하나님의 아들이라는 것이 전제되어 있다. 그렇기에 '믿을 수 없다'라는 것도 '믿을 수 없다'로서 의미를 갖는 것이다. 그 일이 있기 며칠 전, 도쿄 우에하라(上原) 교회의 아카이와 사카에(赤岩栄) 목사가 일요일 예배 설교에서 키에르케고르가 말한 종교성A로부터 종교성B로의 비약이란 미(美)적 단계로부터 올라 온 종교성A의 단계보다 더 위 단계로의 비약이 아니고, 종교성B로의 비약이란 모두를 포함한 밑으로의 비약이라고 말했는데 나는 그 당시 그것을 생각하고 있었던 것이라 하겠다. 실제 이것이 위로의 비약인 이상, 위라는 것이 있을 수 있기 위해서는 또 그 위의 위도 있는 셈이므로, 위로 오르는 일이 멈출 수는 없다. 미적 단계도 그렇고 윤리적 단계 역시 불신앙까지도 포함했던 모든 아래로의 비약이야말로 종교성B라고 아카이와는 말했었다. 바로 이것만이 비약이라 부를 만하다는 것이다. 그렇기에 종교성B는 불신앙도 포함한 신앙이다. 당시 우에하라 교회에서 소설가인 시이나 린조(椎名麟三) 씨도 신앙과 관련하여 '믿을 수 없다고 하는 것'의 복권(復權)을 주장하고 있었다. 불신앙을 배제한 신앙은 배제하는 대상으로서의 불신앙과 떨어지려해도 떨어질 수 없는 것이기 때문이다.

현시점에서 되돌아보면, 나의 그 '회심' 체험은 종교적 경험과 다르지 않지만, 그것은 나의 '자연'이나 '인간(人間)' 회복이기도 하였다. 사람의 아들 예수가 십자가 위에서 죽고 그 후에 부활했다는 사실은 믿을 수 없는 것이 당연하다. 그 사실이 믿어지는 사람도 있을지 모르겠지만, 나에겐 도저히 믿기지 않는 사건이었다. 그렇다면 자기 자신의 그 감각이 기독교의 시점으로부터 보아서 용납될 수 있는 것인지 아닌지는 별도의 문제로 하더라도 나는 자신의 현실을 인정할 수밖에 없었다. 그것이 필연적으로 자연스러운 일이다. 믿을 수 없는 사실을 '있는 그대로' 인정하는 것 외엔 아무것도 아니라 하겠다. 이는 예수가 곧 그리스도라는 전통적인 기독교 신앙고백을 부정하는 것이 된다. 또한 그것조차도 믿으려 해왔던 이때까지의 나 자신의 노력을 포기하는 것이라 하겠다. 지금까지의 나는 신앙을 즐기며 간구한 자가 아니었다. 당시 나는 7년간의 요양생활에서 막 회복한 직후로 요양 중에 있을 때에는 수없이 피를 토하는 등 죽음을 넘나드는 위험과 두려움에 직면했던 적도 몇 차례 있었다. 신앙을 간구하는 것은 삶의 치열한 필연(必然)이었다고 말해도 좋을 정도였다.

그러나 그 자신의 '자연스러움'에 따라 신앙을 갖고 싶다는 절실한 지향으로부터 떨어져 나감으로써 동시에 나는 하나님의 아들 예수의 십자가 위에서 자기부정의 의미도 알게 되었던 것이다. 예수가 하나님의 아들이라면, 나는 '믿을 수 없다'는 '자연스러움'을 떨쳐버릴 수 없는 한, 그 하나님의 아들이라는 성격은 부정된다. 그것이 예수의 십자가다. 그러니까 예수를 십자가에 달리게 한 것은 나였던 것이다. 오히려 그 십자가의 의미가 순간적으로 이해될 때 나는 나 자신의 '자연스러움'을 회복했다고 말할 수 있다. 자기의 불신앙을 인정함으로 인하여 나는 그리스도의 십자가, 바로 그 의미를 이해할 수 있었다. 그것은 믿음과 불신이 동시에 이중으로 밀접하게 관련되었던 것이다. 나는 그 때까지 자신의 행위나 사고에 대하여 자신감을 가졌던 적이 없었다. 항상 나중에야 다른 방법이 있었던 것은 아닐까 헤매며 후회하곤 한다. 그러나 이 '회심' 체험에 관해서만은 그러한 일이 없었다.

따라서 이 자연스러운 회복이란 동시에 나의 인간 회복이라고도 할 수 있다. 니시다 기타로는 상대적인 것이 절대적인 것을 대할 때에 거기에서 죽음이 이루어져야만 한다고 했는데, 이 절대성 앞에서 자기의 죽음이란 무릇 우리들 인간이 유한하다는 의미일 것이다. 이미 유한한 인간이 무한한 것을 구하고자 하는 것, 즉 신앙을 구하는 것의 근본적인 무리와 착각, 거기에서부터 발생하는 여러 가지 뒤틀림에서, 우리들은 해방되는 것이라고 생각한다. 사상사적으로 말하자면 이것은 인식의 주체로서 근대자아의 붕괴라는 것이다. 무릇 근대자아란 자기 주위에 자기를 중심으로 한 영역을 설정한다는 가상의 공간 속에 서 있다. 그렇기 때문에 주관－객관 구도 속에서 객관성이 되는 것은 주관적인 시야의 것이 되고, 그 객관적 지식에 의해 '전체'와 '절대'를 파악할 수 없게 된다. 과학이나 학문, 더불어 종교적 노력에 의해 하나님이나 절대적 진리에 이를 수 있다고 생각했던 것이 근대자아의 기본적 자기 상실의 원인이었던 것이다.

그러나 잘 생각해보면, 이것이야말로 절대 타자(他者)가 인간에게 임하는 본연의 모습일 것이다. 하나님은 인간에게 있어서 절대 타자이기 때문에, 이는 바르트(K. Barth)가 말하는 '하나님은 절대 타자이다'라는 인간의 이해도 부정해야 하는 것이다. '하나님은 절대 타자이다'란 말은 철저히 인간에 의한 규정된 하나님 개념이다. 바꿔 말하자면, 인간의 하나님에 관한 언급은 그것이 인간의 언급인 이상 모든 수준에서, '하나님은 절대 타자이다'라는 인식마저 포함해, 항상 반드시 부정하지 않으면 안 된다는 뜻이다. 이것은 오늘날의 탈구축적(脫構築的) 신학[＝해체주의신학 - 역자주]이 시사하고 있는 것이다. 그리고 또한 이것은 하나님의 케노시스라는 의미도 갖고 있다고 말할 수 있다. 하나님의 케노시스란 '하나님의 아들 그리스도가 자기를 비우셨다'(「빌립보서」 2장 7절)라고 인간이 안이하게 이해하고, 그래서 안심하고 있는 듯한 것이 아닌가 생각하기 때문이다. 만약 그렇다고 한다면 그것은 인간의 공허한 혼잣말에 지나지 않는다. 이러한 의미로 신학의 모든 언어는 상대적으로 헛된 것이라 하겠다. 신학에서 사용되는 언어는 자기 자신의 부정을 거치지 않고 직접 하나님을 짐작하고 추측하는 것이 불가능하다. 왜일까? 하나님은 절대이기 때문이다. 오히려 하나님이 절대이기에, 대저 인간이 하는 모든 말은 필연적으로 부정되어야만 하는 것이다. 하나님은 그 부정 안에 임재한다.(이와 동시에 임재하지 않는다.) 하나님은 부정과 긍정의 이중성을 갖고 있다. 그리고 그것은 자연과 인간의 회복, 안도(安堵)에 연결되고 있는 사정이기도 하다.

따라서 기독교 신앙이 기독교 신앙인 까닭은 근본적으로 실정적(實定的), 객관적인 종교적 근거에 의한 것이 아니다. 물론 실정적인 의미에서 종교성 없이 기독교는 없다. 신화 시대, 전설 시대를 겪은 구약의 역사, 예수의 사건과 원시 교회의 케리그마[복음선교], 그 후의 교의 성립과 기독교의 역사 등 그것들은 그 자체로 위대하고 그것들이 기독교를 기독교로 만들고 있다. 그러한 것들이 없었다면 우리들이 기독교를 접하지도 못했을 것이다. 그것은 불교의 경우도 마찬가지일 것이다. 그리고 기독교와 불교, 양 종교 사이에는 다른 점도 있고, 닮은 점도 있다. 이는 비교종교학이 알려 준 대로다. 또한 인간이 인간으로서 문화를 넘어 근본적인 것을 요하는 한 기독교와 불교 사이에 일치가 있는 것은 오히려 당연하다고 하겠다. 그러므로 서로 배우고, 배울 수 있는 것은 중요하다. 그러나 신앙 그 자체는 이들 인위적 영위가 기본적으로 의미를 잃어버리고, 그런 의미에서 인간의 사유나 문화, 학문이 부정되는 곳에서 태어난다. 그것은 그리스도에 대한 믿음과 동시적인 것이라 할 수 있다. 문자에도, 종교에서도 나타나지 않는 것이다. 그것은 '(율법) 조문은 죽이는 것이요, 영은 살리는 것이니라', '불립문자(不立文字), 교외별전(敎外別傳)'이라 이르는 말 그대로이다. 기독교가 불교에서 무엇을 배울까 하는 것을 문제라 한다면, 그것은 이러한 수준일 것이다.

이것이 어째서 기독교 신앙인지 질문 받을지도 모른다. 이는 내 회심체험이 가끔 십자가 위의 하나님의 아들 예수의 자기부정과 관련한 것이기 때문이다. 하나님 대 인간이라는 이원론적 기독교의 구원사적, 합리주의적 구도를 믿고 있기 때문은 아니다. 내가 청년 시절에 병에 걸리고, 키에르케고르를 읽고, 우에하라 교회의 아카이와 사카에 목사의 설교를 들었다고 하는 것은 우연이었다. 인간 생활에서 우연이 아닌 것은 없을 것이다. 그러나 우연이라고 하는 것은 필연이라고 하는 것이다. 어떤 사람은 동양인으로 태어나고, 어떤 사람은 서양인으로 오랜 기독교 전통 속에서 태어났다는 것도 우연일 것이다. 그리고 신앙은 우연이기 때문에 필연적이며, 절대적으로 배타적이다. 우연을 배제했던 필연, 상대를 배제했던 절대는 인위적 필연, 인위적 절대이며, 필연이나 절대의 이름에 상응하지 못한다. 우연이기 때문에 그야말로 필연이라는 사정을 벗어나 우연을 배제하면 신앙은 그 즉시 합리주의적 구도를 굳게 믿어버리는 경우로 전락하게 된다.

2.

앞서 신앙은 이원론적 구도를 넘어 이중성이며, 실정적 종교성을 뛰어넘는 것이므로, 비교의 문제가 아니라는 것을 서술했다. 불교에서 깨달음의 경우도 마찬가지일 것이다. 그러나 비교의 문제가 아니라고 하는 것은 기독교와 불교가 비교라든지 서로 배운다고 하는 수준을 넘는 수준에서 근본적인 공통성을 갖고 있다(동시에 근본적으로 공통성을 갖고 있지 않다)고 말할 수 있다. 나는 무토 카즈오(武藤一雄) 박사의 성령론적 신학이 기독교 종교철학적인 설명을 해준다고 생각한다. 무토의 종교철학은 현대의 '종교의 신학'이라든지, 불교와 기독교의 관계 문제를 선취하고 있을 뿐만 아니라 현대의 포스트모던적 사유에 대해서도 시사점을 안겨주고 있다. 실제 '기독교는 불교로부터 무엇을 배울 수 있을까'라는 문제의식은 현대의 시대정신, 현대문화 전반 속에서의 문제이며 그러한 규모에서의 과제이지, 그저 어쩌다 보니 양자를 단순히 비교하게 되었다고 하는 문제는 아니다.

『신학과 종교철학의 사이에서』(창문사, 1961)라든지, 『신학적·종교철학적 논집 I』(창문사, 1980), 같은 책 II(1986), 같은 책 III(1993)과 같은 저서의 제목이 시사하고 있는 것처럼, 무토의 종교철학에 있어 기본적인 틀은 신학과 철학의 '사이[間]'를 요하고 있다. 이것은 무토가 기독교 신앙에 굳건히 서있으면서도 기독교를 넘어선 것을 찾고 있음을 의미한다. 그것이 '사이[間]'이다. 따라서 이 '사이'에는 불교와 기독교의 대화도 함의되어 있다고 말할 수 있다. 그리고 무토는 이 '사이'를 떠나서 '사이'의 상공(上空)에서 무언가 실체적인 신앙의 대상을 설정하고 있는 것이 아니다. 이 경우, 무토가 말한 '신학'이란 신앙의 유일무이성, 즉 그러한 의미에서 배타성과 관계된 학문인 것이다. 신앙이 유일적·배타적인 것은 우리들이 살고 죽는 것이 우리들 자신의 생(生)과 사(死)이며, 대체 불가능한 것인 이상 당연한 것이다. 그러나 그것이 그렇다면 더욱더 거기에 보편적 의미가 있을 것이 틀림없겠다. 이 보편성은 개념적 일반성으로서의 보편성이 아닌 보편성이다. 그 보편성과 관계되는 것이 '종교철학'이라고 무토는 말한다. 이러한 신학과 철학의 '사이'와 관련된 것이 무토가 갖고 있던 종교철학의 일관된 의도였다.

무토의 특징적인 표현으로 '종교성A(?)'가 있다. 이는 키에르케고르의 종교성A, 종교성B를 모방한 표현이다. 키에르케고르에 의하면 종교성A는 보편적 종교성이다. 물론 '주체성이 진리이다'라고 하는 입장에서 보자면 이는 공동적이란 의미에서의 객관성에는 반대하는 종교성이며, 이는 무릇 종교란 것이 있고 그 의미에서 이 종교성A 속에는 자기의 객관적 보편성을 뛰어넘는 입장이 포함되어 있다. 그러나 이러한 객관적 보편성에 반대한다고 하더라도 그것은 기독교에 한정되는 것은 아니고, 그러한 의미에서 종교성A는 보편적, 공동적이며, 종교철학적 단계의 것이다. 이와는 달리 종교성B는 바르트 신학과 통한다.[1] 바르트는 그리스도에 있어서 하나님의 특수 계시에 의해서만 우리들은 구원받는다는 신앙의 철저한 특수성 및 배타성을 주장했다. 그러나 이는 단순히 바르트 신학이 지닌 구조적 문제가 아니며, 신앙이 나 자신의 생사, 존재의 근거에 걸쳐 있는 이상 당연한 것이라 할 수 있다. 대체 가능한 것은 신앙이 아니다. 그리고 무토가 언급한 '종교성A(?)'란 그 종교성B의 철저한 배타성을 통과한 보편성이다. 그리고 종교성B에 있어서 종교성A는 모습을 감추는 것이 아니라 오히려 '어느 의미에서는 더더욱 철저화된다'고 무토는 주장하고 있다.[2] 앞서 언급했던 아카이와의 종교성B 이해에는 무토의 이러한 '종교성A(?)'가 포함되어 있다고 말할 수 있다.

그러나 보편적이지도 않고 특수적이지도 않은 것은 없기 때문에, '종교성A(?)'는 '없음에서 있는 것' 같은 보편성이다. 단순한 종교성A는 신앙의 부정이며, 종교성A와 종교성B를 지양했던 제3의 입장은 또한 별도의 다른 종교성A가 되는 것뿐이다. 요컨대 이것은 특수와 보편이란 절대 모순적 자

---

1 「宗教哲学の新しい可能性」, 『宗教哲学の新しい可能性』(国際日本研究所, 1974년), 5쪽 외.

2 『宗教哲学』(日本キリスト教青年会同盟, 1955, 135), 6쪽.

기동일인 것이며, 그 배후에 있는 것이 니시다 철학의 장소적 논리라는 것은 무토 자신이 인정하고 있다. 이 무(無)의 자리를 무토는 인간론적으로 바꿔 말하여 그것은 '예측할 수 없는[不可測] 호모로고스'라고 말하고 있다. 무릇 대화, 다이어로고스가 가능하기 위해서는 그 근저에 '예측할 수 없는 호모로고스'가 있어야만 한다고 말한다.[3] 이 표현에 따르면 불교와 기독교가 서로 만나서 배우는 것은 각자가 각각의 종교성B를 보호하고, 그것을 통과하여 이 '없음에서 있는, '종교성A(?)'에 이르러, 예측할 수 없는 호모로고스에 의한다고 할 수 있을 것이다.

여기에서 다음의 두 가지 점을 살펴보고 싶다. 첫 번째, 이것은 내가 앞 단락에서 언급했던 신앙에 있어서의 신즉불신(信卽不信)의 이중성에 대한 종교철학적 설명이란 부분이다. 무토는 '사이', '이중성'을 여러 가지 화제를 들어가며 반복하여 설명하고 있는데, 예를 들면, 칸트의 종교철학의 경우 실천이성의 한계 안에서의 '요청'으로서의 하나님이란 그 요청에 있어 이성의 '한계 밖의 종교가 원하든지 원하지 않든지 간에 상관없이 시야 안에 들어오는 지점이기도 하다'[4]라고 무토는 말한다. 무토는 이성의 한계 내, 즉 불신의 영역과 이성의 한계 밖에서, 다시 말해 믿음 영역의 이중성

---

3 『宗教哲学の新しい可能性』(1974년), 20쪽.
4 「カントの宗教論について」, 『神学的・宗教哲学的論集』II(創文社), 44~46쪽.

이 칸트의 '요청'의 의미라고 말하고 있는 것이다. 이것은 내가 앞서 언급했던 신즉불신의 이중성으로서의 회심이 철학적으로 세련되게 설명된 것이라고 할 수 있다. 그리고 또한 나는 그 신즉불신의 이중성 승인에 의해 자기의 생(生)에 대한 안락과 자연스러움이 회복되고, 인간도 합리주의적 허구(虛構) 안에서의 뒤틀림으로부터 해방된다고 언급하였는데, 무토의 호모로고스라 하는 장소적 논리의 인간론적 표현은 이 자연과 인간의 회복도 시사적(示唆的)으로 강조하고 있다고 나는 생각한다. 두 번째로, 이미 언급한 것과 같이 이 '사이'의 기독교 종교철학이 니시다 철학에 의존하는 것에서도 볼 수 있듯이 동양적 무와의 농후한 일치가 있다고 하는 것이다. 여기에서는 이미 기독교와 동양 사상과의 '없음에서 있는 것'의 일치가 이뤄지고 있다.

무토는 자신의 종교철학에서 '그나마' 새로운 시선이 있다고 하면, 그것은 "기독교 성령론적 이해와 고찰에 있어 한 발 앞서 나간 점에 있다고 생각한다. 그래서 그것은 …… '기독교 신비주의' 내지 '신앙 신비주의'와 불가분의 관계에 있다는 것을 명심해 두고 싶다"라고 말한다.[5] 이 성령론은, 무토의 종교철학 구조로 말하자면, 앞에서 언급한 '사이', '이중성'에서 필연적으로 등장한다. 이것을 검토해보자. 예를 들어 바울의 '기독교 신비주의', '신앙 신비주의'의 경우, 그것은 종교적 인간으로서의 바울과 사도로서의 바울이

5 「序」, 『神学的・宗教哲学的論集』II(1986년).

'상호 순환적으로 만나 깊어지는 전체 관계', 다시 말하자면 종교 일반에 관계되는 보편적 측면과 '그리스도를 만나서'라는 특수적 측면의 '사이'에 있는 상호 순환적이며 '이중적인' 신비주의이다.[6] 그리고 또한 그 '기독교 신비주의'는 '신(神)·신비주의'와 불가분(不可分)이고 동시적(同時的)이다. 바꿔 말하자면 이중적이다. 전자는 후자의 '인식근거'이며, 후자는 전자의 '존재근거이다'라는 것이다. 그리고 이렇게 말한다. "신적 초월의 극단에 있어서 감춰져 있던 진정한 하나님은, 그럼에도 불구하고 현실의 바로 지금 이 순간에 있어서 내재적이며, 만물은 그 손길 가운데 있는 것이다. 이렇게 감춰진 하나님의 현림(現臨)을 우리들은 하나님의 영, 즉 성령의 현림이라고 부른다. 그리고 그러한 의미에서 성령이야말로 최대의 '포괄자(das Umgreifende)'이다."[7]

그리고 무토에 의하면 이러한 성령론은 삼위일체론과 떼놓을 수 없는 관계이다. 포괄자는 삼위일체적으로만 있을 수 있다. 부분에 대항하는 포괄은 진정한 포괄이 아니다. 대립항을 갖고 있는 듯한 것은 포괄자가 아니기 때문이다. 따라서 진정한 포괄자란 부분에 대항하는 포괄임과 동시에, 그 부분과 포괄이라는 대립을 넘어선 것이 되지 않으면 안 되고, 결국 그것은 부분과 포괄이라는 대립하는 두 항과 그 대립을 뛰어넘은 포괄이라는 세 가지의 계기로부터 성립되

---

6 「第五章 信仰と神秘主義」, 『神学と宗教哲学の間』(創文社), 421쪽 이하.
7 「脚下照顧」, 『神学的·宗教哲学的論集』II, 104쪽.

고 있다. 이 세 가지의 계기가 있기 때문에, 포괄자는 부분에 대항하는 포괄자가 아닌, 그 양자의 이중성, 사이로서의 진정한 포괄자일 수 있다. 무토는 "아버지 하나님과 아들 하나님과 성령 하나님이 각각의 페르소나(Persona)를 달리하는 삼위로 있으면서 한 몸이 된다고 말할 때, 그 일체성은 무엇보다도 성령에 있어서의 일체성으로 이해될 수 있다"[8] 라고 말한다. 이러한 표현은 성령이 아버지와 아들보다 우위에 있는 제3자라고 이해돼서는 안 될 것이다.

성령과 장소에 대해서는 이번 심포지엄에서 오노데라 이사오(小野寺功) 선생께서 맡아 발표해 주신다고 들었는데, 요컨대 무토는 자신이 언급하고 있는 '성령이 두루 차고 넘치는[遍滿] 장소'는 니시다 철학에서 말하는 '무의 장소'와 유비적이라고 주장한다. 그리고 내가 지금 여기에서 주의를 기울여 두고 싶은 것은 이 성령론이 기독교 신앙의 자기성찰이 되면서 기독교라는 단일 종교의 종교적 필연을 넘어서서 나타나고 있다는 점이다. 이것은 무토가 니시다 철학과 유비적이라고 주장하고 있기 때문이라는 의미는 아니다. 포괄자는 개별 종교를 초월하지만, 그렇기 때문에 개별 종교에 내재적이라는 의미 또한 있는 것이다. 하나님은 내재하면서 곧 초월[內在卽超越]한다. 이것이 성령이다. 만일 그것이 외재적인 경우 그것은 포괄자가 아니며, 인간 인식에 사로잡힌 부분에 맞대응하는 포괄자가 된다. 무토 선생은 예전에 나

---

8 같은 책, 102쪽.

에게 "나 자신은 기독교 내부에 머물러 있는 데 반하여, 당신은 그렇지 않은 듯하다"라고 언급한 적이 있다. 그러나 그것은 결국 같은 것이지 않겠는가. 그러한 내 생각에 무토 선생도 동의하셨다. 무토의 본래 의미는 기독교라는 특수성의 개입을 벗어나면, 성령이 두루 차고 넘치는 장소는 단지 관념이 되고 만다는 뜻이다. 그러나 성령이 편만하는 장소 그 자체에는 기독교라는 단일 종교의 종교적 필연을 넘어서 있는 차원도 있다. 이러한 차원에서 그곳은 기독교 내부가 아니다. 성령이 두루 차고 넘치는 장소는 기독교에 내재적이면서 그것을 초월해 있다. 기독교와 불교의 대화는 거기에서 가능한 것이라고 나는 생각한다.

내재 즉 초월, 상대 즉 절대, 불신 즉 신앙과 같은 이중성은 인간이 유한하다는 의미를 가지고 있을 것이다. 무토는 또한 '포괄자'로서의 성령은 범신론과 유신론을 통합하는 '만유재신론(萬有在神論)'으로서의 하나님이라고 주장하는데, 범신론과 유신론을 통합하는 것으로서의 만유재신론이란 솔직히 말해서 불교와 기독교를 초월한 것이다. 만유재신론은 니시다의 종교 이해이기도 하다. 그러나 이것을 뒤집어 말하면 기독교인은 기독교, 특수성에 철저할 수밖에 없다는 것이다. 그것을 벗어나면 만유재신론도 이중성도 그 즉시 관념으로 전락하게 된다.

그리고 또한 이러한 초월이 진정한 초월인 경우 그것은 단순히 종교 간 대화의 문제에 머물지 않고 인간문화의 전반적인 문제가 되기도 한다. 현대에는 이성의 한계라든지, 과학의 모순이 자각되고 있고, 이성이나 과학의 '한계 밖'의 것이 진정 요구되고 있다. 무토에게 그런 류의 문명론적인 언급은 전혀 없으나, 성령이 두루 차고 넘치는 장소라는 언급과 표현으로 그의 성령론적 신학은 현대의 사상적 상황을 꿰뚫어 간파하고 있다. 이에 관해서는 후술하여 살펴보도록 하겠다.

3.

나는 불교에 관하여 잘 모르기 때문에, 모리타 마사타케 (森田正馬) 박사(1874~1938)가 강박관념에 대해서 고안했던 소위 '모리타 요법'에 대해서 언급해 보고자 한다. 모리타 요법에는 근대 자아에 대한 근본적(根底的) 비판과 그것에 동반하여 자연과 인간의 회복, 그리고 그것에 필연적으로 수반되는 깊은 종교성이 있다. 그리고 그것은 인간 생애의 이중성에 대한 가장 솔직하고도 근원적인 승인이다. 모리타는 자신의 치료가 종교와는 관계없이 새롭게 고안된 것인데, 나중에 하쿠인 선사(白隱禪師)의 법어집 가운데 내관법(內觀法), 오도(悟道)에 들어있는 법(法) 등을 읽고, "생각이 일치하는 것이 있다"고 언급하고 있다.[9] 종교와 관계없이 된 것이 매우 종교적이라고 하는 것은 그것이 순수한 의미에서 종교적이라는 것을 의미할 것이다. 사상이나 종교로써 성문화되

---

9 「神経質ノ本熊及療法」, 『森田正馬全集』第二巻(白揚社, 1974년), 349쪽.

기 이전의 진실이 각기 별개라는 것은 있을 리가 없다. 즉, 무토가 사용한 말인 '종교성A(?)'는 실정적 종교도 뛰어넘는 종교성인 것이다. 그러나 종교란 원래 그러한 것이다. 그리고 이미 언급하였듯이, 기독교와 불교의 대화는 그러한 수준에서만 가능한 것이다. 이러한 점을 떠나서 보더라도 모리타 요법과 선의 친근성에 대해선 우치무라 유시(内村祐之), 도이 다케오(土居健郎)와 같은 사람들을 포함하여 내외의 많은 정신의학자들이 강조하고 있다.[10]

강박관념이란 것은 어떤 관념이 무의미한 것을 알고 있으면서도 그 관념이 저항하기 어려운 힘으로 개인에게 다가와, 그 관념으로부터 벗어나는 것이 불가능한 상태인 것이다. 따라서 강박관념이라고 하는 것이다. 여기에 반하여 망상은 그 관념이 무의미하다는 의식이 없다. 그렇기 때문에 강박관념의 대상은 무의미하고 쓸데없는 것만 있을 뿐이다. 독서하는 중에 자신의 코끝이 마음에 걸린다던가, 자기 자신을 보고 있는 눈의 초점이 맞지 않게 된다던가, 얼굴이 빨개질지 모른다는 소위 적면공포증과 같은 공포 등등이다. 의미가 있고 이유가 있는 대상에 대한 붙들림이라면 그것을 없애기가 쉬울 것이다. 그 이유를 제거해 버리면 되기 때문이다. 그러나 이유도 없는 대상을 없애버리는 것은 불가능하다. 바로 그렇기 때문에 이유가 없다고 하는 것이다.

---

10 鈴木知準,「森田療法と禪」,『現代の森田療法—理論と実際』高良武久・大原健土郎編(白揚社, 3장 3절), 1977년.

게다가 이유가 없다고 하는 것은 그 붙들림이라는 것이 없는 것이 당연하며, 따라서 그것은 제거되지 않으면 안 된다는 말이 된다. 그렇기에 제거하려고 하는데, 제거하려고 하는 노력은 오히려 대상에 붙들려 있다는 사실을 선명하게 의식시킨다. 그리고 붙들림이 더욱 심하게 되면 점점 그것을 제거하려는 노력을 하게끔 만든다. 그 결과, 점점 더 붙들리게 된다. 모리타는 그것을 '정신교호작용(精神交互作用)'이라 부르는데, 모리타는 '일파(一波)를 가지고 일파를 없애기를 원하다. 천파만표(千波萬漂)가 번갈아 일어난다'라고 말하고 있다.[11] 모리타는 또한 이러한 강박관념증의 상태를 선어(禪語)를 인용하여 '계려길(繫驢橛)'이라 한다.[12] 계려길이란 당나귀를 매어두는 말뚝으로, 그것은 말뚝에 묶여 있는 당나귀가 자신을 자유롭게 하기 위해서 말뚝 주변을 빙빙 돌면 돌수록 점점 그 말뚝에 매이게 되는 것을 뜻한다. 강박관념이란 그러한 것이다. 이와 같은 강박관념의 처치 곤란한 실태와 그 공포는 그 병에 걸려 보았던 사람이 아니라면 알 수 없을지도 모른다.

이러한 강박관념에 대해 모리타가 고안했던 모리타 요법은 치료를 네 기간으로 나누었다.[13] 제1기는 와요(臥褥) 요법으로 이 기간, 환자는 아무것도 하지 않고 독방에서 잔

---

11 森田, 앞의 책, 350쪽.
12 같은 책, 329쪽.
13 같은 책, 348쪽 이하.

다. 그리고 이 기간의 목적은 '번민 즉 해탈(煩悶卽解脫)'의 경지를 체험시키는 것이다. 아무것도 하지 않고 잠만 자는 것으로, 환자는 마음을 달래주는 것이 아무것도 없기 때문에 정신은 도피처를 잃고 강박관념에 점점 괴로워하게 된다. 그러나 모리타는 "그 고민의 심한 정도에 따라, 오히려 치료의 목적은 적절하게 이루어지게 된다. 환자가 그 고민의 끝에 이를 때, … 그 고뇌는 자연스럽게 어느 순간 흔적도 없이 사라지고(雲散霧消) … 갑자기 정신이 상쾌해지는 것을 자각하게 된다. 나는 이 심경을 이름 붙여 번민 즉 해탈이라고 부른다"라고 말한다.[14]

모리타는 이것의 논리적 구조를 대부분 설명하고 있지 않으나 번민 즉 해탈이라는 표현에서도 명확하게 알 수 있듯이, 이것은 번민과 해탈의 이중성 승인이라고 해도 좋다. 따라서 이 '정신의 상쾌함'은 강박관념을 잘라버릴 수 있기 때문에 도래한 것은 아니다. 그것은 결코 불가능하다. 그것이 게려길의 옛 이야기가 주는 가르침이다. 역으로 그것이 결코 불가능하다는 것을 깨닫게 해주는 것이 바로 이 와요 요법의 의도이다. 따라서 이것은 강박관념을 없애는 것이 아니고, 강박관념의 존재를 인정하는 것과 동시에 그에 따른 번민과 이중적으로 찾아오는 '정신의 상쾌함'이며, 그러므로 번민 즉 해탈인 것이다.

제2기, 제3기는 작업치료로, 제2기는 가벼운 작업(輕作業),

---

14 같은 책, 350쪽 이하 傍点原著.

제3기는 무거운 작업[重作業]이다. 제2기는 격리된 가벼운 작업이다. 그 목적은 '소위 무념무상이 되어 노작(勞作)의 삼매(三昧)라고 불러야 할 심경에 이른다'는 것이다. 본래 환자는 격리된 환경 속에서 가벼운 작업을 단순하게 반복하는 데 대하여 이런 것으로 강박관념이 치료되는가 하는 의문을 자연스럽게 갖게 된다. 그러나 그 의심을 품은 채 일정한 기간, 처방된 대로 그 작업을 계속한다. 원래 그러한 의심은 모리타가 말한 '예기공포(豫期恐怖)'이며, 사악한 지식[惡智]이다. '이 예기공포를 파괴하는 것이 가장 중요한 착안점'이다. 그리고 이 작업을 계속 함으로써 '단지 노작, 그것을 즐기고, 노작을 위한 노작을 하며', 그것은 '마치 어린이가 활동하는 데 있어, 자기 충동 발휘를 기분 좋아하는 것과 같은' 심경이 된다.[15] 제3기는 무거운 작업에 의해 인내력을 양성하고, 환자에게 자신에 대한 믿음을 얻도록 하는 것이 목적이다.

이 두 가지의 치료 단계에서 명료하게 나타나는 의도는 자아로부터의 이탈이다. 본래 강박관념으로 괴로워하는 것도, 그곳으로부터의 해탈을 요구하는 것도, 그 주체인 자아의 완전한 버릇에서 비롯된 것이다. 모리타 요법의 효과에 대한 예기공포도 이와 같다. 그러나 모리타에 의하면 이 작업치료의 두 기간 중에 환자의 다수는 정신몽롱, 신체권태, 그 외의 신체적 이상도 "어느 순간엔가 없어지게 된다"라고

---

15 같은 책, 356쪽.

한다.¹⁶ 이 부분은 같은 책을 원형으로 하면서도 내용 및 순서가 대체로 같은 논문에서는 '없어지게 된다'가 아닌 '잊어버리게[忘失] 된다'로 되어 있는데,¹⁷ 내 개인적인 의견에 의하자면 후자 쪽이 그 사정을 정확하게 설명할 것 같다. 강박관념의 실체가 없어졌다는 것이 아니고 '잊고 있을' 뿐이다. 바꿔 말하면 있으면서 있지 않다는 것만으로는 자아가 만족할 만큼 강박관념이 사라지지 않기 때문이다. 나의 경험으로도 다양한 강박관념을 떨쳐 버리지 못한 채 그것을 그대로 두고 꼭 해야 할 일, 예를 들어 학교에서의 강의 등에 종사하면, 그 일속에서 강박관념을 '잊어버리는' 일이 자주 있었다. 그것이 없어진 것은 아니다. 따라서 같은 사태는 다시 반복된다. 그리고 거기에 원치 않지만 어쩔 수 없이 갖게 되는 기분에 사로잡히게 되었던 것이다. 시간이 다가왔기에 어쩔 수 없이 강의를 시작했던 것이고, 이에 따라 근심을 '잊어' 버린 듯 했지만 해결된 것은 아니며, 따라서 언제나 같은 근심을 반복한다고 생각했던 것이다. 그러나 그것은 내 자아의 완전한 버릇에 의한 것이다. 자아가 만족하는 듯한 해결은 아니다. 재차 그 근심이 반복된다면, 다시 그대로 일을 시작하고, 그것을 '잊고' 있으면 괜찮다. 잊고 있는 쪽이 건전한 것이다. 그리고 제4기는 실질적으로 사회에 복귀하는 준비이며, 치료에 대한 '흥미 집착도 파괴

---

16 같은 책, 356쪽.
17 「神経質ノ本態及療法」, 『森田正馬全集』第一卷, 214쪽.

하고 모든 구애를 떠나 외부 변화에 순응하는 훈련'이다.

　이러한 모리타 요법의 각 국면은 선의 지관타좌(只管打坐), 지관작무(只管作務)와 뚜렷하게 일치된다. 아니, 실질적으로는 같은 소식이라고 나는 생각한다. 도겐(道元) 선사는 타좌 즉 불법(打坐卽佛法)이라고 말하는데, 때로 오역의 소지가 있는 것처럼 타좌(打坐)는 깨달음을 얻기 위한 수단이 아니다. 타좌, 그것이 곧 깨달음이다. 깨달음을 목적으로 해서 타좌 하는 것이 아니다. '초심(初心)의 좌선은 첫 번째 좌선이고, 첫 번째 좌선은 첫 번째 좌불(坐佛)이다.'[18] 왜냐하면 깨달음이 목적이 되면 깨달음은 대상으로서 자기 밖에 머물고, 깨달음이 내 것이 되는 것은 아니기 때문이다. 이것은 에크하르트가 '왜라는 이유 없이'라고 말했던 것과 통한다. 에크하르트는 '심령이 가난한 자는 복이 있나니'(「마태복음」 5장 3절)의 '심령의 빈곤'이란 하나님을 찾고 구원을 목적으로 하는 마음도 버리는 것이며, 그것이 '마음의 빈곤'이다. 그 의미로 신앙은 '왜라는 이유 없이'라고 말한다. 그때에만 천국은 목적으로서 자기로부터 떠난 것이 아니고, 그 사람의 것이 되어 있다. 그리고 그 사람이야말로 행복하며, 천국을 보는 것이라고 한다. 이렇게 해서 깨달음을 얻는 것이 타좌의 목적이 아니라는 말은 지관타좌에서 깨달음과 미망이 이중적이라는 뜻이다. 깨달음을 구하고 미망을 버리려고 하는 것은 이미 타좌의 목적이 아니기 때문이다. 도겐은

18 『正法眼藏』「座禪箴」.

참선하는 사람에게 제시하여 궁리하게끔 하는 과제인 어록 공안(語錄公案)을 간독(看讀)하는 것, 바꿔 말해 깨달음의 참 모습을 이론적으로 끝까지 밝혀내려고 하는 것은 오히려 석가모니[佛祖]의 길에서 멀어지는 것이라 말한다. 그리고 '얻어야 할 것도, 깨달을 것도 없는 무소득무소오(無所得無所悟)에서 단좌(端坐)하여 때를 옮기면, 곧 조도(祖道)가 되리니'[19] 라고 한다. 깨달음은 무용(無用)한 것이다. 그것이 깨달음이다. 그리고 그것이 지관타좌일 것이다. 이는 번민 즉 해탈의 '정신의 상쾌함'과 통하고 있다.

또한 모리타 요법의 제2기, 제3기의 작업요법은 지관작무와 통한다. 작업요법, 그 효과에 대한 의문을 그대로 한 채 처방된 작업에 따르고, 그에 의해서 '예기공포'의 주체인 자아를 이탈하는 것이 작업요법의 의도였다. 선종의 사원에서도 일상생활 전체가 불도의 수업이며, 일상의 작무는 그 자체가 수행이다. 그러나 취사나 청소 등이 왜 수행인가라는 의문은 당연히 들기 마련이다. 도겐은 '영평청규(永平淸規)'를 만들어 작법(作法) 및 수행을 엄밀하게 제정했는데, 그것은 단순히 집단생활의 필요성에서 비롯된 것이라기 보다는 그것을 따르는 것에 의해 자아를 없애고, 진실의 생활이 되기 때문이다. 그렇게 될 때만이 작무는 수행일 수 있다. 이는 자아의 멸각(滅却)이란 의미로, 멀게는 가톨릭 수도원에서 하는 절대복종의 생활과 통하는 부분이 있을지 모

---

19 懷奘編 『正法眼藏随聞記』 제5의 23.

른다.

더불어 『정법안장(正法眼蔵)』의 '현성공안(現成公案)'에서 도겐은 "불교를 배운다는 것은 자기를 배우는 것이라. 자기를 배우는 것이란 자기를 잊어버리는 것, 자기를 잊어버리는 것이란 만법에 깨닫는 것"이라고 말하고 있다. 불교를 배운다는 것은 자기를 배우는 것, 즉 불교와 자기와의 이중성이 시사되고 있다. 그리고 불교는 자기를 잊는 것이며, 그것은 만법에 깨닫는 것이라고 말한다. 그것이 진정한 자기라고 한다. 실제로 불교와 자기가 이중적이지 않고 이원적이며, 불교가 자기 깨달음의 대상인 이상, 깨달음은 오지 않는다. 불교는 그 이원론의 한쪽인 자기를 내다 버리는 것으로 성취하는 것이 아니다. 그것은 결코 불가능하다. 자기를 잊고, 자기와 이중적인 것이 불교이며, 그것이 깨달음이다. 그리고 자기에의 붙잡힘을 '잊어버리는[忘失] 것'은 모리타가 설명하고 있던 것이기도 했다.

즉, 문제는 모리타 요법의 방법도 무토의 '사이'와 같이 이중성이란 현실이 기본이라는 것이다. 그리고 더불어 그 이중성이 기독교, 신경질 치료, 또는 선(禪)적 불교 내부에서 각기 발상되면서 그것들을 뛰어넘었던 차원을 지적하고, 오히려 반대로 그 차원에 따른 각각의 종교나 치료법이 생명력을 갖춘 것이 되도록 만든다. 이중성이란 원래 그러한 것이다. 대화의 기본적인 장소는 그러한 차원일 것이다. 따라서 이는 종교에서 일반적으로 보이는 모진 수행이나 고행

102

과는 정반대이다. 깨달음은 육체적인 가책에 의해 얻을 수 있는 것이 아니며, 번민이나 번뇌도 고된 수행에 의하여 없어지는 것이 아니다. '게려길'이라는 말은 그것을 통렬하게 가르쳐주고 있다. 고행자가 만약 고행에 의하여 깨달음의 경지에 다다랐다고 생각했더라도, 그것은 아마도 오해이거나 착각일 것이다. 석가모니도 극단적인 고행을 오히려 배제하는 태도를 갖고 있다.

모리타 요법의 기본은 모진 수행이나 고행과는 반대로 자신의 '있는 그대로'를 인정하는 것, '자연으로 돌아간다'는 것이다.[20] 강박관념으로 괴로워하고 있는 현실을 있는 그대로 받아들이는 것이다. "무서운 건 무서워하고, 기쁨을 기뻐하는 것이 좋다. 석가가 크게 깨달은 것은 인생이 안락하다 하여 안심했던 것이 아니다. 인생에 대한 가장 비관적이라 할 수 있는 제행무상(諸行無常), 시생멸법(是生滅法)을 각오하고 나서 비로소 거기에서 안심입명을 얻었던 것이다"라고 모리타는 말한다. 그 용기와 자연스러움이 번민 즉 해탈의 이중성, '정신의 상쾌함'을 낳는다. 본래 '있는 그대로'를 인정하는 것이란 자아에 있어서 근본적인 의미의 용기가 필요한 것이라고 나는 생각한다. 자아는 자신의 존재 이유를 확인하고 싶어 한다. 그것이 무릇 자아라고 하는 것이다. 자아는 '자기를 잊어버리는 것'에서 존재론적 공포를 느낀다.

---

20 全集 第二卷, 384~385쪽.

바꿔 말하면, '있는 그대로'를 인정하고 '자기를 잊어버리는' 용기가 없다는 말이다. 거기에 대해서 모리타는 완결적인 주체로서의 자아에 반대한다. 그리고 그러한 자아야말로 노이로제의 원인이라고 말한다. 계려길이나 예기공포, 정신교호작용의 악순환은 본래 자아가 있기 때문에 발생한다. 그리고 선어를 인용하여 '마음은 만경(萬境)에 따라 변하니, 변하는 곳 실로 매우 그윽하도다. 흐름 따라 성(性)을 인정하고 얻으면, 기쁨도 근심도 없어지리라'라고 말한다.[21] 그것이 '있는 그대로'이다. 따라서 '있는 그대로'라든지, '자연으로 돌아간다'라는 것은 자아로부터의 이탈이다. 무엇보다도 모리타 학파 중에서 이 '있는 그대로'의 있는 모습에 대해서 그것을 심리적 이중구조라고 생각하는 오하라 겐시로(大原健士郎) 씨, 이와이 히로시(岩井寬) 씨 같은 사람들도 그것을 '철저하게 현재가 된' 심리적 태도라고 생각하는 스즈키 도모노리(鈴木知準) 씨와 같은 입장을 좋아하는데,[22] 이중성의 '있는 그대로'란 이 양자를 포함한 것이라고 할 수 있을 것이다. 이중성은 심리학의 문제가 아니라고 해도, 심리학적 인식으로서는 이중구조라고 말할 수 있을 것이고, 그것은 예기공포나 정신의 교호작용을 떠나서 '철저하게 현재가 되는 문제'라고 말할 수 있기 때문이다.

그리고 이 '있는 그대로'는 불교의 자연법이(自然法爾)나

---

21 같은 책, 386쪽.
22 鈴木知準, 「森田療法と禪」, 『現代の森田療法』, 392~393쪽.

예수의 자연관과 통하고 있을 것이다. 자주 인용되는 신란(親鸞)의 『자연법이장(自然法爾章)』에 다음과 같은 구절이 있다. "자연이라는 것에서 자(自)는 '저절로'라는 것으로 행자(行者)의 행함에 의한 것이 아니며, 연(然)이란 것은 '그렇게 된다'는 말이다. 그렇게 된다는 것은 행자의 행함에 의한 것이 아닌데, 여래(如來)의 서원에 있는 까닭에 법이(法爾)라고 말한다." 그러나 이 '여래의 서원'에 맡긴다는 것은 특별히 종교적인 것은 아니라고 나는 생각한다. '여래의 서원'에 맡긴다는 것이 인간의 종교적 노력인 한, 그것이 '저절로 그렇게 되는' 것은 있을 수 없다. 그것은 인위적으로 이루어진다. 종교의 부자연스러움은 이렇게 일어난다. 따라서 자연법이는 논리로 보자면 모순된다. 그것은 여래의 서원에 맡기면서, 동시에 인간이 맡기는 것은 아니라고 하는 점에서 이중적인 것이다. 적어도 여래의 서원에 맡기는 것은 인간의 종교적 비판에 따른 것이 아니다. 여래의 서원에 맡긴다는 것은 본래 종교를 뛰어넘는 차원의 일이다. 그것은 확실히 신란에 의해 정토진종(淨土眞宗)이라는 하나의 종교 내부에서 이야기되고 있는 것이면서, 종교를 뛰어넘고 있다. 반대로 이에 따라 신란의 자연법이의 가르침에 생명력이 차고 넘치게 된다. 이러한 존재 방법을 하고 있는 것이 자연법이이며, '있는 그대로'이다. 자연법이는 모리타의 '있는 그대로'나 무토의 호모로고스를 논리화, 표어화하고 있다는 느낌이 든다. 그리고 이것이 종교 간 대화의 장소일 것이다.

이 시점을 벗어나면, 이 말 역시 비참할 정도로 배타적이고 독선적인 여래 신앙이 된다.

「요한복음」 3장 8절에 보면, 예수는 사람이 새롭게 태어난다는 것에 대해서 "바람이 임의로 불매, 네가 그 소리를 들어도 어디서 와서 어디로 가는지 알지 못하나니, 성령으로 난 사람도 다 그러하니라"라고 이야기하고 있다. 참고로 말하자면, 바람도 성령도 헬라어에서는 똑같이 '프뉴마'로 통한다. 이는 무토가 성령이 두루 차고 넘치는 장소라고 한 말이나, 앞서 언급했던 모리타의 인용문 "마음은 만경(萬境)에 따라 변하니 변하는 곳 실로 매우 그윽하도다. 흐름 따라 성(性)을 인정하고 얻으면, 기쁨도 근심도 없어지리라"를 상기시킨다. 그 어느 쪽이든 모두가 자아라고 하는 허구에서 이탈하여, 철학과 종교의 '사이', 번민 즉 해탈의 '있는 그대로의 자연스러움'으로 돌아오는 것이야말로 인간 본래의 존재 방법이라고 말하고 있다. 또한 「마태복음」 5장 45절의 "하나님이 그 해를 악인과 선인에게 비추시며, … 비를 의로운 자와 불의한 자에게 내려 주심이라"하는 것도, 선악이라는 인위적 구별이나 인간의 '판단', 구별을 넘어서 '있는 그대로'의 '자연스러운' 생활을 사람들에게 권하고 있는 것이라 할 수 있다. 모리타는 자기 병원에 입원하고 있던 환자 중에는 기독교, 진종을 비롯해 많은 종교 신자들이 있었는데, 모리타 요법의 '자연복종'을 체험하고, "종래의 신앙이 허위였다는 것을 알고 나서, 비로소 바른 신앙의 길을 보기 시작했던 사람이 많았다"라고 쓰고 있다.[23] '사상의 모순' 즉, 종교화 및 개념화된 사상 가운데 포함되어 있는 잘못이나 신경질 치료에 대한 논리적 설득의 무효성에 대해서도 반복해서 모리타는 언급하고 있다. 이는 불립문자와 같은 것이다.

4.

지금까지 언급해 왔던 것은 무토의 '종교성A(?)'와 호모로고스, 모리타의 '있는 그대로', 도겐의 지관타좌, 신란의 자연법이, 또한 이와 더불어 나 자신의 회심체험이었는데, 이는 모두 이중성의 현실이라는 것, 그리고 그 이중성의 현실로 되돌아오는 것에 의하여 우리들은 자연도, 인간도 회복하게 된다는 것이었다. 내 이해에 따르면, 불교와 기독교의 대화는 이 이중성의 장소에서 가능하다고 생각한다. 무토가 '성령이 두루 차고 넘치는 장소'라고 말했던 것도 이 지점이었을 것이다. 성령은 이러한 의미에서야말로 '포괄자'인 것이다. 다만 그때는 대화라고 하는 새삼스러운 작업도 쓸모없게 될 것이다. 모리타의 말을 빌리자면, 대화라든지 '함께 배운다'는 의도의 뒷면에는 '사상의 모순'이 어느새 이미 들어가 있다. 따라서 이 장소는 결코 개념화되고, 사상화(思想化)되는 듯한 장소가 아니다. 그것이 사상화될 때 이는 인위적 가공이 덧붙여졌다는 것이며, 그것은 '있는 그대로'도, 이

23 같은 책, 387쪽.

중성도, '성령이 두루 차고 넘치는 장소'도 아닌, 단순한 인식의 대상이 되고 만다. 또한 이 장소는 기독교와 불교가 각기 종교적 개념을 초월한 곳에서 서로 통한다는 말도 아니다. 만약 그 경우라면 그것은 단순히 인간의 인식이 닿지 않는 현실일 뿐, 여전히 개념적, 대상적 사고가 될 뿐이다.

확인해두고 싶은 것은 이 이중성의 장소에서는 각각의 신앙의 배타적 절대성, 무토의 표현 방법에 의하자면 종교성B는 엄밀하게 유지되고 있다고 하겠다. 그것은 오히려 그 장소에서야말로 보편성에 대항했던 특수성, 바꿔 말하자면 보편성에 의존하는 특수성을 탈피한 본래의 특수성일 수 있다는 말이다. 보편에 의존하고 보편을 필요로 하는 특수성이란 어느 의미에서는 공공적(公共的)이며, 특수하다고 할 수 없을 것이다. 무토는 종교성B에 있어서 종교성A는 모습을 감추는 것이 아니라 오히려 '어느 의미에서는 더욱 철저화된다'고 말한다. 그것이 '종교성A(?)'라고 무토는 말했으나 마찬가지로 이 장소에서는 종교성B도 반대로 "어느 의미에서는 더욱 철저화된다"라고 할 수 있다. 모리타 마사타케의 용어에 따르자면 '고민의 극심한 정도', 그것이 '즉 해탈'이다. 고민이 완화되는 것이 아니다. 그것이 무릇 이중성의 장소라고 하는 것이다. 이 경지에서는 특수와 보편 같은 구별은 의미가 없어진다. 대저 그러한 구별은 인위적 작업이다. 따라서 인위적 구별을 뛰어넘는 '자연'의 장소에서 특수성, 배타성은 순수하게 특수성, 배타성이며, 그런 고로 보편적이기도 하다. 신앙이란 그러한 것이다. 이것은 우리들이 신앙이나 깨달음의 깊은 곳에서 '심령 상의 사실로'(니시다) 알고 있는 것일 터이다. 오히려 기독교와 불교의 비교라는 수준에서 머물러 있는 한 대화는 없다. 대화의 필요성이 각각의 경우에서 멈출 때에, 즉 종교성B에 철저할 때에 대화는 이루어질 수 있다. 이는 자크 데리다(Jacques Derrida)의 '차연(差延)'을 떠오르게끔 한다. 기독교와 불교의 공통적인 로고스는 항상 차연 되는데, 그런데 차연 되어 말로 드러낼 수 없는 곳에 기독교와 불교의 공통적인 로고스가 있게 된다. 내가 이번 발표에서 언급해 온 것도 이 사정을 해명하는 것밖에 되지 않는다.

본래 이중성이란 절대와 상대, 배타와 보편, 번민과 해탈, 신앙과 불신이란 것과 같은 절대적으로 모순된 것 사이에서 필연적으로 등장하게 되는 것이지, 상대자들 사이에 있는 것이 아니다. 상대자들 사이의 모순은 비교하고 지양하면 그것으로 그만이다. 비교나 지양은 상대자 사이에서만 의미를 갖는다. 따라서 이중성이란 무원칙(無原則)적인 다원(多元)을 승인하는 것이 아니다. 나는 최근에 일부 '종교의 신학'을 주창하는 듯한 종교다원주의라든지, 그러한 수준에서의 기독교와 불교의 비교 혹은 대화를 하고자 하는 것에 동의하기 어렵다. 신앙은 배타적이고 절대적이다. 그렇지 않다면 그것은 신앙이 아니다. '믿을 수 없어도 괜찮다. 그것이 신앙이다'라는 나의 회심도 개념적 일반화를 허용하지 않으며, 그러한 의미에서 배타적인 것이었다. 그리고 배타적인 절대의 병립이라는 '없음에서 있는' 장소가 바로 이중적 현실이며, 그것이 '성령이 두루 차고 넘치는 장소'일 것이다. 종교다원주의란 자기 신앙이 상대적인 것을 인정하는 것이다. 거기에는 신앙의 필연에 관하여 그 무엇도 이해하지 못하고 있는 것이 아닌가. 인간은 여러 종교를 바라보는 입장에 설 수 없다.

또한 이와 같이 그 이중성을 뛰어넘어서 뭔가를 이뤄 나가는 것에도 나는 결코 동의할 수 없다. 그것은 일부러 이중성에 반하는 것이라 할 수 있다. 다키자와 가츠미 씨는 임마누엘이라고 하는 탁월한 이중적인 견해를 하나님과 인간에 관하여 보여주었다. 그러나 그 현실은 인간과 불가분(不可分)·불가동(不可同)이며, 인간에게 있어서 불가역(不可逆) 관계에 있다고 주장되었을 때, 그것은 불가분·불가동이라는 임마누엘의 현실과 내부적으로 모순되어 있는 것이다. 불가분·불가동이면서 불가역인 것은 없다. 그것은 임마누엘이란 이중성의 사실에 위배된다. 그때 인간은 거듭 그 불가역적인 임마누엘과 관련하여 '계려길'에 시달리게 된다.

나는 오늘날의 현대가 로맨티시즘(Romanticism) 지향 시대라고 생각한다. 근대의 로맨티시즘이 계몽주의적 합리주의에 대항했던 로맨티시즘이라고 한다면, 이는 네오(Neo) 로맨티시즘이라고 말해도 좋을 것이다. 그리고 앞서 살펴보았던 것처럼, 대저 '기독교 신학은 불교로부터 무엇을 배울 수 있는가'란 질문 의식 그 자체가 바로 그 네오 로맨티시즘 가운데 있는 것이라고 생각한다. 그것은 지난 세기말의 종교사학이 발생한 이후, 소위 '기독교 세계'가 붕괴하고, 변증법적 신학과 같은 예외는 있다 치더라도, 사람들이 '하나님을 뛰어넘은 하나님'(쿠자누스, 틸리히)을 요하지 않을 수 없게 된 결과일 것이다. 변증법적 신학은 제1, 2차 세계대전이라는 비상사태에 응답했던 신학에 지나지 않는다. 20세기는 실로 전쟁의 시대였다. 네오 로맨티시즘이란 무한은 유한 속에 있으며, 바꿔 말해 인간에게 알 수 있는 것은 유한뿐이고, 또한 다시 말하자면 유한한 인간은 자기의 유한성과 이중적으로 무한을 알고 있다는 자각이다. 그것은 계몽주의적 주관 ─ 객관 구도의 현실 파악에 대한 근본적인 비판이다. 거기에 비하면 근대 로맨티시즘은 근대의 합리주의에 대한 반대로서 오히려 합리주의의 테두리 안에 있다. 이러한 무한은 인간의 삶이 결코 닿을 수 없는 근원적 동경이라고 해도 좋을 것이다. 그러한 근원적 동경의 삶을 나는 네오 로맨티시즘이라고 부른다. 그러나 그 동경이야말로 무릇 기독교와 불교를 비교하도록 우리를 부르는 것은 아닐까.

근자에 포스트모던이라는 것이 회자되고 있다. 그것은 근대의 객관성과 합리주의, 학문과 윤리의 시대, 소위 '사상의 모순'(모리타) 시대 이후를 이어받은, 인간 지식의 철저한 상대성 자각의 시대이다. 그리고 그것의 함의는 그렇게 해서 인간이 그 자신의 상대성을 자각하면서 이중적으로 절대적인 하나님에게 '접할 수 없으면서 접하고 있다'는 것이다. 자연과의 협조나 인간성의 회복이라는 현대의 테마도 이러한 사정과 동떨어져 있지 않다. 따라서 나는 현대는 근원적으로 종교 지향의 시대라고 생각한다. 현대는 '성령이 두루 차고 넘치는 장소'를 필요로 하는 시대이다. 기독교와 불교의 대화도 그러한 문맥 가운데 있다.

코멘트

한스 발덴펠스(Hans Waldenfels)

제가 15년 전에 독일에 있을 때 『불교의 매력』이라는 제목의 논문집을 출판했습니다.[1] 더불어 얀 반 브라후트 선생님은 최근 선생님의 마지막 강의와 관련하여 '기독교 신학에 대한 불교의 도전'에 대해 새롭게 말씀하셨습니다.[2] 그런데 실제로 최근에는 기독교 사상가가 불교의 사상에 관해 발표했던 연구보다도 불교 사상가가 기독교 사상에 대하여 행했던 연구가 많아진 것이 사실입니다. 이러한 상황에서 금번 심포지엄의 테마인 '기독교는 불교로부터 무엇을 배울 수 있는가'란 질문은 참으로 적절하다고 말할 수 있을 것입니다. 저는 기독교가 불교로부터 배울 것이 상당히 많고, 또 실제로 많이 배우지 않으면 안 된다고 생각합니다.

---

1 Hans Waldenfels, Faszination des Buddhismus. Grunewald: Mainz 1982.

2 Jan van Bragt, "Herausforderung des Buddhismus. Fur die christliche Theologie", in: G. Risse/ H. Sonnemans/ B. Thess, ed., Wege der Theologie: an der Schwellezumdritten Jahrtausend. Bonifacius: Paderborn 1996, 649~660.

대화의 장에 관한 문제

그런데 제 2 세션의 표제(標題), 더불어 오다가키 마사야 선생님의 논문 제목은 앞의 문제와는 다소 다른데, '기독교와 불교와의 대화는 어디에서 가능한가'라는 것입니다. 그리고 선생님은 이 문제에 답변하는 형태로 먼저 가장 처음에 비판적으로 '서로 배운다는 작업이 쓸모없다는 것'을 분명히 언급하고 있습니다. 즉, 선생님에게 있어서 직접 상대방 종교에 달라붙어 몰두하며 배운다는 차원, 객관적인 비교 연구의 차원에 있어서의 대화보다도 '모든 것을 포함한 바탕하에서의 비약(飛躍)'이라는 차원에 있어서의 대화, 다시 말해 실존적인 차원에서 대화하는 쪽이 보다 중요하다는 것입니다. 거기에서 선생님은 이것을 종교성A 및 종교성B라는 키에르케고르의 개념을 이용하여 설명하고 있습니다.

키에르케고르는 자신의 많은 저작에서 종교성A와 종교성B를 구별하고 있습니다만, 어떤 저작에서도 그는 종교성A를 상당히 일반적으로, 그리고 어느 쪽인가 하면 비(非)역사적으로 '영원한 것으로의 관계'라고 이해하고 있습니다. 종교성A의 입장은 인간 스스로가 이성을 갖고 있기에 이미 진리도 갖고 있으며, 이 진리의 소유라는 것을 거듭 현실의 것으로 하지 않으면 안 된다고 생각하는데, 이는 즉 인간의 완전성을 전제하고 있는 것입니다. 여기에 대해 종교성B는 다음과 같은 점에서 종교성A와 결정적으로 대립합니다. 다시 말해 종교성B에 있어 인간이 성장하면서 걷는 어떤 자기 경험의 길은 하나님을 향해 걸어 나아가는 것이 아니며, 따라서 자기인식을 하나님 인식으로서 경험하는 것도 아닙니다. 반대로 인간은 스스로를 기독교인으로서 밖으로, 역사로 향하는 방향을 짓고, 어느 역사적 사실(나사렛 예수)에 대한 태도를 정함으로써 영원성에 관한 스스로의 결단을 내리지 않으면 안 되는 것입니다. 그러나 '나사렛 예수'라는 이 역사적 사실은 유일회적인 하나님의 근원적인 인간화, 이 세계에 대한 하나님의 단 한 번뿐인 유일회적인 근원적인 계시입니다. 바로 그렇기 때문에 키에르케고르는 종교성B를 기독교로만 동일시하고 있는 것입니다. 종교성A가 결국 순수한 내재성 안에 머물고 있는 것에 반해서, 종교성B는 죄를 짓고 있는 인간에게 전달되는 하나님의 계시를 향한 인간을 열어놓는 것이며, 또한 그것을 통해서 초월을 향해서 인간을 열어놓는 것이라 하겠습니다. 키에르케고르에게 있어서 종교성B는 확실히 종교성A 없이는 안 됩니다. 그러나 종교성A는 종교성B로 지양되는 것입니다.

그러나 이 두 가지 종교성의 구별은 아마도 오다가키 선생님이 생각하고 계시는 만큼 이번 논의에 도움이 되지 않는다고 생각됩니다. 명확히 오다가키 선생님은 무토 카즈오 선생님과 같이 기독교만이 아닌 불교도 종교성B의 범주에 포함시키려고 하십니다. 저 또한 그렇게 하는 것이 가능하다고 생각합니다. 그렇지만 그렇게 되면 좀 더 상세한 논의가 필요하게 됩니다. 그것은 특별히 그 시점에서 기독교에 관한 원칙적인 이해가 문제되지 않을 수 없기 때문입니다. 종교성A가 보편성 및 보편타당성을 목적으로 하고, 개개인의 구체적인 실존에 한정된 방법으로밖에 관계하지 않는한, 이 단계에 있어 대화가 불충분하다는 점에서 저는 오다가키 선생님 의견에 동의합니다. 그러나 그렇다고 한다면 그 대신 여러 종교, 그중에서도 역사적인 시점(始点)을 지닌 여러 종교는 상호 무언가 이야기해야만 하는 것을 가지고, 각기 독자성과 개별성을 유지한 채 종교성B의 단계에 있어서 만나지 않으면 안 될 것입니다. 가톨릭 신학에서는 보편적인 요구와 구체적인 역사와의 결합 사이의 긴장이 보편적 구체성(universale concretum)이라는 범주에 의해 표현되고 있습니다. 즉, 예수에 관하여 보편적 구원자(=universale)로서의 나사렛 예수(=concretum)라고 일컫는 것입니다. 키에르케고르에 반대하여 불교에 대해서도 종교성B를 사용한다고 하면, 개별성 및 보편성과의 앞서 언급한 긴장이 불교에 대해서도 또한 해명되지 않으면 안 되겠지요.

종교성A와 종교성B와의 사이

그러나 오다가키 선생님은 키에르케고르의 종교성A 및 종교성B라는 구별을 사용하면서 논의를 전개하는데, 기독교와 불교에 관한 구체적인 문제를 다루지 않은 채 방치하고 있습니다. 또한 선생님은 불교에 대해서 분명히 '나는 불교에 대해 모른다'라고 말씀하고 계십니다. 저는 여기에서 놀라지 않을 수 없었습니다. 상대방에 대하여 아무것도 모르면서 어떻게 무언가를 배울 수 있다고 할 수 있겠습니까? 이러한 상태에서는 지극히 일반적으로, 왜 우리들은 어느 구체적인 종교로부터 아무것도 배울 수 없는 것인지, 혹은 왜 아무것도 배울 필요가 없는지 하는 문제의 근거가 확실히 있어야만 할 것입니다. 그러나 종교성A와 B에 대한 논의는 원칙적으로 일반적인 종교철학의 영역, 혹은 사변의 영역에 적합한 것입니다. 그리고 나서야 비로소 이 영역으로부터 종교성B로의 비약이 가능하게 됩니다. 그리고 이 비약이 이루어질 때에 불교와 기독교의 대화는 그것에 의해 기독교적인 종교성B와 불교적인 종교성B, 그 어느 쪽이 사고되고 있든지 어느 쪽이라도 상관없는 것입니다.

여기에서 오다가키 선생님과 토론해야만 하는 사항은 훨씬 복잡해집니다. 그것은 선생님에게 있어서 종교성B로의 길은 본래 기독교와 불교 양 종교를 뛰어넘어 그들을 함께 자기 자신에게 포함되도록 하는(혹은 '그들을 초월하는 듯한'이라고 하는 편이 좋을지 모르겠습니다) 하나의 종교성B로 통하고 있기 때문입니다. 저는 구체적인 종교가 아무래도 상관없다는 인상을 지울 수 없습니다. 이러한 구체적인 종교에 대한 무관심이 하나의 문제로서 존재하는데, 그것과 견줄 수 있는 또 하나의 문제는 대화의 근거를 확실하게 하는 것입니다. 결국 많은 일본의 지식인들처럼 오다가키 선생님도 모든 종교의 기초에 '하나'가 있다고 거의 결정해 버리고 계십니다. 선생님은 무토 선생님과 마찬가지로 '최대의 포괄자'에 대해 말씀하고 계시며, 그것을 기독교적으로 말하면 '성령', 불교적으로는 '있는 그대로' 또는 '자연스러움'이며, 혹은 도겐의 용어를 사용하자면, '지관타좌', 신란(親鸞)의 용어로는 '자연법이'에 해당한다고 언급하고 있습니다. 그렇지만 오다가키 선생님은 이 '하나'의 장소에서는 이중성이 여전히 계속 활동하고 있으며, 이 이중성이 예를 들면 '신앙과 불신', '절대와 상대', '우연과 필연', '부정과 긍정으로서'의 하나님, 우연과 필연 등 여러 가지 형태로 나타난다고 말씀하십니다.

　종래 생각되어 왔던 것과 같은 형태의 대화를 오다가키 선생님은 어느 장소로 옮겨버립니다. 그리고 선생님은 그 장소에 대해서 '신앙은 이원론적 구조를 뛰어넘은 이중성이며, 실정적 종교성을 넘은 것이기 때문에 그것은 비교의 문제가 아니다'라고 이야기합니다. 즉, 오다가키 선생님은 객관적, 종교학적 비교가 이미 기준이 되지 않는 곳에서 비로소 대화에 대해 말하기 시작한 것입니다. 그러나 그렇게 되면 여기에서는 다음과 같은 질문이 발생합니다.

질 문

① '이중성'에 대해서

먼저 앞서 기술한 '이원성'과 '이중성'이란 어떻게 구별되는 것일까요. 혹시 그 구별이 영어로 말하면 '이원성'은 dualism으로, '이중성'은 duplication 혹은 doubleness라고 한다면, 여기에는 또한 설명되지 않는 사항이 많이 남겨져 있다고 말하지 않을 수 없습니다. 왜냐하면 언뜻 볼 때, 양자는 다소간에 같은 것을 언급하고 있는 듯이 보이기 때문입니다. 종교에 대한 외면적인, 그리고 그런 의미에서 '객관적'인 관점이 인간에 대해 실존적인 요구를 하는 것도 아니고, 또한 인간을 실존적으로 변화시키는 것도 아닌 이상, 불충분하다고 말하는 것은 물론 저도 인정합니다. 그러나 '이원성'이 아닌 '이중성'이란 도대체 어떠한 것인지에 대한 질문은 변함없이 남아 있습니다. '이중성'은 이론의 여지없이 현상 기술일 것입니다. 혹은 '즉비(卽非)의 논리'의 의미에서의 대립이나 모순과 교차의 절차를 의미하고 있는 것인지요? 이것은 전문가가 아닌 한 명확하게 이해하기 어렵습니다. 왜냐하면 '둘'의 문제가 남아 있다고 생각되기 때문입니다.

② 대화의 문제점

얀 반 브라후트 선생님이 정확하게 언급하셨던 것처럼 이 세계 속에서 불교는 기독교의 반대 극 편에 있으므로,

따라서 서로 배울 수 있는 가능성이 있습니다. 얀 반 브라후트 선생님은 중요한 문제점을 지적하셨지요. 즉 지금까지 기독교에는 종교적 논리가 결여되어 있다는 것, 기독교가 종래에 부정성의 역할에 주의를 충분히 기울이지 않았던 것, 체험 내지는 체험으로 이끄는 것보다는 언어로 표현되었던 가르침이나 객관성을 지금까지 강조해 왔다고 하는 것, 근대적 자아의 실존적인 극복과 같은 것을 기독교가 아카데믹한 신학의 범위 내에서는 충분히 강조해 오지 않았다고 하는 것, 더욱이 하나님과 세계라든지, 창조주와 피조물, 정신과 물질, 혼과 육체, 생과 사, 선과 악 등이 이원론적으로 해석되고 있다는 문제점, 그리고 유신론 또는 일신론, 그 외에 하나님에 관한 다양한 문제 등을 반 브라후트 선생님은 지적하셨습니다. 이러한 여러 가지 논점은 오다가키 선생님이 생각하고 계신 것과는 다르며, 실은 양 종교가 단순히 외적으로 객관적인 비교에 머무르는 것이 아닙니다. 그것들은 오히려 거기에 관련된 인간 실존에 깊이 관계하는 논점인 것입니다. 따라서 이러한 것들의 논점은 주제화하여 논할 가치가 있습니다. 여기에서 질문은 오다가키 선생님이 생각하고 계시는 장소에서, 이러한 것들의 논점을 주제화하여 논하는 것이 가능한지 어떤지 하는 것입니다.

③ 자기 전제(前提)의 음미

기묘하게도 오다가키 선생님은 '비교'나 '서로 배움'이란 것의 차원에 대해 비판적인 명제를 내세우고 계심에도 불구하고, 선생님 자신이 브라후트 선생님이 지적하셨던 일련의 문제점을 자기 자신의 질문으로 들고 계십니다. 그러나 여기에서 저는 오다가키 선생님이 경우에 따라 충분히 반성되지 못한 전제를 사용하여 논의를 전개하고 있으신 건 아닌가 하는 질문을 해보고 싶습니다. 여기에서는 그 중에서 특별히 다음의 세 가지를 언급하고자 합니다.

(1) 즉비(卽非) 논리의 역할

만약 이 논리가 정말로 유효하다고 한다면, '卽(즉)'에서 맺어진 두 가지의 항목은 각기 똑같은 중요성을 가질 것입니다. 그렇다고 한다면 선생님의 논문에 있는 다음과 같은 문장에는 어떠한 의미가 있는지요? 즉, 선생님은 '성령이 두루 차고 넘치는 장소, 그곳에는 기독교란 단일 종교의 종교적 필연을 넘어서 있는 차원도 있다. 이 차원에서 그것은 기독교 내부가 아니다. … 기독교와 불교의 대화는 거기에서 가능한 것이라고 나는 생각한다'라고 쓰고 계신데, 이미 기독교 내부가 아닌 차원에 있어서 불교와 기독교의 대화가 어떻게 가능한 것인가요? 또한 어떻게 종교간 대화에서 기독론 없이 성령론을 생각하지 않으면 안 되는 것인가요? 덧붙여 말씀드리면 오다가키 선생님은 불교 '내부'에 대해서는 아쉽게도 아무것도 말씀하지 않고 계십니다.

(2) 언어의 역할

언어도 또한 문제입니다. 이 문제는 "조문은 죽이는 것이요, 영은 살리는 것이니라"라고 했던 성경의 언어(「고린도후서」 3장 6절 참고)를 가리킨다든지, 문자에 진리를 전달하는 힘이 있음을 인정하지 않는 의미의 '불립문자'라는 선불교 용어의 도움을 빌리는 것에 의해 해결되는 것은 결코 아닙니다. 기독교인이나 유럽인 내지 서양인은 언어라는 것이 어쨌든 한계를 갖고 있으며, 따라서 모든 언어는 현실성을 충분히 표현할 수 없다는 것을 불교도나 아시아인들에게 배울 수 있습니다. 그러나 이것이 언어가 진리를 전하는 매체가 전혀 아니라고 하는 것을 의미하는 것일까요? 진리가 전체뿐만이 아닌 부분적으로도 이해될 수 있는 것이라면, 혹 비록 진리가 언어에 의한 표현 이상의 것이라 하더라도, 그리고 언어에 따른 표현이 그 상대성과 그 한계성에 충분히 주의를 기울였다 하더라도, 여전히 의미와 가치를 갖고 있는 것이라 할 수 있습니다. 여기에 반대하는 입장은 구체적으로 역사적, 사회적인 모든 형편에 대한 경시를 가져오며, 사회에 있어 변혁 가능한 것에 대한 무관심, 그리고 그러한 변혁과 개선에 공헌해야만 하는 윤리적 요구에 대한 무관심도 동시에 가져오게 될 것으로 생각됩니다. 어차피 오늘날처럼 다양한 사회적 문제가 많은 시대에 오다가키 선생님처럼 '포괄자'와 같은 개념에 호소하는 경우에는 그것이 동시에 시간으로부터 무시간성으로의 도피가 되지 않도록, 그리고 현재와 미래로부터의 도피가 되지 않도록 해명하시지 않으면 안 될 것입니다. 오다가키 선생님이 처음부터 표명하셨다고 여겨집니다만, 실로 오해의 소지를 불러일으키기 쉬운 불교와 기독교 사이의 대화에 관한 거부는 결국 그러한 위험성이 실제로 존재한다는 하나의 증거가 될 것입니다.

(3) 이성(異性, Fremdheit)

현재 서양세계에서는 유독 전면적인 다원론에 의한 실존적 도전의 결과, '타자(der Andere)', 혹은 '이인(異人, der Fremde)' 그 자체가 실존적 도전이 되고 있습니다. '타자'는 '나'가 아니며, '이물(異物, das Fremde)'은 '자기의 것(das Eigene)'이 아닙니다.

오랜 기간 서양인은 자기 자신의 사고방식을 다른 것에 관한 비판의 기준으로 삼아 왔습니다. 그러나 오늘날 우리 유럽인들은 이러한 '유럽중심주의'에 관하여 자기비판을 가하고 있는 실정입니다. 기독교 역시 몇 백 년에 걸쳐 유럽적 스타일의 형태로 포교, 전도되어 왔기 때문에, 유럽의 기독교도 유럽 중심적이란 비판을 받고 있음을 느끼고 있습니다. 이러한 전제를 살펴보며 오다가키 선생님께 다음과 같은 질문을 드리고 싶습니다. 즉 모든 구별을 뛰어넘는 근원적인 '하나'의 장에서 이루어지는 대화로의 초대에도 또한 기독교인과 불교도가 서로 상대방을 개별적인 독자성을 가진 타자로서 인정하며, 진지하게 받아들이는 것이 불가능하게 된다는 위험성이 있지는 않은가요? '타자'의 저항이 유지되지 않는 이상, 앞에서 언급한 대화로의 초대는 저에게는 기만밖에 되지 않는다고 생각됩니다.

마치며

그럼 마지막으로 몇 가지를 말씀드리며 저의 논찬을 마무리 짓도록 하겠습니다. 제 자신은 지금까지 불교도 분들로부터, 또한 불교 그 자체로부터 저의 생활이나 저의 학문(신학)에 있어 상당히 중요한 많은 것들을 배울 수 있었습니다. 독일 본(Bonn) 대학교에서 저에게 신학을 배우고 있는 모든 이들은 저의 신학의 배경에 제가 신학박사 학위를 취득했던 로마(Roma) 뿐만 아니라 교토(京都)도 영향을 주고 있음을 잘 알고 있습니다. 따라서 저의 그와 같은 '타자'측으로부터 대화가 무익하다거나 불가능하다고 선언되는 일이 없도록 간절히 바랍니다. 종교간 대화는 확실히 어려운 일입니다. 그러나 그렇기 때문에 서로간의 대화를 이뤄나가야만 할 것입니다. 또한 더불어 기독교인과 불교도는 서로 마주 보며 서 있으면서 동시에 상호 나란히 서 있습니다. 그리고 그러한 상태 속에서 양자는 오늘날 인류가 맡고 있는 여러 가지 커다란 과제에 직면하고 있습니다. 우리들은 이러한 과제에 공동으로 대처해 나가며, 가능한 한 공동으로 해결하고자 노력하지 않으면 안 될 것입니다.

'정토교-기독교'의 상호 전환에 있어서의 방법론과 가능성

- 신란정토교(親鸞淨土敎)의 시좌로부터 -

타케다 류세이(武田龍精)

들어가며

"불교는 기독교로부터 무엇을 배워야 하는가?" 지금까지 나는 기독교 신학자, 신학생, 신자 등 여러 사람들과 만나왔다. 그러한 체험을 바탕으로 말할 수 있는 것은 불교는 기독교의 일정한 부분들, 예를 들면 교의, 인생관, 세계관 등을 배우는 것에 그쳐서는 안 된다는 것이다. 오히려 기독교가 지금까지 성서나 신학 등을 통해서 설파하고 논의해 왔던 것 전체에 귀를 기울여야 한다고 주장하고 싶다. 기독교인이 불교로부터 열심히 배우려고 애쓰는 신학적 태도와 그 진중한 겸허함을 자주 목도하게 된다. 반대로 불교인들도 기독교로부터 배워야 하지 않을까 싶다. 그렇다면 타종교로부터 배움을 얻고자 하는 기독교인의 신학적, 교의적 근거는 대체 무엇일까? 바로 그 지점에서 나는 비로소 기독교의 종교적 진수(眞髓)를 발견하게 된다.

본 논고에서는 니시타니 케이지(西谷啓治), 존 캅(John B.

Cobb), 타키자와 카츠미, 고든 카우프만(Gordon D. Kaufman) 등 네 명의 학자를 통해, 각 사람의 일부 사상에 해당될 뿐이지만, 제목에서 언급한 관점으로 본 졸고를 구성해 가보려 한다. 마지막 절에서는 '종교다원주의'를 다루는데, 그것은 단지 '불교'라든가 '기독교', 혹은 지금까지 회자되어온 개념을 그 근저로부터 재추적해 본 입장이다. 또한 종교다원주의의 과제는 단지 불교 및 기독교라는 두 종교의 상호관계만을 다룬 것이 아니라, 보다 넓은 의미를 지닌 문제이다. 특히 두 종교가 상호간에 무엇인가를 배우는 입장 자체를 근본으로부터 새롭게 질문하여 재성찰해 나가는 것이기도 하다.

또한, 타종교와의 대화를 실천하는 경우, 대화의 파트너와의 실존적 관계 설정이 중요한 계기가 된다. 나의 경우에는 앞서 소개한 네 학자와의 만남이 그러한 실존적 관계 설정을 의미하며, 그것은 여러 형태의 교의, 학설을 모두 뛰어넘고 있다. 오히려 관계 맺고 있는 현장으로부터 교의, 학설이 의미를 지니게 된다. 따라서 나에게는 앞서 소개한 네 명이야말로 '환상(還相)의 보살(菩薩)'들이며, 특히 그 가운데 기독교인의 경우는 '크리스찬 보살(Christian Bodhisattva)'이라고 불려야 할 만한 존재들이다. 4명의 학자가 그처럼 보이는 이유는, 그들이야말로 정녕 '염불의 세계'에 머물고 있기 때문이기도 하다.

니시타니 케이지의 「불교·기독교」 대화론[1]

니시타니 케이지(西谷啓治)는 개방성을 지님과 동시에 배타성도 함께 지니는 교의학 자체 가운데서 상호 이해의 길을 모색해 간다. 신앙과 교의의 영역에 깊이 침잠해 들어가지 않으면 안 된다는 것이다. 왜냐하면 발을 담근 채 관계 맺고 있는 그 영역이야말로 "인류가 긴 역사를 거치면서 이윽고 도달할 수 있었던 가장 심오한 차원"이기 때문이다. 동서에 걸친 진정한 만남도 "가장 내밀한 차원과 영역에까지 침잠하여 서로를 충분히 이해하고 체화(體化)시켜 나가지 않는 한, 궁극적인 만남이라고는 할 수 없는 것"이라고 강조된다. 하지만 동시에 그 영역은 "상호 이해를 막는 가장 성가신 아포리아(aporia), 즉 해결하기 힘든 난문을 발생시키는 확실한 장소"[2]이기도 하다.

니시타니는 신앙과 교의의 차원에 도달한 후, 그것을 한층 더 돌파해 나가는 것 외에는 방법이 없다고 보았다. 그것은 "인간 심리의 깊은 내면의 핵심마저도 돌파되지 않으면 안 되는 것과 같은 완전히 새로운 차원"[3]이 되지 않으면 안 된다. '진정한 만남', 즉 "인간 심리의 최심부의 핵심마저도 돌파하는 상호 이해"(이것을 '상호돌파이해'라고 약칭한다)를

---

1 이하 니시타니 케이지(西谷啓治)의 대담 토론은 주로 『西谷啓治著作集』 第十四巻(創文社, 1990年)에 게재된 「仏教とキリスト教との出会いについて—ハイデッガーの二つの講演にふれて」라는 글에 기초하고 있다.

2 『西谷啓治著作集』第十四巻, p.55.

3 위의 책, p.56.

가능하게 하는 지점은 "인간이 단지 인간일 뿐이라는 다만 '사람의 아들' 그 자체로서의 차원"이며, 그것을 향한 환귀 (還歸)라고 한다. "우리의 사유나 감정이나 의지를 불변적인 것으로 보이는 기성의 테두리에 가두는 고정적인 형식과 규범을 과감히 한꺼번에 벗어 버리는 것"이 요구된다. 그것은 "인간이 머리에도 등에도 무엇 하나 걸치지 않은 빈손과 맨발의 모습, 즉 완전한 노체(露體, 알몸)로서 존재하지만, 동시에 마음의 가장 깊은 곳도 그와 같이 드러나 보일 수 있도록 하는"[4] 차원('자기(自己) 전로체적(全露體的) 차원'이라고 약칭한다)이다.

이러한 '진정한 만남'의 실현을 가능하게 하는 계기를 현대의 다음과 같은 네 가지 '근본적 역사적 상황 그 자체' 가운데서 모색해 보려고 한다. 즉 (1) 현재 전 세계가 급속히 '하나의 세계'가 되어 가고 있는 상황, (2) 「예술·도덕·철학」에 있어서는 '하나의 세계'가 그 활동 무대가 되어 온 것, (3) 과학기술에 대해서는 전지구적 교류가 신속하고 용이하게 진행되어 온 것, (4) 과학기술은 그 본질적 성격의 '객관성'에 의해서 모든 사람들의 마음, 모든 민족의 마음을 사고·의향의 공통적 평면으로 이끌어 왔으며, 과학기술은 "「하나의 세계」의 출현이라는 드라마의 주역"으로서 존재해 왔다는 사실이다.

현대의 보편적 추세는 오직 '세속화'의 과정을 통해서 탄

---

4 위의 책, 같은 쪽.

생한 현대적 상황과 다름없다. '세속화'란 "오랫동안 지배해 온 종교적 교의 및 교의학의 속박으로부터 개별적인 하나하나가 해방됨"[5]을 가리킨다. 하지만 인간 생활의 철저하고 보편적인 세속화를 수반한 현대의 '하나로서의 세계'의 출현을 이끈 원천은 '숨겨진 근원'이다. '하나의 열림[切開]'의 출현을 태동시킨 원천이 숨겨진 채로 존재하는데, 나는 여전히 '하나의 세계'는 아직 현실화되지는 않았다고 말하고 싶다.

'하나의 세계'란 어떠한 세계인가? 여기서 문제가 되는 것은 바로 '하나'이다. 게다가 그 근원이 우리에게는 보이지 않는다. 근원이란 '하나의 세계'의 출현을 태동시킨 원천으로서의 근원이기 때문에, 근세에 있어서는 분산하여 국지적으로 존재하고 있던 편협한 제반 세계를 '하나의 세계'에 귀결시킨다는 의미로서의 근원이다. 근원이 숨겨져 있는 한, 현재 우리가 생각하는 '하나의 세계'는 더 더욱 허상에 불과한 것이 되고 만다. 근원이 공공연한 것이 되어야만 비로소 그러한 근원에서 태동되는 세계가 진정 '하나의 세계'인지 아닌지가 명확해질 것이다.

구체적인 방법론은 무엇인가? 니시타니는 상호 이해를 위해 가능한 하나뿐인 길에 대해서 "다만 현재 세계에서 일어나는 현실의 깊고 복잡한 사태 그 자체에 솔직하게 정면으로 자신을 노출시켜, 그 안에서 무엇인가 새로운 출발점

---

5 위의 책, 같은 쪽 및 p.57.

을 발견하는 것을 통해서만 발견될 수 있다고 생각된다"고 말한다. '현실의 깊고 복잡한 사태'의 '복잡성(complexity, diversity)'이란 것과, 앞서 문제시한 '하나의 세계'에서의 '하나(oneness)'란, 현실과 어떻게 관계를 맺고 있을까? '많음[多]'과 '하나[一]'라는 것의 관계가 그것이다. 불교가 말해 온 '공'에 근거한 '다 즉 일'이라는 개념을 핵심으로 하는 '즉의 철학'이라고 하는 것으로는 이미 현실에 대응할 수 없는 것이 되었다. '즉'이나 '공'에 대해서 논한다고는 하지만, 니시타니가 말하는 "현실의 깊고 복잡한 사태 그 자체에 솔직하게 정면으로 자신을 노출시킨다"는 방향에서 불교도는 얼마나 정면으로 진검 대결을 하고 있는 것일까? 현실의 모습은 그와는 정반대가 아닌가 싶다. 몸은 세속 안에 흠뻑 젖어 물질적인 향락을 탐하면서도 마음은 세상의 허위와 가식으로부터 초연해진 양 하고 있다. 세상에서 '승려'라고 불리는 이들, 연여적(蓮如的)으로 말하면 현대적 의미의 '스님[坊主]', '큰스님[大坊主]'[6] 등이 드넓은 부지에 호화스러운 사찰 건물

---

6 무로마치(室町) 시대 죠도신슈(浄土真宗) 중흥의 원조이자 혼간지(本願寺) 8세인 렌뇨(蓮如)는 『오후미』(『御文章』) 속에서 자주 다음과 같이 비판하였다. 즉 "그런데 이즈음 큰 스님이라는 사람은 자신이 속한 종파의 안심(安心: 교의의 중요한 부분 - 역자 주)도 알지 못하며, 우연히 제자들 중에 신심에 대하여 논할 만 곳에 가서 묻는 사람이 있다고 해도, 그를 크게 힐난하거나 혹은 그와 신심을 논하는 사람을 다투게 하는 사이에, 스님도 결코 신심의 이치를 듣지 못하고, 또한 제자를 방해하니, 이야 말로 자기를 해치며 타인을 해치는 길이니(自損損他), 결코 간과할 수 없는 일이다. 또 이는 정말로 처참한 일이니, 그 이유는 문도(門徒) 가운데 물건을 갖다 바치는 사람은 제자로 삼으면서 이를 가리

한 가운데에 거주하고 있는 현실은 과연 종교인으로서 "현실의 깊고 복잡한 사태 그 자체에 솔직하게 정면으로 자신을 노출시키고 있는" 삶의 방식이라고 할 수 있는 것일까? 장례식과 묘지, 주차장 경영 등을 주된 생활 방식으로 삼고, 별세자(別世者)를 상품화하는 장례업체의 기업가와 다름없어 보인다. 나는 니체가 『반(反)그리스도』(Der Anti christ, 1888)에서 통렬하게 비판한 '승려(목사)' 탄핵에 대한 언급을 상기하지 않을 수 없다.[7]

니시타니는, '자기전로체(自己全露體) 차원'이라는 개념이 정토계 불교에서 사용하는 '정토'라는 말과 같은 뜻이라고 강조한다. 정토란 '중생이 돌아가야 할 고향'이며, 신란(親鸞, 카마쿠라(鎌倉) 시대 초기의 승려로서 정토진종(浄土真宗)의 개조)이 쓴 『유신초문의(唯信鈔文意)』에 등장하는 "법성(法性)의 도읍", 그 "도읍으로 돌아간다"는 것이라고 지적한다.[8] 여기에서 '정토'란 '고향', 즉 '본질적으로는 여래의 깨달음, 우리가

켜 신심이 있는 사람이라고 하니, 이야말로 커다란 잘못이다. 또 제자는 스님에게 좋은 물건을 갖다 바치기만 하면 자기의 힘이 아니면서도 스님의 힘을 빌려서 도움을 받을 수 있다고 여긴다. 이 또한 잘못이다. 이처럼 스님과 문도 사이에 진정한 신심의 마음이라고는 조금도 찾아볼 수 없도다. 이야말로 정말로 그 문제가 심각하다고 아니 할 수 없다."(一, 二)

7 拙著, 『親鸞浄土教と西田哲学』第二篇第六章 「ニヒリズムと親鸞」五 「神と人間と僧侶」(永田文昌堂, 1991年, pp.502~508) 참조.

8 『唯真鈔文意』(後藤環爾編), 『真宗聖典全書』第二巻(文会堂書店, 1907年, p.624(以下 『真聖全』と略記).

도달해야 할 자각'[9]이라고 파악되었다. 확실히 '정토' 그 자체만을 생각할 때 니시타니의 이해는 올바르다. 하지만 정토교 사상에 있어서의 '정토' 개념이 지니는 위치 및 그 공제론적(共濟論的) 의의가 과연 니시타니가 파악한 것과 같은 '자기전로체적인 차원'이 "깨달은 자로서 이 세계를 살아가는" 장소라는 것과 전혀 같은 뜻이라고 말할 수 있을까? 신란의 자기 이해에 있어서 그러한 것이었는지 혹은 아닌지가 문제이다. '법성의 도읍', 더 나아가 그 '도읍으로 돌아간다'고 했던 신란의 말은, 『오회법사찬(五会法事讃)』의 「관음세지자래영(観音勢至自来迎)」이라는 문장에 등장하는 '내영(来迎)'에 대한 신란 자신의 독특한 해석 안에서 잘 나타난다. 즉 "예토(穢土, 정토의 반대 개념으로 부정한 것이 가득 찬 더러운 땅, 인간의 세계를 의미함)를 버리고"라는 표현이나, "사바계(娑婆界)에 올 것"이라고 말하는 구제론적(救濟論的) 계기에 대해서, 신란은 "법성의 도읍에 돌아간다"는 존재 방식으로 명확하게 파악하려고 한다. 이러한 구제론적 계기를 통해 말하지 않으면 '법성의 도읍'도, 거기에 '돌아간다'라는 존재 방식도, 한 사람의 염불자가 실지(實地)에 그것에 따라 살아가고 있는 종교적 실존의 '생'이 상실된다. "예토를 버리라"는 말은 단지 깨달음이나 자각의 내용 가운데서만 일어나는 사건은 결코 아니다.

게다가 신란의 독특한 생각에는 환상회향(還相廻向)[10]이라

---

9 西谷, 앞의 책, p.62.

는 입장, 즉 반대로 "정토를 버림으로써 생사계(生死界)로 돌아간다"는 입장이 있다. 모든 중생을 교화하여 불도로 향하게 한다는 이타행의 실천을 궁극 목적으로 하는 대승보살도의 무한한 걸음을 다만 유행(遊行)할 뿐이다. 환상에 대해서도 마찬가지이다. 니시타니가 이해한 "법성의 도읍으로 돌아간다"는 경우와 동일하게, "법성의 도읍으로부터 사바계로 온다"는 존재 양태도 다만 자각과 깨우침의 내용에 있어서 일어나는 현상에 불과한 것이 아닐까 싶다. "버린다"라든가, "온다"라는 표현은, 확실히 그 가운데 니시타니의 이해를 함축하고 있음에 분명해 보이지만, 자각과 깨우침과는 다른, 그것을 훨씬 넘어선 '이 세상'의 모든 현상에 대한 적극적 관여와 참가라는 무한한 '열림'('대승보살도'의 무한한 걸음을 단지 유행하는 것)을 지시하려는 역동적인 프래그머티즘 (Dynamic Pragmatism)이 정토교 사상에는 엄존하고 있다. 보살도 실천을 향한 무한한 '열림'을 통해서 니시타니가 "현실의 깊고 복잡한 상태 그 자체에 솔직하고 진지하게 자신을

---

10 환상회향(還相廻向)이라는 신란 정토교의 독자적 입장은, 왕상회향(往相廻向)과 분리하여 파악해서는 안 된다. 미타회향(弥陀廻向)이라는 구제계기(救済契機)의 두 측면이며, 일직선상으로 이해하는 한 양측면의 본질적 의의는 상실된다. 또한 환상회향이라는 존재 방식이 기독교에서는 어떻게 생각할 수 있는 것일까? 야기 세이이치(八木誠一)는 기독교 안에는 대응되는 것이 없다고 본다(『パウロ・親鸞 * イエス・禅』, 法蔵館, 1983年, p.57; 김승철 역, 『바울, 신란 * 예수, 선』 대원정사, 1999년 - 역자 주). 또한 히사마츠 신이치(久松真一)는 신란의 이러한 인식 방법에 대해서 비(非)불교적인 것이라고 비판한다.

드러내" 줄 것을 현대의 종교인들에게 간절히 요청하였던 의도에 한층 더 제대로 응답할 수 있을 것이다.

니시타니는 현대에 이르러서는 제 종교의 구도자들이 제각각 신앙하는 종교의 독자성에 주목하기보다는, 대동(大同)으로서의 유사성에 관심을 가지는 것이 더욱 긴급하고 중요한 것이라고 말했다. 하지만 그는 「신과 절대무(神と絶對無)」라는 유명한 논문의 서문 가운데서 "절대무란 불교에 그 계보를 둔 말이다. 에크하르트도 인격적 신을 넘어선 신성을 절대의 무라고 이해하고 있기도 하지만, 그것과 불교에서 말하는 무와의 사이에는, 기독교와 불교, 혹은 넓은 개념의 서양 정신과 동양 정신 사이에 존재하는 것과 마찬가지의 근본적인 차이가 존재한다"[11]고 논한다. 여기서 니시타니는 명확하게 불교의 '절대무'와 에크하르트가 말하는 '무'와의 근본적 차이점을 지적한다. 이것이 '신과 절대무'라는 과제에 있어서 근본적 문제라고 할 수 있다. 양자는 이미 다른 '세계'이다. 상이함의 관점에 서서 말하면, 전적으로 다르다. 심지어 니시타니는 동일한 점이 전혀 없다고까지 인식하고 있으며, 그 위에 서서 양자를 비교하고자 한다.

문제는 전면적으로 상이하다는 사실(이질적 사실)에도 불구하고, 양자를 비교하려 하는 니시타니 자신의 철학적 사유(비교사유) 사이에 가로 놓여 있는 세계와 존재 방식은 대체 무엇인가 하는 것이다. '이질적 사실'과 '비교사유'를 묶

---

11 『西谷啓治著作集』第七卷, 創文社, 1987年, p.3.

어내는 접점은 무엇일까? '비교사유'에 의해서 에크하르트의 무와 불교의 절대무 사이에 어떤 사태가 발생하게 되는 것일까? 양자는 보완적이라고 말할 수 있을까? 혹은 '비교사유'를 통해서 양자를 넘어서는 어떤 것, '비교사유' 이전에는 양자 안에서 찾아내지 못했던 무언가 새로운 것을 발견하려는 것일까? 즉 에크하르트의 무도 아니며, 불교의 '절대무'라고도 부를 수 없는 그 어떤 것을 새롭게 창조하려 하는 것인가? '비교사유'는 지금까지 양자의 입장에서 전혀 깨닫거나 자각될 수 없었던 새로운 사실을 열어 나가는 것을 요구하는 것일까?

니시타니는 에크하르트의 기독교적 체험 그 자체가 불교적 체험과의 조응을 포함한다고 보지만, 이것은 니시타니에게 있어서 무척 중요한 상황이다. 왜냐하면 그는 "현대에 이르러서, 제 종파는 물론 제 종교에 있어서도, 차별의 자각보다는 대동(大同)의 자각이 한층 더 중요하다고 믿기 때문"[12]이라며 그 유사성을 중시하였기 때문이다. "종교의 특수성에만 침잠해 나가는 태도는 자신의 눈을 과거로 향하게 하여 보수화의 길을 피하기 어렵게 만든다"고도 말하면서, 그와는 달리 현대는 "미래를 향해 종교의 새로운 가능성을 열고자 하는 정신"임을 환기시켜야 한다고 말한다. 니시타니가 요구하는 것은 "각각의 종교에 있어서의 종교적 삶 그 자체가, 그 삶을 살아가는 자기의 내면으로부터, 지금까지

---

12 위의 책, p.5.

자각되어 온 것 이상으로 커다란 보편성의 입장을 자각하는 것"이다.[13]

　도대체 '종래 자각되고 있던 이상으로 커다란 보편성'이란 어떠한 '보편성'을 의미하는 것일까? '종래 자각되고 있었다'는 그 자각(자각N)은, '커다란 보편성'이 자각되었을 때의 '자각'(자각X)과는 다르다. 하지만 양자 모두, '그 생 자신의 내면으로부터'라는 한, 종교적 '생' 자체 안에 포함되지 않으면 안 된다. 종교적 생에는 어떠한 의미에 있어서는 자각(자각(N+X))이 포함된다. 종교적 생이 종교인 자신의 자각과 분리되어 성립되는 것은 아니다. 어디까지나 종교적 자각으로서 종교적 생은 존재한다. 하지만 니시타니의 입장에서 본다면, 그러한 종교적 자각은 여전히 더욱 '커다란 보편성'이 자각(자각X)이 되지 못한 상태이다. '커다란 보편성'이 자각되는 것은 다른 사상·다른 종교·다른 과학과의 만남을 통해 비로소 현성되는 자각이어야만 한다. '커다란 보편성에 입각한 자각'이 '현대의 제 종교에 있어서 새로운 가능성의 미래를 여는 길'이기도 하다. 그 경우 '새로운 가능성'이란 각 종교에 있어서 구체적으로는 어떠한 사태를 가리키는 것일까? 니시다 기타로도 단언하고 있듯이, 니시타니가 말하는 '새로운 가능성'은 불교도, 기독교도 아닌 듯한 신종교(新宗教)를 상상하는 것만을 의미하는 것은 아니다.

　각 종교는 "기성 형태에 머물지 않고 한층 더 커다란 보

---

13 위의 책, p.6.

편성의 입장"으로 바뀌어 나가야 한다고 니시타니는 말하였다. 우선 제 종교가 형성해 온 '기성 형태'를 타파하는 것이 요청된다. 제 종교가 오랜 시간에 걸쳐 독자적인 전통을 형성하고, '교의·교육'과 '학문·의례·문화'를 만드는 과정에서 그들 스스로의 힘으로 '발전·항쟁·퇴폐·신생'을 반복해 온 역사적으로 한정된 종교 형태가 바로 '기성 형태'이다. 바로 그것이 니시타니가 말하는 "역사적으로 구석까지 빈틈없이 제약되었던" 한정이다. 니시타니는 역사적 한정을 돌파하고 "인간의 영원한 본질의 근저 그 자체를 지반으로 한 것 같은 종교적인 생, 혹은 적어도 그 절첨(切尖)"이 드러나는 것은 종교간의 '비교 사유'에 의해서 비로소 가능해진다고 보았다. 그것은 '자각X'와 다른 것이 아니다. 거기서는 이미 '비교 사유'는 사라지고 비교를 넘어 창조적 사유 그 자체가 현전하고 있다.

이를 통해서 니시타니는 "세계영성사(世界靈性史)의 견지에서 볼 때 종교적 생은 현재 인간의 본질에 근거하는 정신적 내용에 있어서도, 실제의 역사적 연관에 있어서도, … 한층 더 커다란 보편성의 입장으로 돌아가야 할 상황 속에 있다"[14]고 명언하고 있다. '커다란 보편성'이란 이미 각각의 종교에 의해서 주장되고 추구되어 온 각각의 종교적 진리에서 발견되는 '보편성'을 말하는 것이 아니다. '커다란 보편성'의 입장에서는 각 종교 및 종파 가운데서 발견되는 '보편

14 위의 책, p.7.

성'은 모두 상대화된다. 니시타니는 '커다란 보편성'을 신비주의 가운데서 찾아낸다. "종교적 생에 있어서의 보편성으로부터 본다면 신비주의만큼 보편적인 것은 없다." 신비주의는 모든 주요 종교를 관통하고 있는 가장 보편적인 것을 포함한다. 신비주의란 단적으로 "인간의 본질 그 자체를 지반으로 한 종교적 생"과 다름없다.

내가 특히 니시타니의 '에크하르트론'에 깊은 관심을 갖고 거기서 주장되는 '종교대화론'에서 중요한 의의를 찾아내고자 하는 이유는, 일본 불교 안에서는 이미 분열되어 버린 선불교와 정토불교와의 두 계기가 에크하르트 안에서는 교차하고 전입(轉入)하고 있다고 보는 니시타니의 에크하르트 해석이다. 나는 기독교인과의 대화를 통해 염불과 선이 불교 내에 있어 실로 종교적 만남을 실천해야 한다고 하는 오늘날과 같은 의의를 통감하고 있기 때문이다. 하지만 이것은 오늘날 정토 불교는 선으로부터 무엇을 배워야 할 것인가와 관계되는 중대한 과제이다. 불교와 기독교와의 종교간 대화가 아무리 활발하고 깊이 있게 이루어져도, 만약 같은 불교에 속하는 각 종파의 사이의 종교적 대화가 불가능하다면 그러한 세계적 종교간 대화에서 대체 무슨 유익을 얻을 수 있을까? 불교 안에 공존하는 정토와 선은 진중한 종교적 대화가 필요한 현대의 대표적 불교 2대 종파이다. 당연히 진종과 시종(時宗)을 포함하는 정토종불교는 천태종, 진언종, 일련종(日蓮宗)과의 종교적 대화도 실행해야 하지만, 특히 선종 불교와의 종교적 대화는 진종에 있어서의 북미 지역 개교전도(開敎傳道)의 장래[15]를 생각해 볼 때도 가장 중요한 과제 가운데 하나이다.

니시타니는 "자연법이 위에 정정불퇴(正定不退)하는 우독(愚禿)으로서의 신란의 경지에, 선과 접합되는 지점이 없다고 말할 수는 없을 것"[16]이라고 완곡하게 표현하였다. 또한 니시다 기타로, 스즈키 다이세츠 등이 선의 종교적 경험에 기초를 세우면서도, 정토교 계통 사상에 관해서 신란과 묘우코우닌(妙好人, 정토진종의 신자)을 논급하고 있다는 점은 선과 염불 사이에 관통하고 있는 '작은 보편성'이라고도 할 수 있는 종교적 진리라고 말할 수 있지 않을까? (여기서 '작은 보편성'은 니시타니의 '커다란 보편성'이라는 개념에 대비되는 것이다.) 나아가 염불문에 있어서도 호넨(法然) 문하의 친제이(鎭西), 니시야마(西山), 진종(眞宗)의 3대 문제(門弟) 정토종파 사이의 종교적 대화가 종파적 폐쇄성을 넘어서서 실시되어야 하는 것이 아닐까 싶다.

하지만 유감스럽게도 우리는 어려운 현실의 벽을 마주하게 된다. '커다란 보편성'이 현성되기 위해서는 과연 각 종교와 종파가 "자신의 기성 교의나 교육과 학문에 대해서 어느 정도까지 과감하게 벗어 던지는 노력을 기울일 수 있을

---

15 拙著, 『親鸞とアメリカ―北米開教伝道の課題と将来』(永田文昌堂, 1996年) 참조.
16 西谷, 위의 책, p.7.

까" 하는 점이다. 현실 속에서 "모든 기성 교의나 교육, 학문을 벗어 던진다"는 것은 가장 구체적인 개별적 종교인에게 있어서, 또한 실제의 종교적 대화의 장에 임할 때, 오히려 비현실적이지는 않은가? "벗어 던진다"라는 말은 도대체 무엇일까? 어떤 의미로서는 관념적·이념적 레벨(물론 니시타니는 그것을 단지 하나의 레벨로서의 "벗어 던짐"을 가리킨 것은 아니지만)에서는 가능할 것이다. "벗어 던지는 것" 없이 과연 '커다란 보편성'을 현실화 시키는 길은 전혀 기대할 수 없는 것일까? "벗어 던진다"는 것이 아니라, 오히려 "모든 기성 교의나 교육과 학문"을 적극적으로 밝혀내고 드러내어 다른 종교가 각각의 독자적인 역사 가운데서 구축해 온 교의와 교육, 그리고 학문을 통해 서로 진검승부를 하도록 한다면, 거기로부터 현실적인 종교간 대화가 제대로 이루어질 수 있지는 않을까? 바로 그 지점에서 '종교적 다양성(religious diversity)'이 현실의 과제로서 부상하게 된다. 특히 '포스트모던'이라는 현대 사회의 특성을 놓고 볼 때, 창조적인 종교간 대화를 위한 방향성은 종교다원주의적인 입장에 선 종교간 대화(나는 이것을 '다원적 종교 대화(pluralistic religious dialogue)'라고 부르고 싶다)가 되지 않으면 안 된다고 주장하고 싶다.

존 캅의 「정토교·기독교」 대화론[17]

존 캅은, 불교도들이 기독교인들로부터 무엇을 배울 수 있을까(What Buddhists Can Learn from Christians)[18]에 대해서 논하고 있다. 이러한 논의의 근저에는, 정토교 불교인이 아미타불이 그리스도라는 것을 인정하는 상황이 성립되지 않으면 안 된다. 게다가 다음 두 가지 점에 대하여 음미하는 것은 이 논의의 결실을 잠재적으로 얻기 위한 작업이라고 캅은 주장한다.

(1) 아미타불이 인격적이라는 것의 의미
(2) 아미타불이 윤리적이라는 것의 의미

첫 번째 문제는 인격성과 보편성이 얼마나 정합적으로 관계될 수 있는지에 관한 과제이다. 이 문제에 대해서는 정토교든 기독교든, 양자 모두가 거의 동일하게 설명하고 있다. 하지만 기독교에 있어서의 신과 인간의 관계성을 놓고 볼 때, 정토교의 주류적 사상에서는 상응되지 않는 듯한 인격성이 발견된다고 캅은 주장한다. 또한 화이트헤드(A. N. Whitehead) 철학을 기초로 한 과정신학자로서의 캅이 이해

---

17 존 캅의 대화론은, 주로 Beyond Dialogue: Toward a Mutual Trans formation of Christianity and Buddhism, Fortress Press, 1982(延原時行訳, 『対話を超えて-キリスト教と仏教の相互変革の展望』行路社, 1985年)에 의거하여 소개했다.

18 Beyond Dialogue, 128.

하는 신과 인간과의 인격성은, 전통적인 기독교 신학이 그 동안 해석해 온 '신으로부터의 일방적인 절대적 불변성 (divine immutability)'에 있어서의 인격성과는 완전히 다른 것 이다. 그의 경우는, '신과 인간 사이의 인격적 상호 교류 (personal interaction between God and human beings)'[19]로서의 인격성을 파악할 수 있다. 신은 능동적이면서 동시에 수동 적이다.

거기서 캅은 정토교에 결핍된 측면을 지적한다. 즉 아미 타불은 중생의 '기도'를 '듣지' 않는다는 것이다. 화이트헤드 의 신론의 범주에서 말하자면, 신의 '원초적 본성(the primordial Nature)'에 대응하는 것이 정토교에서는 아미타불의 본원(本願)이지만, '결과적 본성(the Consequent Nature)'의 측 면이 정토교에는 발견되지 않는다는 것이다. 지금은 화이트 헤드 철학에까지 깊이 들어가지 않겠지만, 캅의 지적은 중 요하다. 아미타불이 중생의 기원을 '듣'지 않는다고 할 때, 그 '들음'의 구조적 내용이 어떠한 것인지가 음미되지 않으 면 안 된다.

정토교에 있어서도, 호넨의 『선택집(選択集)』 섭취장(摂取 章)[20]에 길게 언급돼 있듯이, 젠도(善導, 중국정토교 승려)가 쓴 책 『칸쿄우쇼(観経疏)』(이 책의 원제는 『観無量寿経疏』이며 『仏説 観無量寿経』의 주석서)의 내용 중 「정선의(定善義)」[21] 부분에,

---

19 Ibid., 130.
20 『真聖全』第一巻, p.956.

아미타불과 중생과의 관계가 3연(三緣), 즉 친영(親緣)·근연(近緣)·증상연(增上緣)에 의해서 특징되어 있음이 지적되고 있다. 하지만 여기서 언급되는 양자의 관계는 캅이 정토교에서 결핍돼 있다고 본 '능동성'과 '수동성'과의 관계를 말하는 것은 아니다. 젠도(善導)에 의하면, 분명히 중생이 구칭염불(口称念佛)을 하면, 그 중생의 염불 행위에 대해서 부처는 호응하기 마련이다. 게다가 부처가 그에 호응하는 근거는, 부처의 본원(本願)에 맹세된 염불을 말하기 때문이다. 중생의 행위는 어디까지나 부처에 의해서 전제적(前提的)으로 한정되고 있으며, 그러한 의미로서의 중생은 수동적이다. 하지만 여기에서 젠도우가 내놓은 대답은, "어째서 불광(佛光, 부처의 빛)은 어디에나 비치는데 염불하는 사람만을 받아들인다는 것은 무슨 뜻인가?"에 대한 것이었다. 이런 점에서 볼 때, 불광의 보편성은 염불자에게 한정되고 있다고도 말할 수 있다. 하지만 불광은 염불하지 않는 중생을 염불하는 사람으로 전환하도록 만드는 것을 시사한다고도 할 수 있다. 모든 중생을 염불자로 회심하게 하는 능동적 힘이야말로 부처의 보편성이라고 해석할 수 있다. 부처가 중생의 목소리를 '듣는다'고 하여도, 신이 인간의 기도 소리를 '듣는

---

21 젠도우(善導, 중국정토교 승려)에 대해서는, 『관무량수경(観無量寿経)』의 진신관(真身観)을 해석하는 중에 "부처의 광명이라는 것은, 모든 존재를 보편적으로 비추어야 하는 것인데, 어째서 다만 염불자(念佛者)만을 섭취(摂取)하는 것일까"라고 하는 물음에 응답하면서 삼연석(三緣釈)을 전개하고 있다.(『真聖全』第一巻, pp.521~522.)

다'고 할 때의 '들음'과는 근본적으로 차이를 지닌다.

그 의미로부터도, 캅이 인격적 관계에 대해서 정토교 불교인들에게 다음과 같이 제언하였던 점을 기억하고 배워야 할 것이다.

적어도 기독교인의 경험과 가르침에서는, 궁극적 실재에 은총적 성격을 부여하는 일자(一者)가 세계에서 일어나는 모든 일에도 완전하게 응답한다고 믿는 것은 적절하다고 생각된다. 만약 불교가, 우리의 삶이 이와 같이 아미타불에 있어서도 중요하다는 확신을, 기독교인이 그리스도에 대해서 가지고 있는 지식으로부터 받아들인다면, 무엇인가 가치가 있는 것을 불교도가 잃어버렸다고는 생각하기 어렵다.[22]

두 번째는 바로 '윤리성'의 문제이다. 특히 기독교에 있어서의 사회윤리의 강조점이다. 하지만 이 문제에 대해서도 캅의 논술은 매우 신중하다. 캅에게는, 불교나 정토교가 비윤리적 종교라는 등의 이야기를 주장하려는 의도가 조금도 없다. 오히려 불교문화는 사회적으로도 훌륭하게 조직화되어 왔고, 불교사상의 이념을 가지고 사회의 요구에 응답하여, 사회적으로도 바람직한 사회 행동과 자세를 유지해 왔다고 본다. 그 결과, 총체적으로는 불교 사회가 기독교 사회보다도 더 잘 기능해 왔으며, 아마도 기독교 사회보다도 불교 사회가 더 도덕적이라고까지 말할 수 있을지도 모른다

---

22 Beyond Dialogue. pp.131~132.

면서, 캅은 불교의 도덕성을 인정한다.

더욱이 캅은 불교의 평화적이며 인도적인 성격을 지적하고 있다. 석가승가(釋迦僧伽)에 있어서의 카스트 부정의 역사, 그리고 기독교인들이 예수를 위해서 전쟁도 불사하며 싸웠던 것과 비교할 때, 불교도들은 석가모니를 위해 전쟁을 도발할 적이 없었다는 사실을 강조한다. 불교도는 종교적으로 기독교보다 한층 더 너그러운 마음을 갖고 있다. 또한 캅에 의하면 불교 사회에서는 도덕이념·책임감·충성·근면·인내·의연한 불굴의 정신·규율 등이 발견되므로, 그러한 의미에서 불교 사회의 윤리성은 고도의 수준이라고 밝혔다.

그러나 캅에 의하면, 기독교인의 입장에서 볼 때 불교에 부족한 것은 윤리적 '덕'이라든지 '선' 아니고, '사회를 판단하는 출세간적(出世間的) 규범'이다. 이러한 지적에 대해서도 캅은 조심스럽게 논한다. 불교적 인도주의에도 결코 규범적 체크 기능이 없는 것이 아니라는 것이다. 단지 불교의 경우는, 타인에 대한 사회적 역할, 혹은 인류적 관계에 의해서 체크 기능이 작동된다. 따라서 인간관계 그 자체가 중요시되는 경향을 갖게 되며, 복리(福利)가 현 사회체제나 구조를 체크하는 규범이라고 인식되기에 이른다. 이러한 불교 사회의 특징에 관해서 캅은 다음과 같이 파악하고 있다.

하지만 목적 수행의 수단(leverage)이라고 하는 이 잠재적인 원리가 이론적으로 전개되는 것은 드문 경우이다. 대체로 불교는 신봉자가 사회적·정치적 프로그램을 비판적으로 평가하도록 주의를 환기시키지 않으며 사회적 저항운동에 앞장서도록 창도하는 경우도 없다. 그 이유는, 초사회적 실재, 즉 공이나 아미타불에 대한 개인적 관계의 양상이, 사회 구조에 대한 판단이나 개인의 역사적 역할에 대한 반성으로 개인을 인도하지 않기 때문이라고 여겨진다.[23]

적어도 이 지적은 일본의 전통적 불교계의 현상을 서술하고 있는 것으로 보인다. 하지만 이것은 캅 스스로도 주의하고 있듯이, 결코 불교를 부정적으로 비판하려는 의도를 포함하는 것은 아니다. 그것은 '서술적 비평'에 지나지 않는다. 기독교 자체에 대해서도, 사회적 정의에 관해서는 복잡한 과제를 안고 있는 것 같다. 캅은 그 점에 대해서도 '자기 비판'을 이어가고 있다. 캅의 '신론'을 보면, 신은 결코 타율적·전제적(專制的) 명령을 내리는 절대 군주적 존재가 아니다. 기독교에서는 명령자로서의 신의 이미지보다 더욱 더 심원한 신의 존재 개념이 있다. 그것은 바로 '베풀어 주시는' 신의 이미지이다. 이러한 이미지는 아미타불의 이미지와 한층 더 긴밀히 연결되는 것이 아닐 수 없다. 그리고 정토교가 기독교로부터 무언가 배우게 된다면, 아미타불이 본래 가지고 있던 이러한 이미지를 더욱 확장할 수 있게 될

---

23 Ibid., p.133.

것이라고 캅은 제언하고 있는 것이다.

캅이 불교, 특히 정토교에 대해서 주장하려고 하는 핵심은, 사회적·윤리적 현실 문제에 대응하려고 하는 경우에, 연기적 현실 세계에 대해서 얼마나 불교와 기독교가 관계되는가 하는 양자의 상위(相違)에 있다. 연기적 세계는 현실적 측면과 가능적 측면과의 양면을 구성 계기로서 포괄하고 있다. 캅에 의하면, 불교는 현실 세계가 연기적인 것으로 자각하는, 이원적 주객 상대를 넘은 무분별지의 체득에 초점을 두고 있다. 즉, 현실적 측면에 대한 집중이다. 그에 비하여 기독교는 가능적 측면에 초점을 둔다. 이 지적은 불교에 있어서, 특히 역사적 세계와의 즉응(卽應) 안에서 전개해 온 정토 불교에 있어서는 중대한 교육적, 학문적 의의를 지닌다.

거기서 "아미타불은 그리스도이며, 그리스도는 아미타불이다"라는 경위에 대해서는, 만약 아미타불로부터의 들려오는 초청의 소리가, 단지 하나의 '절대적 현재'의 개인, 즉 '신란 한 사람'의 장소에만 머물지 않고, 한층 더 그것을 넘어서는 것으로서 파악되고, 더 나아가서는 사회적, 세계적, 역사적 의미를 지니는 존재방식으로서 경험된다면, 정토교 불교인은 단지 개인에게 있어서의 허망전도적(虛妄顚倒的) 무명성(無明性)으로부터의 해방에 종사하는 것만이 아니라, 우리가 사회나 역사에 관여하는 존재방식이 어떻게 설정되어야 할 것인가의 문제도 당연 거기에는 포함되지 않으면 안 된다.

무명으로부터의 개인의 해방은 사회 · 역사가 무명으로부터 해방되는 것이 아니면 안 된다. 하지만 해방은 보다 좋은 개념과 이론을 도출하기 위해 사용되지 않으면 안 된다고 캅은 말한다. 자기의 해방과 동시에 사회의 해방을 위해서 살도록 아미타불의 부르는 소리에 의해서 산다면, 우리의 사회적 행동 결정이 어떻게 실로 사회적 해방을 위해 도움이 될는지를 사고해야 한다. '순수적 자발성(pure sponta-neity)'은 '절대적 현재'에 있어서의 인류 관계의 실존적 장에서는 충분히 기능하지만 사회적 정책에 있어서는 빈약한 기반에 지나지 않는다[24]고 하는 캅의 신학적 비평은 경청할 가치가 있다.

타키자와 카츠미의 「정토교 · 기독교」 대화론

이미 나는 '동서종교교류학회(東西宗教交流学会)'에서 타키자와 카츠미가 주장하는 '제1의의 접촉'과 '제2의의 접촉'에 관해서, 정토교의 입장에 서서 타키자와 씨와 직접 질의응답[25]을 했었다. 따라서 그 당시 문답에서 언급된 이야기들은 여기에서 논하지 않기로 한다. 다만 타키자와 씨가 '제1의의 접촉'을 '아미타불의 본원'이라고 분류한 뒤, '제2의의

---

24 Ibid., p.136.
25 滝沢克己, 『現代における人間の問題』, 1984年, pp.164~170.

접촉'은 '신심의 획득'이라고 파악하는 것을 들었을 때에, 나는 아무래도 한 가지 문제 제기를 하지 않을 수 없었다. 즉, '법장보살에 의한 보살 수행의 실천과 그 성취'에 있어서의 '행'과 '범부의 염불행'에 관한 문제이다. 중국불교 정토종의 창시자 담란(曇鸞, 476~542) 법사가 아미타불의 원행(願行)을 '대원업력(大願業力)'이라고 불렀던 것처럼, 부처의 청정업(清浄業, 身口意三業)과 범부의 죄업(罪業, 身口意三業)을 통저(通底)하는 '업(業)'의 문제이다. 이 논의가 타키자와 신학에 있어서는 결핍된 부분이 아닐까 하는 생각이 든다. 이 점에 관해서도, 동서종교교류학회에서 몇 번이나 지적했지만, 여기에서 다시금 지면을 할애해 논의를 전개해 보고자 한다. 따라서 본 절에서는 타키자와의 '절대적 부정'[26]이라는 개념에 대해서 정토교의 입장에 서서 생각해 보고 싶다.

　　타키자와가 말하는 '절대적 부정'이라는 개념에서의 '부

---

26 여기서는 타키자와 카츠미(滝沢克己)가 쓴 『宗教を問う』(三一書房, 1977年)에 수록된 제Ⅲ장 「불교와 그리스도교(요약) - 히사마츠 신이치(久松真一) 선생의 무신론을 중심으로」에 의거한다. 그 가운데 「여기서 말하는 '절대적 부정'의 근본적 성격에 대해서」라는 부분을 기초 자료로 채택한다. 덧붙여서 『滝沢克己著作集』第七巻에는 제Ⅲ장 「불교와 그리스도교 - 히사마츠 신이치 박사 '무신론'을 기념하여」가 수록되어 약 120쪽에 걸쳐서 '불교와 그리스도교'에 관한 타키자와 신학이 논급되고 있다. 단지 거기서 히사마츠설(久松説)을 요약한 부분을 보면 '절대적 부정'이 언급(p.259)되고 있기는 하지만, 특별히 그 내용을 채택하여 구체적으로 반론하지는 않는 것 같다. 그에 비해 『종교를 묻는다(宗教を問う)』라는 책에서는 특별히 히사마츠의 '절대부정' 개념이 문제시 되고 있다.

정'이란, 인간이 영위하는 판단·결단이 아니며, 나아가 '인위적 작용'도 아니다. 그는 "부정하는 무언가도 없어져 다만 단순하게 생겨나고 있는 부정, 인간 존재가 시작되는 때에 무조건 있는, 그래서 끝까지 항상 새롭게 존재하며 언제나 타당한 부정"[27]이라고 그 개념을 설명했다. 그러므로 타키자와에 의하면, 이러한 의미를 지닌 '부정'은, 인간 존재에 있어서는 무언가를 시도하기 이전에, 아니 인간이 존재하는 바로 그 찰나에, 어떠한 전제적(前提的)인 것도 요구하지 않는다. 심지어 '끝까지'라는 표현은, 인간이 비존재가 될 때까지라고 하든지, 혹은 우주 전체의 비존재(종말론적 최후)를 의미하는 것이든지, 인간 존재가 종언을 고할 때까지, "항상 새롭게 존재하며 언제나 타당한 부정"이다.

또한 타키자와는 '불범일체(仏凡一体) = 불일불이(不一不異)', 그리고 '정예불이(浄穢不二)'라는 말은 '일상의 유한적 자기'와 '절대적으로 창조적인 진실무한적 자기' 사이에서 유일한 한계즉접촉점(限界即接触点)에 관련됨과 동시에, 절대로 넘을 수 없는 한계점 절대로 분리될 수 없는 접촉점이라고 말한다. 거기에 절대무상(絶對無相)의 주체가 무조건적으로 임재(臨在)한다는 사실이야말로, 인간 존재의 영원히 변하지 않는 항상 '새로운 근본 상황(Grundsituation)'[28]이라고 본다.

타키자와에 의하면, 모든 인간은 한 명의 예외도 없이,

---

27 위의 책, p.57.
28 위의 책, p.58.

알든 모르든 혹은 마음에 들든 안 들든 간에, "진불즉범부(眞佛卽凡夫)라는 근본 상황"을 의미하는 '독일무비(独一無比)'의 보편적 상황에 놓여 있다. 인간은 그러한 진실무상(眞實無相)적 주체의 우발적인 일객체에 지나지 않음에도 불구하고, 각각 하나의 자유로운 주체로서 이러한 근본 상황 속에 있다. "일체의 인간적인 사유나 의지로부터 온전히 독립하여, 다만 단순하게 존립하는 기반―그것 없이는, 혹은 그 밖에서는 일반 어떠한 특수한 상황도 사실적으로는 존재할 수 없는 인생·역사의 실재적·보편적인 기반이다. 따라서 인간의 이 유일한 근본상황과 특수한 여러 상황 사이의 불가역적인 관계를 지양할 수 있는 것, 혹은 이 근원적 사태를 인식 못하도록 방해할 수 있는 것은, 이 세계의 어디에도, 어떤 '때'에도 결코 있을 수 없다"[29]라고 말한다.

종래의 기독교의 일반적인 도식'이라고 타키자와가 부른 기독교의 구조가, 동시에 정토진종의 일반적인 도식이라고 해도 무방할 정도로 유사해 보인다. 신과 인간의 관계가 완전하게 서로 격리된 이원론적 관계 속에서 파악되고 양자를 매개하는 나자렛 예수가 골고다의 가시적 십자가에서 존재하며, 이러한 특정 형태를 유일한 절대를 지탱하는 버팀목이라고 믿는 사람들의 교회가 존재한다. 그것은 현실 세계에 있어서 유일한 성스러운 권역이며, 그 외의 세계는 단지 '끝없는 어둠의 늪'이다. 모든 이교도는 그 늪에 빠져 가라

---

[29] 위의 책, p.60.

않는 존재이며 그것이 그들의 불가피한 운명이다.

이것이 타키자와가 말하는 기독교의 일반적 도식이다. 타키자와는 이러한 도식이 실제로는 가상일 뿐이며, 결국 망상에 지나지 않는다고 말한다. 어떻게 그와 같이 말할 수 있을까? 타키자와의 논리는 이러하다. 즉, 이러한 일반적 도식에 사로잡혀 있는 기독교 신자들은, 신과 사람 사이의 불가분(不可分)・불가동(不可同)・불가역적(不可逆的)인 통일, 말하자면 '즉(卽)의 관계'를 모르기 때문이다.

'이 세계 내부의 하나의 특수한 형태'라고 타키자와가 이해하고 있는 것으로부터 판단하면 다원주의적 입장이 발견된다. 일반적 도식으로서 파악되고 있는 기독교를 하나의 특수한 형태로서 규정하고 있으며, 더 나아가 그것을 '절대화' 하는 데서 비롯되는 오류를 비판하고 있다. 이때 기독교는 중세적 타율로부터 자유롭게 될 수 없다. 또한 인간 존재를 단지 그것만으로 자명한 것으로 전제하는 한, 기독교 또한 근대적인 자립일반의 범위 내에 머물러 버린다고도 말한다. 즉, 여기서 타키자와는 중세적 타율에 빠지는 것이든, 근대적 자율에 빠지는 것이든, 둘 모두가 '단지 하나의 오류'로부터 생겨나는 것이라고 본다. 그것이 '불가분・불가동・불가역적인 통일'에 맹목적이기 때문이라고 하는 것이다. 그러므로 이러한 오류는 "진불(眞佛)과 범부가 하나이면서도 어디까지나 둘로 머무는 바로 그 한 점"으로부터만 바로잡힐 수 있다고 말한다.

실은 여기에 중대한 문제점이 감춰져 있다. 타키자와가 말하는 '그 한 점'이야말로, 반대로 '하나의 특수한 형태의 절대화'에 빠져버릴 수 있는 경향이 내포돼 있는 위험성이다. 그것이 비록 절대적 부정으로서 부정적 계기를 항상 포함하고는 있다 해도, 그것이 '통일'이나 '한 점'이나, '단 하나의 점'의 성격을 지닌다고 여겨질 때, 그 '하나一'는 기독교의 일반적 도식이라고 타키자와가 비판하였던 것들, 즉 '예수는 유일한 매개체', '유일절대의 지반', '유일한 성스러운 권역', '유일절대' 등으로 여기는 것과 궁극적으로는 동질의 '하나'에 지나지 않는다. 이들은 종교적 경험에 있어서 어떠한 차이점이 있는 것일까? 불교의 '즉'은 결코 어떠한 의미로의 '하나'도 아니다. '하나'라는 표현으로 인해서 기술되는 곳마다 적지 않은 오류가 발생한다. '하나'로서 파악하기 때문에, 타키자와가 주장하는 '제1의의 접촉'이라든가, '제2의의 접촉' 등의 구별을 끌어들이지 않으면 안 되게 되는 것은 아닐까?

또한 타키자와의 그리스도론은, 의도적 측면에서는 '포괄주의적'이기 위해 노력하기도 하지만, 그 내실은 기독교의 절대지상주의인 것처럼 생각하지 않을 수 없다. 타키자와가 비판한 기독교의 일반적 도식에 있어서의 매개로서의 예수와, 그가 말하는 예수는 어떻게 다른 것일까? 예수를 신과 인간 사이의 접점이라고 말할 때, 이러한 접점이 어째서 요청된 것일까? 접점이 결정적으로 요청되기 위해서는, 신과 인간 사이에 결정적 배반이 없으면 안 될 것이다. 결정적 단절이 없으면, 양자를 잇는 접점은 별로 의미가 없다. 접점의 성격은, 그에 따라 연결되는 신과 인간의 성격에 의해서도 한정된다. 히사마츠에 의한 비판은, 오히려 기독교 자체가 성립되는 이러한 근본적 계기에 대하여 제기된 비판이라고 할 수 있다. 그것은 타키자와가 이해한 것과는 달리, 기독교의 일반적 도식이 허구라고 하는, 말하자면 일반적 이해에 대한 비판은 아니었을 것이다. 히사마츠는 원래 기독교가 믿고 있는 여하한 의미로서의 '신' 개념도 근저로부터 비판한다. 이것은 히사마츠에 의한 신란 비판에도 타당할 것이다.

게다가 기독교에 있어서의 예수의 역사적 사실을 히사마츠는 기독교 비판 속에서 어떻게 평가하고 있는 것일까? '하나님의 아들'로서 '하나님 사랑의 실천자'라고 하는 예수의 역사적 존재의 생 그 자체에 대해서 어떤 의미를 부여하는 것일까? 예수의 십자가가 가지고 있는 신에 의한 구원의 역사적 사실은, 히사마츠가 어떠한 비판을 한다고 해도 결코 소멸하는 것은 아니다. 하지만 히사마츠의 기독교 비판은 그러한 역사적 사실에 대한 비판이 아니다. 오히려 예수 자신 안에 자각되고 있던 '신' 그 자체를 물으려 하고 있는 것은 아닌가? 이렇게 볼 때 비로소 히사마츠의 기독교 비판은 가장 근원적인 것이 된다. 왜냐하면 그것은 기독교가 기독교로서 존립하는 성립 근거이기 때문이다.

타키자와가 주장하는 '근원적 임마누엘'과 '파생적 임마누엘'을 도식적으로 제시하면 다음과 같이 된다: 제일의의 · 근원적 의미에 있어서의 · 임마누엘 = 원사실(原事實), 제일의의 임마누엘에 눈을 뜨는 것 = 원사실의 발견 = 성령에 의한 예수 · 그리스도를 향한 신앙(칼 바르트), 제이의의 · 파생적인 의미로서의 · 임마누엘 = 누군가가 이 '제일의'의 임마누엘을 믿는 것 = 그를 믿는 한의 '우리들'과 함께, '신'은 계신다. 이것은 불교적 입장에서 본다면 불성론(佛性論), 혹은 여래장론(如來藏論)이다. 근원적 임마누엘과 파생적 임마누엘과의 관계가 질문되지 않으면 안 된다.

여기서 나는 다음의 네 가지 문제점이 발견된다고 본다.

(1) 근원적 임마누엘에 눈을 뜬다고 할 때, 근원적 임마누엘이 직접 발견될 수 있는 것이라면, 파생적 임마누엘은 필요 없게 되는 것은 아닌가? 또한 근원적 임마누엘이 깨달음의 대상, 혹은 발견의 대상이 되거나 믿는 대상이 된다면, 그것은 엄밀한 의미로, 또한 정의상, 근원적 임마누엘이라고는 할 수 없는 것이 아닌가?

(2) 근원적 임마누엘이 깨달음의 대상이 될 수 있다면, 파생적 임마누엘은 필요 없어지지만, 만약 그 깨달음 자체를 파생적 임마누엘이라고 한다면, 파생적 임마누엘만으로 충분할 것이다. 즉 파생적 임마누엘 안에 근원적 임마누엘 본연의 존재 방식을 찾아낼 수 있기 때문이다.

(3) 사람이 근원적 임마누엘에 눈을 뜨는 것은, 무엇에 기인한 것일까? 만약 근원적 임마누엘이 자기의 근원에 있다고 한다면, 자기의 근원적 존재 방식을 깨닫게 된다. 예수 그리스도는 필요 없어진다. 그것이 더욱이 '성령에 의한 예수 그리스도를 향한 신앙'이라고 규정되면 근원적 임마누엘의 발견은 아닌 것이 된다. 바로 그 지점을 히사마츠는 비판했던 것이다. 나아가 거기에는 그리스도라는 타자가 개입하고 있다. 그리스도에 의하지 않은 채 자신만으로는 사실 존재할 수 없다고 하는 입장에서 히사마츠는 중세적 타율의 잔재를 찾아내고 있다. 근원적 임마누엘 자체의 자기현성이라고 하면, 조금은 히사마츠의 입장에 가까워질지도 모른다. 하지만 근원적 임마누엘 자체에 문제가 있게 된다. 타키자와가 "비그리스도인도 포함하여"라든가 "신이 찾아와 주심 속의 기쁨"이라는 표현을 사용하는데, 거기에 기독교 지상주의의 편린이 잠재해 있다고 말할 수 있겠다. 이러한 경향은 자칫 잘못하면 절대주의로 전락해 버려, 결국 종교적 오만에 빠져버린다. 그러면 타키자와 자신이 의도했던 것으로부터도 완전히 벗어나 위험한 전체통일주의, 혹은 은밀한 포괄주의에 빠져버리는 것은 아닐까?

(4) 타키자와가 '현실의 인간'이라는 존재를 말하면서 "그에 있어서, 유일한 근원적 매개자로서의 그리스도가 당사자의 의식으로부터 온전히 독립해 엄존한다. 바꿔 말하면, 신과 인간이 서로 결코 떼어내질 수 없는 바로 그러한 현실의 인간"이라고 규정할 때에도, 바로 그러한 측면이 중요하게 고

려된다. 이러한 '현실의 인간'[30]이라는 구조가, 선자(禪者) 히사마츠가 그 자신의 심연 가운데서 찾아낸 인간 존재의 구조라고 타키자와는 파악하고 있다. 하지만 "신과 인간이 서로 떼어내질 수 없다"라고 할 때의 '신'은, 히사마츠에게 있어서는 어떠한 의미로서의 '신'인 것일까? 히사마츠에게 과연 그러한 의미로서의 '신'은 용납이 되는 것일까? 이러한 '신'마저도 절대 부정되지 않으면 안 되는 것이다.

고든 카우프만의 「정토교」에 대한 네 가지 질문

본 절은, 류코쿠대학(龍谷大学) 창립 350주년기념 국제심포지엄 '신란과 현대'에서 있었던 고든 카우프만의 '종교적 다양성과 진리 증언'[31]이라는 제목의 기조 강연 내용을 채택해 보려고 한다. 카우프만은 우선 현대에 있어서의 종교적 진리의 다원주의적 연구의 필요성을 논하였고, 그 입장 위에 서서 신란 정토교에 대한 네 가지 의문점을 제시했다. 이것은 단지 상대를 비판하기 위함이 아니었다. 인생이나 세계에 대한 불교의 다양한 이해가 더 많은 주목을 받고 있는 종교 진리의 문제를 다원주의적 대화를 통해 풀어 감에 있어서 많은 공헌을 할 수 있으리라 기대하고 바라는 측면

---

30 위의 책, p.66.

31 龍谷大学三百五十周年記念 学術企画出版編集委員会 編, 『人間・科学・宗教』, 1991年, pp.116~138. 그 밖에 拙編著, 『親鸞浄土教とキリスト教ーハーバードシンポジウムと龍谷シンポジウム』에도 수록.

에서 제언되었다. 그러한 대화를 진행시켜 나가기 위해서는, 서로 무엇을 이해하고 있으며, 또 무엇을 이해할 수 없는 상태로 정체되어 있는가에 대해서, 명확하고도 솔직하게 말하지 않으면 안 된다. 바로 그 지점에서 카우프만이 주장하는 '다원주의적 진리'에 대해 생각한다고 하는 의미에서, 또한 공통된 목적을 가진 또 한 편의 파트너로서, 신란 정토교에 대해서 그가 아무래도 이해하기 힘들다는 부분이나, 현 단계나 시점에서는 잘 모르겠다고 인정한 네 가지 의문점을 정리해 볼까 한다.

(1) '정토(淨土)'에 대한 의문

오늘 우리는 '정토'를 어떻게 이해하면 좋을까? 정말로 사후, 즉 이 세계와는 별도로 존재하는, 기쁨과 평화로움이 가득 찬 '정토'라는 전혀 다른 장소가 존재하는 것일까? 많은 종교적 신화에서도 이와 같은 것을 말하고 있지만, 그것을 이해하는 것은, 현대의 과학적인 우주론이나 생명의 진화와 지구의 생태계 안에서 자리매김 되는 인간 존재의 기반에 관한 지식에 비추어 본다면, 우리에게 매우 곤란한 문제라고 말하지 않을 수 없다. 그런데 이러한 문제에 대해서 카우프만은 그가 읽었던 정토진종의 문헌에는 어떤 논의도 이루어지지 않고 있다고 말한다. 도대체 이러한 문제에 대해 일반의 정토진종 신자들은 어떻게 생각하고 있는 것일까? 이러한 문제는 그렇게까지 중요한 것이 아닐까? 불교에 대해 가르치는 교사는 학생들을 지도할 때 이러한 문제에 대해 이야기를 하지 않을까? 또한 대부분의 신자는, 진심으로 염불을 계속 독송하는 것으로, 사후에 그것이 어디에 있든지, 정토 같은 장소에서 다시 태어날 수 있다고 확신하고 있는 것일까?

(2) '아미타불'에 관한 의문

아미타불이란 도대체 누구이며 또 무엇인가? 아미타불이란 어떤 신(神)과 같이 '광대무변(廣大無邊)한 인격'인 것일까? 만약 그렇다 한다면, 그 존재를 오늘날의 우리는 어떻게 인식할 수 있을까? 만약 아미타불이 그러한 인격을 지닌 존재가 아니라면, 우리는 아미타불이 세웠다고 하는 '서원(誓願)'을 어떻게 생각하면 좋은 것일까? '서원'은 인격적 존재에 의해서 세울 수 있는 것이며, 스스로에 부과한 목적을 실행할 수 있는 존재에 의해서 세워질 수 있는 것이다. 그러면 아미타불의 서원은 보통의 서원과 같이 어느 특정한 때와 장소에 세워지고, 그 후에 그 인격적인 활동을 통해 성취되었는가? 아미타불의 서원이 이 세상에서 작용하고 있다는 주장(예를 들어 남자나 여자도 정토에 왕생(往生)시킨다고 하는 형태로)은 어떻게 이해하면 좋을까?

아미타불의 서원이 세워지고 성취되는 데는 다겁(多劫)의 시간, 거의 수십억 년이 걸렸을 거라고 여겨지는데, 이것은 어떻게 이해하면 좋을까? 만약 문자 그대로의 의미로 그것을 이해한다면, 이러한 지극히 신화적 사고가 도대체 무엇을 의미하고 있는지조차 이해하는 것은 매우 어려운 일이다. 하지만 만약 그러한 존재가 아니라고 한다면, 도대체 아미타불이란 무엇을 의미하는 것일까? 만약 아미타불이 "모든 부처의 본질을 체현하고 있는 근본적인 부처"이며, 그 궁극적인 실존이, '공', '진여(眞如)', '법신(法身)', '여래(如來)', '일여(一如)'라는 다양한 말로 성격 부여를 할 수 있듯이, 완전히 "형체도 없는" 것이라고 생각할 수 있다면, '아미타불'이라는 특정의 인격적 명칭의 중요성을 크게 강조하고, 그러한 실재가 '서원'을 세우고, 그것을 성취하기 위해 요구되는 지극히 특별한 행(行)을 실천한다고 말하는 것은, 오해를 일으키는 것이 되지는 않을까? 주목해 주길 바라는 것은, 이러한 의문점들이 결코 억지를 쓰는 게 아니라, 정토진종이 주장하는, 실로 핵심적인 요소와 연결된다는 점이다. 왜냐하면 이 탁오세계(濁惡世界)로부터 구제되어 지복(至福)의 보토(報土)인 정토에 왕생하는 것은, 모두가 아미타불의 역할로 인함이며, 이 위대한 타력의 기능을 배제하고서는, 우리 같은 죄악 가득 찬 인간들에게는 전혀 희망을 찾을 수 없다고 보기 때문이다. 특히 이러한 정토진종의 상징에 대해서는, 현대인들이 어떻게 이해하고 있을까?

(3) 근원적 이원론

세 번째 의문은 가장 근저에 있는 의문이다. 그것은 정토와 아미타불의 본원(本願)이라는 상징에 나타나며 모든 정토진종적 사고의 바닥에 흐르고 있는 '근원적 이원론'에 관한 것이다. 정토진종에서 인간 존재와 인간이 품고 있는 문제에 대한 모든 이해는 '정토와 현세', '타력과 자력'이라는 명확한 대비 구조 속에서 성립되고 있다. 즉, '정의와 의와 진실이 한편에 있고, 부정과 악과 부실(不實)이 다른 편에 있다. 이러한 명확한 이원론이 정토진종에서 주장되는 다른 모든 것의 상징적 기반이라고 말할 수 있다. 하지만 한층 더 이 문제에 대해 탐구해 나간다면, 정토진종의 사람들이, 최종적으로는 필기가 기저하는 현세와 다른 모든 실재아이 사이의 과도하게 단순화 된 이원론 혹은 극히 간단한 이원론을 말하려 하는 것도 아님이 확실해진다.

오히려 그것과는 반대로, 정토진종은 확실히 이러한 이원론 자체가 망상이며 전도(転倒)라고 가르친다. 정토에 들어가는 것은 이 윤회(미혹됨)의 세계에 사는 자기 자신의 깊은 차원에서 경험되는 그러한 강한 이원론이 실은 잘못된 것이며, 환상인 것을 발견하는 것일 뿐이다. 결국 윤회(미혹)는 열반이며, 열반은 윤회(미혹)의 세계에 존재하는 모든 것에 가득 차 있다. 그에 대해 신란은 다음과 같이 적고 있다. 즉, "신앙심을 얻은 사람은, … 여래와 동일한 것이라고 말할 수 있게 된다. 정토의 진실한 신앙을 가진 사람은, 그 몸이야말로 야비한 부정조악(不浄造悪)의 몸이지만, 마음은 이미 여래와 동일하기 때문에 … 마음은 이미 항상 정토에 있다."[32]

이것이 우리의 인간성과 인간의 여러 활동에 있어서 무엇을 의미하는지에 대해서 유의해야 하는 점이다. 신란에게는 인간적인 능력도, 무엇인가를 자신의 책임하에서 실시하거나 유효한 어떠한 수단에 의해서 행동한다고 하는 힘도, 모두 윤회에 의한 미혹됨의 일부이다. 본원을 믿는 것도, 명호(名號)를 기리는 일도, 양쪽 모두 부처를 통해 그 역할로서 주어지는 것이다. 신앙심 깊은 사람은 아미타불의 본원이 자신을 해방시키기 위해서 영겁 이전에 이미 성취되었고 자신을 구원하기 위해서 항상 자신에게 계속 작용하고 있음을 자각하고 있다.

즉, 우리가 행하고 있는가, 행하지 않고 있는가에 관계없이, 그 행위의 모든 것이 우리가 이 지상에서 태어나기 훨씬 이전에 아미타불에 의해서 이루어진 것으로 여겨진다. 그러나 카우프만은 이러한 도식은 전혀 설득력이 없다고 비판한다. "본원이라고 하는 보다 깊은 입장에서 보면, 인간의 선악 판단은 전혀 의미를 가지지 못한다"라고 하듯이, 악을 이루는 것이라는 우리의 명확한 의식마저도, 여기에서는 사라지고 만다. 이러한 입장은 인간의 모든 책임감을 완전히 제거해버리는 한편, 또 다른 한편으로는 고뇌나 살인,

---

32 『末灯鈔』第三通(『真聖全』第二卷, pp.661~662). Letter of Shinran: A Translation of Mattosho, Shin Buddhism Translation Series Ⅰ, Hongwanji International Center, 1978, pp.26~27.

모든 불공평과 궁핍함, 불안, 전쟁 피해, 환경오염, 핵으로 인한 대량 살상과 같은, 이 세상의 모든 꺼림칙하고 불편한 것들이 실은 아미타불의 깊은 작용에 대한 미혹된 해석에 지나지 않는 것으로 간주될 뿐이라고 카우프만은 생각한다.

타력이 만능이 되어, 자력이 완전히 무의미한 일로 여겨지고, 부처의 마음과 행자(行者)의 마음이 '하나'가 되면, 필연적으로 인간성과 품위를 유지하는 구별이 완전히 없어지게 되었다. 아미타불의 본원과 정토라는 신화와 상징의 바닥을 흐르고 있는 명백한 이원론이, 선과 악, 정의와 부정, 진실과 진실하지 않은 것, 실제와 환상에 대한 인간의 분별을 모두 무화(無化)시켜 버린다. 그리고 그와 함께 인간 존재의 모든 의미나, 인간의 악과 그것이 안고 있는 문제를 식별하는 힘이 어디론가 사라져버리고 만다. 그렇지 않으면, 앞의 근원적 이원론의 입장의 부정이란 그와 같은 것을 의미하고 있지는 않을까?

(4) 진실에 관한 세 가지 기준

네 번째 의문점은 어떠한 의미에서 또는 어떠한 이유로 정토진종의 몇몇 주장 혹은 전체 주장이 진실하다고 볼 수 있을까 하는 물음이다. 카우프만은 정토진종의 사람들에게 있어서 그 판단은 진실에 대한 세 개의 판단 기준을 기초로 하여 성립되고 있는 것처럼 생각된다고 본다.

① 최초의 가장 중요한 기준은 어떤 특별한 문헌(특히 아미타불에 관한)이 어떤 의문도 제기하는 일 없이 그저 권위로서 주어져 있으며, 한편으론 그러한 문헌에 대한 있는 특별한 해석, 즉 신란을 정점으로 하는 정토교의 해석의 흐름이 아무런 비판도 받지 않고 다만 전제로서 주어져 있다.

② 거기서는 어떤 특별한 내용 또는 그 입장에 대하여 가해진 논의가 높게 평가되고 있다.

③ 거기서 취해지는 입장이나 요점이, 최종적으로는 정말 납득이 가는 형태로, 일상의 우리 경험이나, 그 문제에 대해 이해시켜 주는 것처럼 주장되고 있다.

카우프만은 이상의 세 가지 판단 기준이 왜 정토진종 안에서 타당하게 여겨지는지를 이해하는 일은 어려운 것이 아니라고 말한다. 즉 거기서는 문헌과 그에 대한 정토교적 해석의 흐름이 권위로서, 다른 말로 하면, 궁극적인 진리로서 당연하게 받아들여지고 있기 때문이다. 정토진종의 용어로 인생과 그 문제가 이해될 뿐 아니라 정의되고 있기 때문이다.

하지만 동시에 그러한 기준만을 이용한 논의가 그 성격상 완전히 내재주의적이라는 것도 명백하다. 그것들은 단지 자기 완결적인 해석과 증명을 제공하고 있는 것에 지나지 않다. 왜냐하면 거기에는 진종 이외의 생각이나 증명, 그리고 논의가 설 자리가 없기 때문이다. 따라서 외부의 사람이 비록 그 설명의 많은 부분을 이해할 수 없거나, 혹은 그 전체상에 대해 납득할 수도 없다고 해도 전혀 놀랄 것은 없다. 더 넓은 시점에서 바라보면, 그러한 설명도 겨우 인간의 역사가 드러내 보여 온 수많은 종교적 개념 가운데 하나에 불과하다고 말할 수 있다.

그것은 다른 경우에서처럼 정당한 주장은 아니며, 단지 궁극적인 의문이나 삶과 죽음의 문제에 대해서 인간이 거리낌 없는 대화를 나누는 가운데 나타낸 여러 소리들 가운데 한 표현에 지나지 않는다. 지금까지 말해 온 것처럼, 그러한 진리는 모든 수많은 소리들 사이의 충분한 대화 가운데서 비로소 나타난다. 그리고 그것은 기독교 신학자를 포함한 다른 여러 종교적 집단이나 종교 전통의 대표자들에 대해서도 적용될 수 있는 말이지만, 정토진종이 가지는 참된 '진리성'은 정토진종의 학자들이 제출하는 완전한 내재주의적인 논의에 있어서가 아니라, 보다 폭넓은 대화를 통해 발견되는 것이라고 할 수 있다.

기독교 신학자로부터 듣게 되는 이러한 질문들을, 우리 진종에 속한 사람들은 우선적으로 겸허히 받아들여야 할 것이다. 문외한으로부터 제기된 천박하고 유치한 물음이라고 치부해 버리는 식의 반응은 결코 안 될 것이다. 카우프만이 진종의 교육과 학자들에게 던진 솔직한 의문들은, 신란 사상의 핵심을 찌르고 있다. 우리는 거기에 '신학적'으로 응답해야 한다. 네 개의 의문점은 모두가 긴밀히 연관되어 있으므로, 이하의 내용에서 생각을 정리해 모든 질문에 응답하고 싶다. 물론 개개의 문제에 대한 상세한 고찰은 다음 기회로 미루고 싶지만 말이다.

카우프만이 제시한 네 개의 질문의 근저에 깔려 있는 기본적 입장은, 종교와 과학의 문제에 있어서 과학이 종교에 가져온 결정적인 세계관의 전환에 대해 정토교는 얼마나 제대로 응답하고 있는가 하는 과제이다. 이것은 단지 정토교의 교육과 학문상에만 한정되는 문제는 아니다. 교육과 학문적 구축 이전의 종교적 실존의 장소에 있어서 가장 주체적 도전으로 파악하지 않으면 안 된다. 과학이 야기한 세계관의 결정적인 전환 및 인간의 기계화에 대한 정토교의 응답으로서 그것을 파악해야 할 것이다.

니시타니 케이지에 의하면, 시엔티아(scientia)의 입장인 「시간적·감성적 세계」와 사피엔티아(sapientia)의 입장인 「영원적·초감성적 세계」와의 연속성이, 근세적인 의미로의 과학에 있어서 재단(裁斷)되었다. 과학은 지식의 종류로서는 전통적인 의미로의 '시엔티아'와 같았지만, 근본정신에 있어서 완전히 이질적인 것이 되어 버렸다. 그것은 배경을 이루고 있던 이중적인 '세계'관의 상실을 강요받았기 때문이다. 게다가 근세 과학의 입장에서는, 두 세계관에 있어서 감성적 사물을 무상(無常)·비실재(非實在)·가상(假象)이라고 파악하고 있던 견해가 사라져 버렸다. 그 대신 근세 과학의 입장은, 변화하는 무상한 현상 가운데서, 수학적으로 계량

할 수 있는 운동을 관찰하고, 그것이 불변하는 요소(element) 상호간 결합의 변화라는 것을 발견했다. 불변하는 법칙에 의해서 지배되고 있음이 발견된 것이다.

이것은 도대체 무엇을 의미하고 있는 것일까? 변하는 것의 저편에서, 혹은 그 밖에서 불변하는 것을 보려고 하는 것이 아니라, 변하는 것의 내부에 변하지 않는 존재가 파악되었다. 바뀌는 것은, 불변하는 것(법칙)의 표현이라고 볼 수 있게 되었다. 따라서 '변화하는 것'을 부정적인 무상관(無常觀)의 입장으로부터 단지 유한성의 의식, 불안을 야기하는 것으로서 받아들이던 것들에 대해서 근세의 과학은 오히려 그것을 극복해 내는 듯한 안정감과 질서 의식을 제공하게 되었다. 그러한 의식은 종래의 형이상학이 제공해 왔지만, 근세 이후부터는 과학이 형이상학을 대신하게 되었다. 그것은 말하자면, 유한성 속에 무한성을 직접 끼워 넣어 버렸다고 할 수도 있다. 이러한 무한성의 입장이야말로 순수 오성의 입장이며 과학적 사유의 다름 아니다.

이상과 같은 과학적 세계관에 대응하고자 할 때, 기존에 논의되던 정토교의 '사차왕피(捨此往彼)'의 세계관은 완전히 그 의미를 상실해 버리게 된다. 그것이 가지고 있던 예토(穢土)·정토(浄土)라는 두 세계의 구조를 기반으로 해서 성립되며 예토를 버리고 정토에 왕생하는 것이야말로 정토교적 구원이라고 하는 종교적 기능과 그 힘은 더욱 더 퇴색해 버리고 말았다. 게다가 예토와 정토와의 사이에 우리의 죽음이 놓이고 파악될 수 있게 되면, 적어도 우리 현실의 입장에 있어서는 예토와 정토와의 두 세계성은 결정적인 것이 되었다. 여기에 현재의 정토교단이 단순한 '장례식 불교'로 전락해 버린 원인이 있다. 이러한 평가절하가 과한 말이라 해도, 교단의 경제적 기반의 대부분은 장례식과 제사에 의해서 유지되고 있음은 부인할 수가 없다.

바로 여기서, 타나베(田辺)가 논했던 것처럼, 정토교는 현대를 살아가는 종교로서, 과학과 철학의 역사적·비판적 자각을 충분히 한 뒤에 바로 서지 않으면 안 된다. 죽음을 매개로 하면서 예토를 버리고 정토에 왕생한다는 두 세계관은 이미 버리지 않으면 안 된다. 정토교 속에 지금까지 포함되어 있던 낡은 형이상학적 교설은, 이미 이전부터 지니고 있던 것이지만, 고뇌하는 민중을 구원해 온 종교적 힘을 지금은 상실해 버렸다. 종래의 정토관·왕생관·염불관·불신관(佛身觀) 같은 정토교의 근본 교설은 근저로부터 재해석되지 않으면 안 된다.

정토교는 그 존재 근거를 흔들 정도의 위기적 사태를 실은 몇 번이나 역사의 고비 가운데 실제로 경험하였고, 그 때마다 극복해 왔다. '약시피기(約時被機)'의 가치관으로부터, 당(唐)나라 때 활약한 중국 정토교의 조사(祖師) 가운데 한 명인 도작(道綽)은 성도문(聖道門)을 버리고 정토문을 유일한 불도로서 선취(選取)하여 갔다. 게다가 그것을 근거로 하여 신란은 '말법(末法)·멸법(滅法)의 시대'에 있어서 석가의 유교(遺教) 전체가 은체(隱滯)해 버렸다는 자각을 명확히 지니고 있었다. 그것은 석가교(釈迦教)로부터 미타교(弥陀教)로의 코페르니쿠스적인 전환이었다.

그런데 근대 과학이 성립된 이후의 현대 세계에 있어서는, 단지 사후에 정토를 보려고 하는 정토문은 버리지 않을 수 없게 된 것은 아닐까? 적어도 두 세계 위에 성립되어 온 것과 같은 정토문은 이미 버리지 않으면 안 된다. 그렇다면, 만약 정토교 안에 더 극복하는 길이 있다고 한다면, 도대체 어떤 방향이 남아 있는 것일까? 나는 그 방향은 정토교 안에서 발견되는 대승보살도의 실천밖에는 없다고 생각한다. 타나베가 '참회도(懺悔道)의 철학'으로서 파악했던 '타력'이라는 것도, 이러한 보살도로부터 현성할 수 있는 것이다. 정토교의 '대승보살도'란 법장보살도와 다름없다. 그리고 그것은 단순한 신화적 설화 등에서는 발견되지 않고, 역사적 부처인 고타마 붓다를 역사적 근거로 하는 것이다. 법장보살의 원심(願心), 즉 진여법생(真如法性)으로부터 발생되는 자비심을 범부인 자기 존재의 주체적 근저로서 자각하여 사는 삶 그 자체의 장소에 있을 때라야만, 역사적이면서도 비판적 자각에 철저해지지 않으면 안 되는 현대적 상황 속에서 정토교의 종교적 고유성을 발휘할 수 있다.

니시타니는 자신의 대표작 『근원적 주체성의 철학(根源的 主体性の哲学)』(弘文堂, 1940)에서 아래와 같이 논하였는데, 나는 위에서 말한 것과 궤와 축을 같이 하는 입장이 시사되고 있다고 본다.

　양자(신성과 인간성-필자 주)는 왕환양회향(往還両廻向)의 연관성 속에서 바라보지 않으면 안 된다. 바로 여기에 모든 고등 종교를 단순한 미신으로부터 구별하는 근본정신이 깃들어 있다. … 불교의 정토문에 있어서, 왕생즉득(往生即得), 보은보사(報恩報謝)라는 의미가, 여래홍서(如来弘誓)의 본원력(本願力)에 편승하여 빠르게 열반에 이르게 되고, 환상회향(還相廻向)에 있어서 이타(利他)의 열매를 얻는 것이며, '진실이타지심(真実利他之心)'이 강조되어서, "원작불(願作佛)의 마음은 이러한 도중생(度衆生)의 마음인 것이며, 도중생의 마음은 이타진실(利他眞實)의 신앙심이다"라고 할 때, 우리는 거기에 동일한 근본정신을 인정할 수 없는 것일까? 여기서 신앙심이란 여래의 원력에 힘입어 나아감으로써 구원되고 같은 원력에 힘입어 돌아가 이제 다른 이들을 구하는 것, 여래의 대자비심(大慈悲心)의 원(願)을 스스로 실천하고 계승하여 여래의 삶을 살아내는 것이다.[33]

　니시타니는 이러한 여래의 삶을 살아내는 체험과 실천이야말로, 동일한 체험이나 추체험을 야기하여 그에 따라 발생한 역사적 현실재로서의 결정체가 바로 '종교적 교단'이 된다고 한다. 그리고 니시타니는 '체험·실천'과 '교단'과의 관계에 대해서 다음과 같은 중대한 경종(警鐘)을 울리고 있

---

33 『西谷啓治著作集』第一卷, 創文社, pp.177~178.

다. 특히 전통적 교단을 향해 그 울림이 특별한 의미를 지닌다는 점을 여기에 지적해 두고 싶다.

모든 종교 조직 안에는, 말하자면 그 생명중추로서 어떠한 강력한 체험과 실천(예를 들면, 종조(宗祖)의 체험과 실천)이 기초가 되며, 조직 안에서 계승되는 체험과 실천의 그물망을 통일시키고 있다. 심지어 그러한 그물망은 계속해서 그 조직 안의 여러 활동 상 필요한 '요구'들에 의해 활용되고 있다. 말하자면, '체험'은 어떠한 '요구'에 대한 응답으로서 태어나고 또다시 살아나가는 것이다. 이러한 과정을 통해서만 제대로 살아낸, 말 그대로 Erlebnis(체험 - 필자 주)가 이루어지는 것이며, 그 요구가 사라져 버림과 동시에 도그마로서 굳어지기 때문이다. 그리고 요구가 쇠약해져 체험이 신조화(信條化) 됨에 따라, 실천은 형식적이 되어버리며, 조직도 고정되어 버려 그 경직된 조직은 더욱더 '살아 있는 요구'가 용솟음쳐 나오는 원천을 억제하게 된다. 스스로의 내적 생의 원천을 상실하고 고사(枯死)시켜 버림으로써, 단지 껍데기뿐인 종교적 동력에 의존해 스스로의 덩치를 유지해 가게 된다. 그때 그것은 '종교 없는 종교'로서의 형태로 존재하게 된다. 따라서 역사적 구성태로서의 종교 형태를 산출하여 그것을 계속 살려나가는 것, 그러한 생명의 근원은, '종교적 요구'에 있다고 말하지 않을 수 없다.[34]
실은 이러한 가장 근원적인 요구의 장소에 한 번 더 돌아

---

34 위의 책, 同書, pp.204~205.

가서 전통적 종교 교단이 잃어버리고 있는 '내적 생의 원천'을 다시 찾아낼 수 있는 기회를 근세 이후의 과학은 우리에게 제공해 주고 있다. 그러한 현대적 계기로서 근세 과학에 대해 종교는 자기 내부에서도 나름의 평가를 내려야 하는 것이다. 더욱이 그러한 근원적 요구는, 현대 사회의 제종교가, 또 하나의 중요한 과제라 할 수 있는 종교다원주의 및 세계종교간 대화를 자각적으로 묻도록 이끄는 실존적 계기이기도 하다.

다음으로 '인간의 기계화'와 더불어 생겨난 '허무의 열림'에 대해서도 상술할 수 있겠다. 정토교적으로는 범부의 내면에서는 도저히 허무의 자각은 일어날 수 없을지 모른다. 오히려 허무가 자각적으로는 현성될 수 없는 데에서 범부의 범부성을 발견해 내지 않으면 안 되고, 또한 허무가 자각적으로 파악되지 못하는 곳에 보다 깊게 그 허무가 현현하고 있다고 말해야 할 것이다. 실은 바로 그 지점에서야말로 타나베가 말하는 참회가 자각될 수 있다. 하지만 그 경우에도 타나베가 의미하는 참회가 현성되어 오는 것은, 범부의 내면에서는 불가능하며, 그런 것이야말로 범부의 존재방식에 다름 아니다고 할 수 있을 것이다.

정토교가 파악한 절대타력이란, 다름 아니라 이러한 의미에서 허무든 참회든 자각적으로는 현성되지 않는 범부존재의 근저에서 비로소 현실로서의 '타력'으로서 절대적으로 긍정된다. '허무의 열림'이 어떻게 자각되어 오는지에 대해서,

니시타니는 "인간이 자신의 존재를 거짓 없이 직시하면 당연히 자각에 이를 수 있다"[35]라고 말하고 있지만, "거짓 없이 직시 한다"는 것이 불가능한 곳에 오히려 더 깊은 차원의 허무가 잠복하고 있는 것은 아닐까? 실은 바로 그 지점에 인간의 무명성(無明性)의 '깊은 차원'이 드러나는 것은 아닐까? 허무는 자각적으로 열리지 않는다는 점에서 오히려 그 철저성을 지닌다. 니시타니는 "허무는 허무 자신으로부터 탈각할 수 없다"고 말했다. 그러한 허무의 열림에 막 직면해 있는 인간이 어떻게 자기 존재를 거짓 없이 직시할 수 있을까? 직시할 수 있는 것은 허무 자신으로부터의 탈각을 의미한다.

또한 니시타니는 「유신론·무신론」의 평면적인 대립에는 속하지 않는 입장으로서 자주 에크하르트를 인용하였다. 신과 인간의 관계를 이해함에 있어서 초인격적 장소로의 방향에서 에크하르트의 신이해를 이해하고, 그 위에 허무를 초극하고자 한다. 니시타니에 의하면 에크하르트는 신과 인간과의 인격적 관계를 '신의 상' 그 '본 상[原像]'이 영혼 속에서 산다고 하는 관계로서 파악하고 있다. 에크하르트는 신의 '본질'은 철저하게 '상(像) 없는(bildlos) 신성(神性)이며, 모든 상(象)을 초월한 '무'라고 부른다. 영혼이 '무'로서 존재하시는 신의 '본질'인 신성과 완전하게 하나가 될 때, 영혼은 진실한 자신으로 돌아가 '절대'로서의 자유를 얻을 수 있다고

---

35 『西谷啓治著作集』第十卷 「虛無と空」, 創文社, 1987年, p.99.

한다. 이러한 에크하르트의 '무'는 인격적 '신'의 근저이며, 신의 피안적인 배면(背面)이면서 동시에 '나의 근저'이며, 나의 가장 차안적인 정면으로 자각된다. 니시타니는 이러한 에크하르트의 입장에서, '공'으로서 파악된 '절대적 차안'으로의 전회(轉回)가 포함되어 있다고 본다. 니시타니는, 불교에 있어서도 '공'의 입장은 '피안에로의 초월'을 말함과 동시에, '피안·차안'의 대립을 넘어선, 의미로서 '절대적 차안이 되는 지평의 개현'으로 자각된다고 이해하고 있다.

그런데 이러한 논의가 이루어지는 경우, 가장 핵심적인 것은 에크하르트가 신의 본질인 '무'와 완전히 하나가 된다고 할 때, 어떻게 이러한 하나됨이 달성되는지, 무엇에 의해 전회가 이루어지는가, 하는 점이다. 거기에서 대승불교의 입장에서는 보살수행인 '행'이 요청되는 것이다. 정토교적으로 에크하르트를 이해한다면, 그가 말하는 신성으로서의 '무'는 무색무형인 진여(真如)·법성(法性)을 의미하며, 불신론(佛身論)에서는 '법성법신(法性法身)'이라고 하며, 정토의 장엄상(莊嚴相)에 있어서, '진실지혜위법신(真実智慧為法身)'인 '일법구'(一法句), '청정구(清浄句)'에 해당된다. 보살도의 행을 완전하게 성취할 수 없음을 자각한 범부존재로서의 '나'는, 이러한 '법성법신'이 즉시 '나의 근저'로서 자신의 '차안적 정면'으로 자각되는 장소에, 스스로 어떠한 매개에도 의존하지 않고선 도달할 수 없다. 신란이 고백한 "그 어떤 수행도 참아낼 수 없는 우악(愚惡)한 몸이기에, 그 몸이야말로 지옥으로 정해져 있다 하지 않을 수 없다"라는 말은, 이러한 보살도의 '행(수행)'의 실천 체험을 통해 고백된, 행도에 있어서의 절대적 자기한계의 자각이다. 그것은 '법장보살의 행'과 '나의 행'이라는 대결 속에서 비로소 개시되어 오는 장소이다. 이러한 보살도의 '행'이 무시된다면, 현대에 있어서는 정토문의 모든 교설은, 백법은체(白法隱滯)의 석가교(釈迦教)처럼, 이미 은체(隱滯)되는 것이 당연할 것이다.

종교다원주의와 신란정토교[36]

하버드대학 세계종교연구소 소장 윌프레드 캔트웰 스미스(Wilfred Cantwell Smith)의 새로운 종교 이해에 의거할 때, 존 힉은 '존재 변혁'(자아 중심으로부터 실재 중심으로의 인간 존재의 변혁)과 '전통적 다이나믹스' 사이에서 발견될 만한 사상의 선택지로서 세 가지 가능성을 생각해 볼 수 있다고 한다. 즉 (a) 배타주의, (b) 포괄주의, (c) 다원주의가 그것이다. 덧붙여서 불교·그리스도교·이슬람교·힌두교·유대교·유교 등, 지금까지 전형적으로 인식되어 온 각각의 종교 전통이 존 힉에 있어서는 결코 동질적인 정지적(静止的) 실태가 아니며, 시간과 함께 내재적이면서도 다른 것에 많은 변화를 주어 온 '숨 쉬는 운동체'로 파악되어 왔다. '전통'이라는 이름으로 불리는 것은 불변의 고정적 실체가 아니며

---

36 상세한 내용은 필자의 졸고 「宗教多元主義と真理問題－親鸞浄土教の課題」(二)(『真宗学』95号) 참조.

'누적적'이며 다양한 이질적 요인들이 '해후·대결·통합'해 가며 형성되어 온 '풍부한 내용으로서의 복합체'로 이해되는 것이다. 그런데 여기서는 여러 종교에 대한 기독교의 입장은 어떠한 지는 이미 잘 알고 계시리라 여겨지므로, 정토교 사상의 관점으로부터 그 세 가지 선택지에 대한 정토교적 성격을 생각해 보고자 한다.

(a) 배타주의

신란 정토교도 배타주의에 쉽게 기울어지는 위험성을 안고 있다. 제불(諸佛)과 아미타불(阿弥陀佛), 제행(諸行)과 본원명호(本願名號)인 염불일행(念佛一行), 제경(諸經)과 대무량수경(大無量寿經), 그들 사이에 '폐립(廃立)'을 주장하는 입장에 서기[37] 때문이다. 예를 들어, "오로지 명호를 주창하는 사람만 왕생한다"[38], "진실의 신심을 얻은 사람만 본원의 실보토(実報土)에 쉽게 들어갈 수 있음을 잘 알아야 한다"[39], "정정취(正定聚)의 사람만 진실보토에 태어난다"[40], "염불을 낭송하는 것만이, 끝까지 일관하는 대자비심이다"[41], "번뇌구족(煩悩具足)의 범부(凡夫), 화택무상(火宅無常)의 세계는, 그 모든 것이 헛소리이고 거짓이어서 참된 것이라고는 하나도 없

---

37 『選択集』上卷四 「三輩章」(『真聖全』第一卷, pp.950~951).

38 『唯信鈔文意』(『真聖全』第二卷, p.640).

39 『尊号真像銘文』(『真聖全』第二卷, p.572).

40 『一念多念文意』(『真聖全』第二卷, p.611).

41 『歎異抄』(『真聖全』第二卷, p.776).

다. 다만 염불만이 진실이다"[42]라는 표현들이다. 그 구제론적 근거로는, 아미타불의 "명호는 모든 여래의 명호보다 뛰어나다. 즉 이것은 서원이기 때문이다"[43]라고 하며 아미타불의 명호가 '만덕(万德)이 돌아갈 것'이며, 그 어떤 공덕보다 훌륭한 으뜸이 되는 명호라고 하는 교법이 있다.

하지만 '폐립'의 성립 근거로 간주되는 법장보살 '선택'의 진의(眞意)[44]를 생각해 보면 '폐립'은 배타주의로 향하는 것이 아니라, 오히려 그 반대의 '포괄주의'를 주장하는 입장이라고 하지 않을 수 없다. '본원장(本願章)'에 "염불은 쉽게 할 수 있기 때문에 모두에게 통한다. 제행(諸行)은 어렵기 때문에 모든 그릇에 통하지 않는다. 그렇다면, 결국 모든 중생을 평등하게 왕생시키기 위해서는, 어려운 쪽을 버리고 쉬운 쪽을 취하여 본원을 위하는 것이 좋지 않겠는가"[45]라는 표현이 바로 그 뜻을 전하고 있다.

(b) 포괄주의

신란 정토교의 입장에서도, 포괄주의적인 이해는 교의로부터 쉽게 도출해 낼 수 있을 것이다. 본원을 향할 수 있는 대상은 '시방중생'이며 시방미진세계(十方微塵世界)의 군생해(群生海)이다. 섭취불사(攝取不捨)의 광명은 모든 중생, 국

---

42 위의 책, 同書, p.792.
43 『唯信鈔文意』(『眞聖全』第二卷, p.640).
44 『選擇集』上卷三 「本願章」(『眞聖全』第一卷, pp.940~946).
45 같은 책, p.944.

가·인종·계급·성별·문화의 모든 차이를 포섭하는 것이 되지 않으면 안 된다. 이러한 차이를 이유로 아미타불의 구제로부터 단 한 명도 제외되어서는 안 된다. 「유제오역죄비방정법(唯除五逆罪誹謗正法)」를 주석한 것으로, "시방일체중생 모두가 왕생한다"[46]라고 신란은 말하였다. '원애광불(元碍光佛)의 모습'은 "모든 부처님의 지혜를 모으신 모습"이라고도 말한다. 아미타불의 존재가 다른 모든 제불을 포괄한 것으로서 자리매김 되었으므로, 아미타불 구제의 원리론은 포괄주의의 입장에 서 있다고 할 수 있다.

하지만 잡행잡수(雑行雑修)의 인간은 "모두들 비추지 않으며, 마지막까지 지켜주지도 않으며, 섭취불사(摂取不捨)의 이익을 취하지도 않는다"[47]고 하여, 본원의 수행자 이외의 존재는 섭취불사의 아미타불 구제로부터 제외되고 말았다. "여래(如来), 미진세계(微塵世界)로 가득 차 있어서, 즉 모든 군생해(群生海)의 마음에 가득 차 있어 초목국토(草木国土) 모두가 성불(成佛)한다"[48]고 하면서도, 여래와 중생과의 구제론적 접점에는 본원의 행으로서의 염불이 행해지고 있는지 혹은 아닌지가 섭취불사의 종교적 능동(能動)을 한정하고 있다.

따라서 만약 본원의 염불일행(念佛一行)만을 모든 중생을

---

46 『尊号真像銘文』(『真聖全』第二卷, p.561).
47 『尊号真像銘文』(『真聖全』第二卷, p.570), 『一念多念文意』(『真聖全』第二卷, p.610).
48 『唯信鈔文意』(『真聖全』第二卷, p.630).

구제하는 유일한 인적행법(因的行法)으로 간주한다면, 아미타불 구제의 종교는 배타주의의 입장을 주장하는 게 되어 버린다. 염불자 이외의 기독교도·이슬람교도·유대교도·힌두교도 등은 아미타불에 따라서는 구원받을 수 없다. 그렇다면 이 경우에, 본원 가운데 맹세된 '시방중생'은 궁극적으로는 '염불일행'을 실천에 옮기는 사람이 될 것을 요청하는 교설이 되어 버린다. 세계 전 인류를 염불자로 회심시키지 않는다면, 아미타불의 본원은 성취되었다고 볼 수 없다.

여래가 일체 중생의 마음에 가득 차 있다고 말하면서도, 본원행(本願行)으로서의 염불을 고집한다면, 존 힉이 그리스도교의 포괄주의를 논박했던 것처럼, 본원의 맹세로서는 '시방중생'이라는 보편적 대상을 포함하면서도 구제의 실현은 염불자들에게서만 발생하여, 그 밖의 다른 종교적 실천을 실시하는 중생들은 구제에서 배제되어 버린다는 논리가, '시방중생'이라는 언뜻 보기에 '보편적 서원' 같은 맹세 가운데서도 은폐돼 있다고 말하지 않을 수 없다.

그렇다면, 아미타불의 본원 구제는 어떻게 참된 보편성을 획득할 수 있게 될까? 이러한 방향을 탐구하는 태도가 바로 다원주의적 입장이라 할 수 있다.

(c) 다원주의

존 힉의 다원주의에 있어서, '궁극적인 신적 실재'는 '하나'라고 하는 전제가 엄연히 놓여 있다. 이러한 전제에서 볼 때 포괄주의적 이해처럼 생각되기도 한다. 하지만 앞서 논의해 왔던 포괄주의의 입장과는 근본적 차이를 지닌다. 포괄주의는 어느 하나의 특수한 종교 전통에 궁극적 진리가 있음을 전제로 하고, 다른 모든 종교를 포섭하려고 하는 입장이다.

힉의 '궁극적인 신적 실재'라는 개념은 어느 특수한 개별 종교의 전통을 통해 여러 종교들을 바라보는 것이 아니라, 위대한 종교 모두가 성립하는 근원적 장소 안에 있는 하나, 존재론적으로 말하자면 '선재적(pre-existent) 하나'로서 파악되고 있다. 이러한 근원적 '하나'로부터 '많음'으로 전회되어 갔음을 논증하기 위해, 모든 위대한 종교도 각각의 전통 그 자체 안에서 동일한 일이 전개되어 왔다는 사실을 찾아내려 한다. 바로 이 지점에서 힉이 주창하는 다원주의의 특색이 발견된다.

하지만 필자는 이러한 힉의 다원주의적 입장에 찬동할 수는 없다. 내가 공감할 수 없는 힉과의 근본적 상이점은, 힉이 생각한 것과 같은 궁극적 '하나'를 제종교의 전제로서 설정하지 않는다는 점이다. 개별 종교 전통 안에서는, 그러한 '하나'가 주장되고는 있지만, 그것은 어디까지나 개별 전통 내에서의 궁극성이지, 제 종교 간의 궁극적 '하나'라는 말은 될 수 없다. 과연 그러한 '하나'를 전제할 수 있는지 아닌지의 여부를 현시점에서 알아내는 것은 불가능하다. 단적으로 말하면 만약 그러한 '하나'가 전제적 존재로서 알려져 있다면, 종교적 대화는 무의미한 것이 되어 버리진 않을까?

종교다원주의와 신란 정토교와의 접점

신란 정토교의 체계에서는 불교 일반의 교판(教判)을 사상적 배경으로 하여, 아미타불의 본원을 구제론적 기준에 두면서 신란의 독자적인 이쌍사중판(二双四重判)이라는 교판이 구축되었다. 이쌍사중판은 '석존일대교(釈尊一代教)'를 판정하는 것이며, 불교 내에서의 교판론이다. 또한 신란의 절대교판이라고 일긷어지는 진가위판(真仮偽判)의 삼중폐립(三重廃立) 가운데, '진가'의 판정은 성도(聖道) · 정토문(浄土門) 안의 교판론이다. 종교다원주의적 관점으로부터 신란 정토교를 고찰하려고 할 때, 적어도 교판에 관해서 보는 이상은, 2쌍사중판이나 진가판도 모두가 '접점'은 될 수가 없다. 교판론적으로는 '가짜'의 범주에 속한다고 판정 된 여러 외교(外教)가 물어지게 된다.

종교다원주의의 입장으로부터 다음의 두 가지 점에 대해 유의해 보고 싶다. (1) 성도문(聖道門)이 '가짜[假]'라고 규정 된 것. (2) 불교 이외의 종교 및 사상이 모두 '사위(邪偽) · 이집(異執)'으로 단정된 것. 이것이 실은 신란 정토교의 입장에 있어서, 세계종교의 대화 및 종교 다원주의에의 적극적 방향을 근저로부터 저해하고 있는 교의적 계기라고 말할 수 있다.

그것을 초극하기 위해서는 다음의 두 가지 종교 다원주의적 방법을 고민해 보지 않으면 안 된다. (1) '진가위판(眞假僞判)'의 성립 근거가 재음미되지 않으면 안 된다. (2) 신란 정토교의 핵심이며 절대진실이라고 평가받는 아미타불의 '본원' 자체의 구제법 성립 근거가 재음미되지 않으면 안 된다. 후자에 관해서는, 아래에서 종교다원주의·진리주의를 고찰하면서 추가적으로 논의하기로 한다.

먼저 (1) '진가위판'에 대해서는, 교법이 정상말 삼시(正像末三時)에 걸쳐서 관통하는지, 폐색(閉塞)하는지의 가부(可否)가 성도(聖道)·정토이문(淨土二門)에 진가를 단정하는 현실적 근거로서 놓여질 수 있다는 것이 음미되지 않으면 안 된다. 이것은 '진가(위)판(眞假(僞)判)'이 결코 단순한 도그마로서 내려진 교판은 아님을 의미한다. 역사적 상황의 현실이 불교 전체를 성도·정토의 2문(二門)으로 판별시킨 것이며, '진가(위)판'의 역사적이고 현실적인 근거에서 종교다원주의와 신란 정토교와의 접점이 발견되지 않으면 안 된다.

단적으로 말해, 신란이 세상을 떠난 지 733년이 지난 현대의 역사적 상황에서 바라 볼 때, 성정이문(聖淨二門)의 '진가(위)판'으로는 역사적 상황에 제대로 응답할 수 없게 되었다. 하지만 그것은 결코 진가위판의 본질적 의의를 해치는 것은 아니다. 오히려 역사적 상황에 응답할 수 없게 된 진가위판을 현대의 역사적 상황에 응답할 수 있는 것이 되도록 하는 작업이야말로, 진가위판이 설치된 본래 의도에 따르는 것이다. 원래 신란이 독자적으로 세운 진가위판은 아미타불의 보편적 절대구제의 진실의(真実義)를 발휘시키기 위해서 세웠던 것이었다. 정토교적 진실성이 성립되는 종교적 근거는 항상 역사적 상황과의 구제론적 접점에 있어 왔다.

역사적 상황이라고 하는 것은 단지 불법(佛法)의 삼시사관(三時史観)에만 한정되는 것은 아니다. 근본은 거기에 기인하면서도, 현대역사학·역사철학의 성과도 포함해가며 지구상의 모든 지역이 국가·민족·문화의 경계를 넘어 같은 시간대(Real Time)에 교류가 가능해진 현대의 역사적 상황도 다시금 고려되지 않으면 안 된다. 이러한 종합적이면서도 유기적 연관 구조 가운데서 유동하는 세계 상황의 콘텍스트에 상응해 응답할 수 있는 진가위판이 재구축되지 않으면 안 된다.

이러한 상황 가운데 종교다원주의적 입장에서 보면, 이쌍사중 가운데 체계화된 「성도지실교(聖道之実教)」 즉 「불심·진언·법화·화엄(仏心真言法華華厳)」의 4개대승(四個大乗), 그뿐만이 아니라 「성도권교(聖道権教)」로 여겨진 「법상등력각수행지교(法相等歴却修行之教)」에서는 성도불교자(聖道仏教者)와 신란정토교자(親鸞浄土教者)와의 사이에서 먼저 불교 내의 종교적 대화가 이루어져야 할 것이다. 즉, 상술한 것 같은 현대의 역사적 상황에 대한 재인식을 통하여, 그에 상응하고, 또한 그로부터 발견되어지는 전지구적인 여러 과제들에 응답하는 방식으로 그러한 대화가 이루어져야 할 것이다.

또한 (2) 불교 이외의 종교 및 사상이 모두 「사위(邪僞)·이집(異執)」이라고 단정되었던 것에 관해서도, 신란 정토교에 의해서 파악할 수 있었던 '가짜'의 범주에 속하는 여러 사상(넓게 종교·철학까지도 포함)은, '62견(見)·95종(種)'의 '사도(邪道)'에 지나지 않았다. 현대에 이르러서는 그것을 아득히 뛰어 넘는 사상들이 우리에게 많이 알려져 있다. 특히 「화토권(化土卷)」 말미에는 11경 23문, 11논석 14문의 총 합계 37문이라는 방대한 문헌을 인용함으로써 신란은 진위(眞僞)를 감결(勘決)하고 외교사위이집(外敎邪僞異執)을 교계(敎誡)하고자 했다.

하지만 '가짜[僞]'로서 배제된 대상은 신란 생전 당시에는 불교 이외의 사상으로서 알려져 있던 한에서의 사상인 것은 두 말할 필요도 없다. 현대의 사상 연구 경향에서 보면 거기서 다뤄진 대상은 극히 일부에 불과하다. 한정적 대상과 비교해서 '진(眞)'이라고 하고, 보편적 진실성을 주장하는 것은, 현대 사상 연구의 영역에서는 이미 허용되지 않는다. 그럼에도 불구하고, 더욱 거기에 고집을 부린다면 진리의 주장은 도그마화 해버리든지, 자기 충족적인 편집(偏執)으로 추락하고 말 것이다.

실은 신란 자신은, 이러한 위험한 방향성을 회피하기 위해 가능한 한 문헌을 섭렵하고자 했던 것은 아니었을까? 신란의 참 뜻은 다루어진 대상에만 고집하는 것은 아니었을 것이다. 외교(外教)와의 대비를 통하여 본원진실(本願真実)의 보편성을 개현하고자 한 것이며, 거기서 신란이 취한 방법은 일종의 비교 종교철학적 방법이었다고 할 수 있겠다.

현대에서 우리가 아는 범주 안에서 다양한 사상과의 '대화 · 비교'를 통해서 비로소 아미타불에 의한 구제법이, 현대의 역사적 상황 속에서 실로 참인지 아닌지가 물어진다. 거기에서 처음으로 현대의 역사적 상황을 근거로 자리 잡은 새로운 진가위판(真假偽判)이 성립된다고 할 수 있다.

다원주의적 가설로부터도 다음과 같은 의문이 생긴다. 모든 위대한 종교의 '형대'기 함께 목표로 삼는다고 여겨지는 '신적 실재(divine reality)'란 도대체 무엇인가? 서양과 동양 사이에 대비된다고 볼 수 있는 야훼(Yahweh)와 브라만(brahman), 시바신과 타오(Tao), 삼위일체설과 삼신설(三身説) 등에 있어서, 과연 양자를 동일시할 수 있는 것일까? 동양과 서양이란 것은, 공약(共約) 불가능한 방법으로 각각의 전통을 형성하면서, 개별적이고 독자적인 역사 중에서 각각 다른 문제에 대처해 오지 않았을까?

이러한 의문들을 고려해 볼 때, 존 힉은 종교 '형태'의 다양성이 적극적으로 인식되어 각각이 유기적 관계를 가지고 올바르게 평가되는 다원주의적 이론의 기본적 구상이 다듬어져야 할 것을 강하게 요청한다.

힉이 제창하는 다원주의적 이론의 기본적 구상은 다음과 같다. 구상이 가지고 있는 본질적 특색을 조목별로 나누어

쓴 글을 소개해 둔다.

(a) 궁극적 실재

(1) 끝없고 위대한 고도의 실재가 존재한다.

(2) 그것은 우리가 일상적으로 경험하는 사회적 · 자연적 세계 가운데 있고, 게다가 우리를 뛰어넘는 바에, 혹은 우리의 깊은 심연에 존재한다.

(3) 그것을 향하여 우리의 지고선(至高善)이 존재한다.

(4) 궁극적으로 실재하는 것, 궁극적으로 가치 있는 것은 일자(一者)이다.

(5) 그에 대해서 전면적으로 자기를 바치는 것이 궁극적인 「구원 · 해방 · 깨달음 · 완성」이다.

(6) 그것은 우리의 언어와 사고를 아득하게 넘어 서는 것이다. 그 자체는 인간의 개념으로 손에 넣을 수 없다. 그것은 무한하고 영원하며 한없이 풍성하다.

(7) 특정한 전통에 얽매이지 않고, 게다가 모든 전통에 공통되는 그것을 표현하려면 '궁극적 실재', 또는 '실재자(實在者)'가 적절할 것이다.

존 힉의 다원주의적 입장에 있어서, 이러한 궁극적 실재에 대한 이해야말로 근본적인 문제점을 포함한다. (4)에서 언급되는 "궁극적으로 실재하는 것, 궁극적으로 가치 있는 것은 일자이다"라는 명제를 세울 수 있는 입장이란 어떠한 차원에서 가능한 것일까? 이러한 입장이 실제로 성립 가능한 때는, 일체의 모든 세계 종교 간에 있어서 대화가 완료

되었을 때를 의미하는 것은 아닐까?

현대에 이르러 우리는 겨우 세계 종교간 대화의 길에 발을 내디딜 수 있었고 지금은 바로 그 직후의 상황이다. 그러한 명제를 전제로 두는 것이야말로 실로 비현실적이지는 않을까? 그러므로 존 힉은 이러한 명제를 '가설(假說)'이라고 한다. 하지만 '가설'이 대화의 상태를 한정하고 왜곡하지 않을 것이라 말할 수 있을까? 만약 '가설'이 '참'이라고 한다면, 대화 자체가 무의미한 것이 된다. 따라서 '가설'이 '참'일까, 혹은 '거짓'일까에 대한 판정을 종교 대화의 목적으로 설정한다면 그것은 불합리한 것이 된다. 원래 힉이 세운 '가설' 가운데 포함되어 있는 '궁극적 실재'는, 각 종교 전통 가운데서 발생하는 '존재변혁'이 향하는 '실재'와 동일 내용이며, 자신의 종교 전통 안에서 충족되는 실재이기 때문이다. 그렇다면 다른 종교 전통으로부터 새로운 것을 배우는 일은 모두 불필요한 것이 된다.

(b) 실재자 그 자체(실재)와 인간에게 경험되며 사고된 실재자(경험적 실재)와의 구별

힉은 다원주의적 이론의 기본적 구상에 있어서의 제2의 명제를 귀납한다. 즉 "실재자 그 자체는 일자이지만, 그럼에도 불구하고 그 일자가 다양한 방법으로 인간에게 경험될 수 있는 것"이라는 명제가 바로 그것이다.

이 명제야말로 힉이 다원주의적 가설을 세우는 핵심적

논거로 여겨지는 것이다. 즉 모든 위대한 종교가 각각 그 안에서는 동일한 정도로 궁극적 실재를 현현시키고 있다는 다원주의적 입장의 논리적 근거가, 개개의 위대한 종교적 현상 가운데서 나타나고 있는 '실재'와 '경험적 실재'라는 두 개념 사이의 관계론에 놓여 있는 것이다. 따라서 힉에 의하면 다원주의적 이론 구상은 이미 각각의 종교 그 자체가 다원주의적 실재론 위에 성립되고 있다는 사실에 근거하는 것을 잘 보여준다고 할 것이다. 바꿔 말하면 다원주의적 종교이해를 부정하는 것은, 스스로의 종교가 목표로 하고 있는 '구제·깨달음'의 궁극적 근거가 되는 실재론 그 자체를 부정하게 되는 것이다.

(c) 다양한 특정 '형태'의 '실재'에 대한 각지(覺知)가 진정함으로 여겨지는 기준 : 종교 다원주의가 목표로 삼는 것

(1) 특정한 '형태' 속에서 각각의 구제론적 효력이 발휘된다.
(2) 특정한 전통은 자아 중심으로부터 실재 중심으로의 이행을 완수할 수 있는 영역이다.
(3) 특정한 전통은 각각의 다양한 빛 아래에서 '실재'를 계시하고 있다.

다원주의적 입장에서는 진정기준(眞正基準)은 단지 전통 자체 안에만 한정되는 것은 아니다. 기준에 의해서 도출된 자기 전통의 참 됨은 동시에 타자의 전통에 깃든 진정성도

인정하는 것이 되지 않으면 안 된다. 그 때 비로소 다원주의에 있어서 새로운 '종교적 진리의 패러다임'이 어떠한 구조를 지녀야만 하는지에 대해서 응답할 수 있다. 이것이 다음에 '진리 문제'의 과제이다.

필자는 자신의 진정기준을 용인하는 것은 동시에 다른 사람의 진정기준도 용인하는 것이 되지 않으면 안 된다는 다원주의적 입장에 의한 진정론을 받아들이고 싶다. 왜냐하면 이러한 진정론에 근거하지 않는 한 세계 종교의 대화는 성립되지 않기 때문이다. 그러나 힉과 같이 궁극적 실재의 '하나'를 전제로 하는 것에 대해서는 비판적이다. 그것은 두 가지 이유로부터 기인한다. 첫 번째는 궁극적 실재로서의 '하나'를 전제로 한다면 세계 종교간 대화는 무의미한 것이 되기 때문이다. 두 번째로, 궁극적 실재로서 '하나'가 가설적으로도 보여지게 되면 결국 '포괄주의'가 되어 버리기 때문이다.

여기서 한층 더 진보적인 다원주의를 성립시키기 위해서는 최소한 다음의 몇 가지 사항이 전제 조건으로 고려되지 않으면 안 될 것이다.

(1) 위대한 모든 종교를 선재적으로 통저(通底)하는 궁극적 실재를 전제적(前提的) 비전(vision)으로 설정해서는 안 된다.

(2) 진정한 실재는 모든 것이 '과거·현대·미래'에 걸쳐서

유기적이고 비실체적인 연관의 그물망 속에서 존재한다
는 포스트 모던적 세계관에 서지 않으면 안 된다.

(3) 제 종교는 과거로부터의 특수한 전통에 의해서 한정되
면서도, 현대로부터 미래에 이르기까지의 무한한 가능성
에 대해서는 항상 열려 있지 않으면 안 된다. 바로 그러
할 때 비로소 각각의 종교에 새로운 창조적 주체성이 성
립될 수 있다.

(4) 제 종교는 세계 종교간 대화를 통해서 요청되는 자기 변
혁의 과정을 거부해서는 안 된다.

(5) 그 목적을 달성하기 위해서는, 세계 종교간 대화에 참가
하는 것이나 초래된 자기변혁의 과정도 타종교로부터
강제되는 것이 아니라, 자기 종교가 서 있는 존재 근거
로부터의 필연적 귀납이 되지 않으면 안 된다.

코멘트

루이스 고메스(Luis Oscar Gomez)

타케다 선생님의 발표에 응답할 수 있는 기회를 주신 것에 큰 기쁨을 느끼며 영광스럽게 생각합니다. 그와 동시에 제가 이 발표문의 응답자로서의 역할을 제대로 수행할 수 있을지 걱정이 앞섭니다. 하지만 타케다 선생님이 불교, 특히 정토교에 대해서 기독교인이 안고 있는 '의문'의 중요한 포인트들을 매우 명확하게 정리해 주시고 계시기 때문에 큰 도움을 얻었습니다. 소개해 주신 의문점들은, 대화를 시작하려 할 때에 서로 부딪치게 되는 문제들을 구체적으로 잘 보여주었다고 생각합니다.

저에게는, 이문화(異文化) 간의 대화를 성립시키는 전제조건도, 대화 그 자체도, 지금은 아직 확실히 확립되어 있지 않다고 생각됩니다. 첫 번째로, 저희들이 간과할 수 없는 역사적인 여러 조건이 존재합니다. 현재 우리들은 '지구화(globalization)'라든가 '국제화(國際化)'라든가, 문화적 다양성에 대해서 뭔가 열의에 가득 차서 이야기들 하고 있습니다만, 현실을 바라보면 이 '지구문화'는 자본주의적인 서구와 북미의 가치관과 언어에 의해서 지배되고 있습니다. 문화적 측면에서의 서양 우위에 대해서 격렬하게 반대하는 여론이 있음에도 불구하고, 서양은 '경제·문화'의 교류에 있어서 여전히 그 모델과 언어를 강요하고 있습니다. 서양의 지배에 대해서 저항하는 일도 서양의 세속주의적인 가치관을 받아들일 때 비로소 가능하게 되는 것이 냉정한 현실입니다. 저희들에게는 서양에 대해서 응답할 권리가 자주 주어집니다만, 그 경우에도 항상, 서양 일부 엘리트들만의 문화적 기성 개념을 골조로 하여 그 안에서만 그들이 축조해 놓은 언어를 사용해 응답하게 됩니다.

불교와 기독교의 대화를 실시하는 경우에도 여전히 이러한 함정은 깊으며 완전히 그로부터 탈출해 있다고는 말할 수 없습니다. 이러한 현상이 이어지는 것은, 누군가 한 개인에게만 책임이 있다고 말할 수 없습니다. 다양한 사정에 의해서 우리는 이 테두리 안으로 몰려 온 것입니다. 하지만 대화를 진행함에 있어서, 한쪽 입장에 무리하게 맞추는 것이 아니라 서로 무엇인가를 배울 수 있기 위해서는, 대화에 임하는 모든 사람들이 동등한 발판 위에 서 있는 상황이 전제되어야만 할 것입니다. 즉, 다음 세대의 불교도들의 과제는, 서양 문화의 전제가 되고 있는 개념을 억지로 받아들이지 않더라도 서양의 지식인에게 자신들의 이야기를 전달할 있기 위한 자신만의 교육과 학문적 언어를 발견해야 할 것입니다. 똑같이 기독교인들도 대화의 '언어' 또는 서양의 '기성 개념'이 자본주의적인 서양의 문화적 지배로 인해 도구화되어 있음을 어느 정도 이해할 필요가 있습니다.

'다양성의 인정'으로부터 싹트는 배움

불교와 기독교의 심층 속에서 존재하는 다양한 입장을 주의 깊게 고찰함으로써, 타케다 선생님은 우리의 기성 개념을 재검토할 수 있는 장을 마련해 주셨습니다. 선생님의 발표문은 '대화'에 대한 하나의 기본적인 사실을 통해 우리의 주의를 환기시켜 주십니다. '대화'를 시도하는 우리들은 결코 '하나의 입장으로부터', 혹은 '하나의 입장을 향한' 단일한 목소리만을 내는 것이 아니라는 점을 기억하자는 것입니다. 대화는 항상 복수의 사람에 의해서 성립됩니다. 그 한 사람 한 사람이 그(혹은 그녀)의 독특한 소리(입장)로만 이야기하는 것이 아니고, 또 한 명의 같은 사람이, 그 사람의 '문화적·사회적·심리적' 세계의 복합성을 반영한 많은 다른 소리로 이야기를 하는 것입니다.

더 구체적으로 말하면, 타케다 선생님은 '불교'와 '기독교'에 대한 일반적 견해로부터, '불교'와 '기독교'의 신앙을 이끌고 있는 다양한 사람들의 구체적 입장으로 우리의 논의 방향을 수정시켜 주고 있습니다. 저는 타케다 선생님의 소견에 대해서 다음의 코멘트를 덧붙여 보고 싶습니다. 즉 '불교', '기독교'라는 용어가 편리하긴 합니다만, 동시에 위험한 추상적 개념이기도 하다는 점입니다, 그 어떤 개인도 '불교' 혹은 '기독교'의 전통 전체를 대표할 수는 없는 것이기 때문입니다. 대화는 복합적으로 성립돼 있는 전통에 대하여 어느 한 시기에 어떠한 관계를 맺고 있었음을 주장하는 개인과 개인의 사이에 이루어지는 작업입니다. 그러므로 '불교와의 대화'라고 말할 경우에도, 그것은 하나의 전통 전체와의 대화라고 하는 것보다는, 더 많은 경우를 의미하며, 또한 어떤 의미에서는 언제나 한정된 것이라고도 말할 수 있습니다. 훨씬 '많은' 것이라는 말의 의미는, 개인이 결코 스스로의 전통 전체를 대표할 수 없다고 하는 것으로부터 논증될 수 있는 것이며, 언제나 한정된 것이라고 하는 것은, 전통이라는 추상이 여러 개인의 다양성을 결코 완전하게 확보해 놓을 수 없다는 점에서 논급될 수 있는 사실입니다.

그와 같이, 정토교와 대화한다는 것은, '정토교'(이 또한 하나의 추상입니다만)와의 대화보다 '넓은 대화'라고도 말할 수 있고, '보다 많은 한정을 받는 대화'라고도 말할 수 있습니다. 물론, 그것이 현대 일본의 지식인과의 대화 이상의 의미를 가짐은 틀림없는 사실입니다.

만약, 이러한 명백한 현실을 무시한다면, 우리들은 모든 불교도나 모든 기독교도들을 동일시해 버리는 우를 범하게 됩니다. 즉 그러한 사람들을 크게 한 덩어리로 만들어서 모습이 없는 존재나 사고의 '유형(type)'으로 설정해 버립니다. 그렇게 함으로써 우리는, 한 명의 기독교도를 향해서 "(이 문제에 대해) 당신들 기독교인들은 어떻게 생각합니까?"라는 식으로 질문해 버립니다. 이보다 더 심한 경우에는, 추상적 개념에 입술과 성대를 합쳐 버린 듯 "(이 문제에 대해) 기독교는 어떻게 말하고 있습니까?"라는 질문을 내뱉어 버립니다. 여기서의 '추상'은 역시나 애매하며, 또한 더 애매하게 만드는 효과를 낳습니다.

암묵(暗默)의 전제를 분명히 하여, 그것을 거부함으로써 배움

이문화(異文化) 간의 대화에 있어서 커다란 곤혹스러움을 일으키는 또 하나의 원인은, 상대로부터의 다양한 의문이나 도전에 대해서, 그러한 의미가 표면적인 레벨에서만 존재하고 있는 것처럼 받아들여 버리는 습관이 있다는 점입니다. 예를 들면, 우리는 아직도 "불교에 있어서의 신(God) 개념이란 대체 어떤 것인가?"라는 질문을 자주 받습니다. 그에 대한 (최초의 곤혹스러움과 망설임 뒤에) 불교도의 직관적인 반응은 불교의 신 개념을 무리하게 산출시켜 보려 한다는 점이었습니다. 그러한 유혹에 대해 타케다 선생님은 저항하고 계셨습니다.

어떤 의미에서는 불교도에게도 '신(神)적인 것(deity)'에 대한 개념이 있다고 말할 수 있을 것입니다. 그렇게 말할 수 없는 것은 결코 아닙니다. 또한 (이것도 많은 의미를 가지는 말입니다만, 그 안에 있는 한정된 의미에 있어서의) '유신론(theism)'과 불교와의 만남의 역사를 말하는 것도 가능할 것입니다. 하지만 한편으로는 이 물음 자체가 불교도에게 있어서는 무의미한 것에 불과하다고도 말할 수 있습니다.

그러나 어떤 사람에게 사활이 걸린 문제가 다른 사람에게는 무의미한 물음이 될 수도 있다고 할 때, 과연 그 두 사람 사이의 대화는 어떻게 가능할 수 있을까요? 우리들은 '성실한 대화'라는 문맥 가운데서 서로의 차이를 명확히 하여 받아들일 수 없는 전제를 거부하는 적절한 방법을 아직 발견하고 있지 못합니다. 대화에 있어서 우리들은 상위(相違)가 존재하는 가운데 상대를 받아들여 다른 사람이 경험한 것들의 가치를 인정하려고 열심히 노력합니다만, 그 이상의 단계는 그리 쉽게 실현될 수 있는 일이 아닙니다.

'흉내 냄' 없이 배움

타케다 선생님이 단지 흉내 내는 것에 대해서 거부하시는 모습은 저에게 매우 신선하게 다가왔습니다. 불교도 중에는 서양의 레토릭(rhetoric)이나 고정관념(stereo type)을 받아들이는 데 너무 열심인 나머지, 예를 들면, 자기 스스로를 '비합리적(非合理的)·직각적(直覺的)'이라고 설명하는 사람이 많았습니다.

하지만 타케다 선생님은, 정토교의 비역사적인 '구제 신화'가 가지는 독자적인 의의를 변명하고 계십니다. 그렇게 하심으로써 불교가 지닌 '암묵(暗黙)의 전제'를 재차 분명히 하여 명료하게 표현하시려고 노력하고 계십니다. 불교가 암묵 가운데서 전제하고 있는 것을 불교도가 아닌 사람들에게 설명하는 능력을 고양시켜 감으로써, 우리들 스스로가 그러한 전제에 대한 이해를 깊게 하여, 당연한 결과로서 그 내용들을 흥미 있는 방식으로 받아들이고 인식을 바꿔 가도록 이끄십니다.

저는, 타케다 선생님이 비역사성(非歷史性)을 '공성(空性)'의 일면으로 정리해 버리는 안이한 설명 방식을 받아들이는 것에는 저항하고 계시다는 점을 특히 반갑게 여깁니다. 저도 다른 곳에서 개최된 어떤 포럼에서, 불교의 '교학(신학)'을 '공성(空性)'과 '불이(不二)'에 대한 '동어반복적(同語反覆的)'인 진술로 환원시키려 하는 사람들과 견해를 달리한다는 입장을 표명한 적이 있기 때문입니다. '공'(혹은 그조차도 파악될 여지가 없는 '법계(法界)')이라는 말을 사용했다고 하더라도, 불교의 입장이 조금도 밝혀지지 않는 경우가 많습니다. 왜냐하면 언어를 초월한 것이라고 해 버리면, 말 그대로 이미 그 이상 말하는 것은 의미도 없으며 곤란한 일이 되는 것이기 때문입니다. 또한 불교의 호교론(護敎論)에는, 권위의 안식처로서 '비합리성·비논리성'에 필요 이상의 무게를 두는 경향이 있습니다만, 이것도 설득력이 없습니다. 왜냐하면, 그러한 논리로는 불교의 정밀한 교의체계와 레토릭의 풍부함이, 그 기반이 (언어를 넘어선) '공'이라는 것과 모순 관계에 놓여 버리기 때문입니다.

이 지점에서 저는 또다시 타케다 선생님의 발표로부터 많은 것을 배울 수 있었습니다. 타케다 선생님은, 불교와 기독교의 대화에 니시타니 케이지 선생님의 공헌을 한정적으로 평가하시고, 종래의 불교도가 "언어를 초월했다"라는 표현으로 호소해 왔던 것이 지니는 가치에 대해서 몇 가지 중요한 질문을 던지고 계십니다. 사실 불교가 지니는 권위의 원천은, 기독교의 경우처럼, 그 안에 면면히 흐르는 전통이며, 또한 권위 있는 텍스트(경전＝성서)와 사람의 언어(해석)입니다. 그러므로 불교도도 자신의 성전 해석학(hermeneutics)의 전통을 더 깊게 반성해 볼 필요가 있습니다. 이 점에 대해서는 다음 기회에 언급하고자 합니다. 그 전에 우선, 타케다 선생님의 발표문 가운데서 제가 풍부한 시사점을 발견한 마지막 포인트에 대해 한 마디 더 부연해 두고 싶습니다.

변화하는 새 지평 위에서의 배움

기독교에 대한 스즈키 다이세츠의 초기 저작과 이곳에서 살핀 타케다 선생님의 성찰을 비교해 보면, 우리가 사는 세계가 얼마나 변화해 왔는지를 잘 알 수 있습니다. 그것은 "진보했다"라든가, "이해가 한층 더 깊어졌다"라는 식으로 정리할 수 있는 성질의 변화는 아니라고 봅니다. 실제로 오늘 날의 우리는 우리 선배 세대의 불교도와 기독교도가 서로를 얼마나 깊이 이해하고 있었는지 혹은 그렇지 못했는지에 대해서 정확히 알 수가 없습니다. 양쪽 선배들 사이에 존재했던 차이에 비해 현대의 우리들 사이의 차이가 아마도 조금씩은 좁혀져서 작아지고 있지는 않을까 하는 정도는 말할 수 있다고 생각합니다. 하지만 그러한 안일한 생각으로부터 우리가 선배들보다 더 훌륭하게 서로를 이해할 수 있다는 식의 미망(迷妄)이 움틀 수 있습니다.

사실 우리들의 문화적 지평은 변천해 왔습니다. 그것은 앞으로도 변화해 갈 것이며, 그 변천은 끝없이 이어져 갈 것입니다. 따라서 우리들의 대화에는 단지 상대방의 질문에 답하여 자신을 정확하게 표현해 가는 것 이상의 의미가 담겨져 있습니다. 만일 내가 자신의 입장을 상대에게 설명한다면, 이 설명을 한다는 행위를 통해서 나의 입장은 어느새 바뀝니다. 만약 내가 대화에 참가한다면, 대화 속에 들어가 있는 나는 결국 대화에 참가하기 전의 나와 같지 않게 됩니다. 대화를 통해 변하는 것입니다.

불교도가 이 같은 단순한 사실에 대해 진지하게 생각하기 시작하고 있다는 점은 지극히 중요한 사실입니다. 즉, 기독교도에게만 한정하지 않고, 현대 혹은 포스트모던 사회를 사는 모든 사람들과 관계를 맺는 것을 통해서 불교가 얼마나 어떻게 변화해 왔는지, 그리고 향후에도 변화를 지속해 갈 것이라는 점에 대하여 진지하게 고민하는 작업이 필요하게 되어 있습니다. 그러한 고찰은 필연적으로 새로운 방향으로 우리들을 이끌어 갈 것입니다.

코멘트가 길어졌지만, 조금만 더 인내해 주시면, 남은 시

간에 이 대화의 새로운 방법에 대한 저의 생각을 말씀드릴
까 합니다. 불교도가 기독교도와 행하는 대화, 불교도끼리
행하는 (종파간의) 대화, 기독교 이외의 신앙을 가지는 타 종
교인들과의 대화, 신앙을 갖지 않은 무종교(無宗敎)인들과의
대화, 불교의 가르침을 실천하고 있는 사람들 혹은 확신이
없는 불교도와의 대화 등, 다양한 형태의 대화에 참가해 나
감에 있어서의 새로운 지침이 될 만한 것들을 몇 가지 제안
해 보고자 합니다.

새로운 방향

처음에 우리가 가장 당혹스러움을 느끼는 물음에 대해
생각해 봅시다. 두 문화 체계(시스템)의 전제가 너무 차이가
나기 때문에 그 두 문화가 만나는 것이 완전히 불가능하다
는 것이 있을 수 있겠습니까? 즉 문화적인 공약수가 전혀
존재하지 않는, 공약불가능(共約不可能, incommensurable)한 상
황이 있을 수 있는가 하는 것입니다. 만약 그런 사례가 있
다고 하면 그것은 어떤 경우일까요. 전통 밖에 있는 상대방
에게는 완전히 이해 불가능한, 그 문화 특유의 전통적인 사
고방식(바깥의 모든 것과 양립하지 않는다는 전제)에 유래하는 차
이점이라는 것은 존재하겠지요.

저의 이 코멘트가 다른 문화에 속하는 사람들에게는 상
호 이해가 불가능하다는 의미로서 오해 받을 걱정은 없다고

믿습니다. 사람에게는 버릇이나, 자기와 다른 사람에 대한 의식, 가치관, 감정 등의 면에서(같은 문화에 속하는 사람 간이나, 또는 다른 문화에 속하는 사람과의 사이에서도) 상대방에게 전달할 수 있지만, 공유하는 것은 불가능한 부분도 분명히 있을 거라고 생각합니다. 하지만 그보다도 제가 여기서 강조하고 싶은 것은, 상대방과 자신과의 사이에 양자를 멀리하는 깊은 골짜기가 존재하고 있음을 인정하는 것이 상호 이해를 증진시켜 나가는 데 있어서 중요한 것이라는 점입니다. 우리가 사는 세계에서는 쉽게 만날 수 없는 사정도 있으며, 또한 전혀 만나지 않는 경우도 있습니다. 때로는 우리의 경력이나 과거의 문화적 배경에서 오는 다양한 차이점이, 한 번이나 두 번, 혹은 100번 이상의 "정중한 대화"를 거친 후에도 해소될 수 없는 그 무엇이 있기 마련입니다. 이 단순한 사실을 받아들였을 때, 비로소 참된 의미로서의 대화나, 타인을 인정하는 여유와 관용을 가질 수 있게 됩니다.

이어서 저는 또 한 가지 주장을 하고 싶습니다. 즉 (이 문화에 속하는 것 같은) 우리들이 실제로 만남을 가질 경우, 그러한 기회는 자주 우리를 변화시키므로 그 과정을 거친 우리는 이미 과거의 우리가 아니라는 결과적 사실입니다. 오늘 날 조금이라도 대화가 가능하게 된 것은 온 세상 어디에서든 교양 있는 (주로 중산계급에 속하는) 지식인들이 어느 일정한 문화에 관련되는 전제(또는 사회경제적인 향상심)를 공유하고 있기 때문입니다. 그것은 교양 있는 (주로 귀족이나 성직자 계급에 속하는) 600년 전의 지식인들이 도저히 공유할 수 없었던 개방성입니다. 이러한 일련의 전제야말로 우리가 '현대'라는 이름으로 부르는 시대의 특질인 것입니다. 이 전제는 종교개혁이나 자본주의와 밀접한 관계가 있을 뿐만이 아니라, 서양의 개인주의나 자아의식이라는 것과도 깊이 관련되어 있습니다. 하지만 이 정도만으로는 여전히 불충분하다는 지적이 있듯이, 우리는 포스트모던이라 불리는 변혁이 일고 있는 지금 이 시대에 (현대를 특징짓는) 이러한 생각들조차도 그 일부는 근본적으로 바꾸어야 한다는 강력한 요청에 직면하고 있습니다.

하지만 불교도는 단념해야 하는 것은 아닙니다. 모더니티(modernity)와 포스트모더니티(post-modernity)에 의해서 불교의 본체를 다시 세워 갈 수 있을지도 모릅니다. 현대의 세속주의를 직면하면서, 그 본래성을 잃지 않고, 발언력을 유지하려고 애쓰는 기독교도들로부터 불교도들은 배울 수 있습니다. 불교도와 기독교도 모두가 어떻게 포스트모던이라 불리는 변혁(그 자체는 우리에게 많은 것을 가르쳐 줍니다만)으로 향해 나가면 좋은지, 모두 배우려는 겸허한 자세를 갖지 않으면 안 될 것입니다.

우리의 학문적 과거

타케다 선생님의 발표문에 동기 부여가 되었을 "불교는 기독교로부터 무엇을 배울 수 있을까?"라는 물음에 대해서 저는 조금 수정하는 편이 좋지 않을까 생각했던 것은, 위에서 말한 것과 같은 이유 때문입니다. 우리들이 물어야 하는 질문은, "어느 한 사람의 불교도로서의 나(아무개)는, 어느 한 사람의 기독교도(아무개)로부터 무엇을 배울 수 있을까?"라는 물음, 그리고 "우리는 기독교도가 배워 온 방법들로부터 무엇을 배울 수 있을까?"라는 물음이 아닐까 생각해 봅니다.

여기서 두 번째 물음의 의미는, 바꿔 말하면 "기독교가 다양한 시대나 지역의 사회·문화에 순응해 온 힘은 어디에 있을까?" 하는 물음과 다를 게 없습니다. 기독교는 그 초기 시대부터 실로 강력한 서양의 세속적 지(知)의 전통과 경합해야만 했습니다. 기독교와 서양의 세속적 전통 사이의 관계는, 아시아에 있어서의 각 종교 교단과 국가, 신앙과 사회의 밀접한 관계와는 비교되지 않을 정도로 어려운 상황에 놓여 있었던 것입니다. 불교에도 독자적인 학문 전통이 있습니다만, 지금의 불교도 기독교도가 걸어 온 것과 같은, 아리스토텔레스로부터 현대의 세속적 학문까지 가르치는 학교에 다니며 학문을 닦아야 할 시대가 되었다고 봅니다.

물론, 모두가 이러한 학교에서 좋은 성적을 거두고 있는 것은 아닙니다. 기독교도는 이론 편중의 세속적 학문과, 전통에 구속되는 종교적 학문 사이의 거센 파고를 극복해 가기 위해 지금껏 고생하고 있기 때문에, 성공과 실패가 뒤섞여 있는 모양새라 할 수 있습니다.

저는 또한 불교도와 기독교도의 대화에 대해 (불교도끼리의 대화에 대해서도 같습니다만) 학문적인 언설(discours)만이 대화의 기반이 되고 있다는 사실에 큰 염려를 갖고 있음을 솔직하게 말씀드립니다. 이와 같이 허심탄회하게 고백하는 이유는, 교육과 학문 용어상의 비교뿐만이 아니라 실제로 효력을 가지는 대화를 통해서도 두 종교 간의 대화가 이루어져야 한다는 것을 강조하기 위해서입니다. 즉, 저의 주장은, 어느 한 사람의 불교도가 어느 한 사람의 기독교도로부터 배워야 하는 것이 실로 중요한 의미를 지닌다는 것이며, 그것이 충분히 이해되어지길 바랍니다.

저는 '포스트모던 평론가들'이 대학의 학문 세계에 미치고 있는 과도한 영향력에 당혹스러움을 느끼고 있습니다. 하지만 전통적인 서양의 합리주의와 아카데믹한 학문에 대한 그들의 의심은 저도 공유하고 있습니다. 또한 저는 불교의 '교의학자'나 기독교의 신학자가 만들어낸 교의의 지적(知的)인 거대 구축물에 대해서도 의심의 눈초리를 보내고 있습니다. 문화평론가의 비평이 그러하듯이, 교의학자나 신학자의 지식편중주의도 그들의 특권과 추상의 산물에 불과합니다. '대화'라는 것은, 시대를 넘어 문화, 사회, 지(知)의 경계를 초월하고, 한 사람의 불교도나 또 한 사람의 기독교 인의 생활상의 일부를 구성하고 있는 종교 생활의 여러 모습을 어떠한 형태로 인정해 갈 수 있을지에 대한 의식을 기본으로 하지 않으면 안 됩니다.

신학이나 교의에 대한 반성도 종교 생활의 한 형태입니다만, 그것들은 생활의 한 단편으로도 상정되어 있지 않습니다. 우리의 대화에 생명을 불어 넣어야 하는 것은, 예를 들면, 신앙의 생각, 의식(儀式) 행위, 불의와의 일상적인 대결, 사랑의 결여, 고뇌 등등, 종교 생활 가운데 발생하는 여러 모습입니다.

남아 있는 문제

불교도는 기독교 신학자들이 서양의 합리성이나 현대성의 지배 하에서도 분투하며 나름의 길을 개척해 온 방법들을 배울 수 있습니다. 그처럼 배워 나감과 동시에, 종교적인 인간, 비종교적인 인간, 불교도, 비불교도 등 모든 인간 생활의 현실적 모습들도 시야에 넣지 않으면 안 됩니다.

마지막으로, 이러한 배움을 얻어감에 있어서, 여전히 남아 있는 몇 가지 분야를 서둘러 목록화 함으로써 저의 코멘트를 마치고자 합니다. 타케다 선생님은 '교의적인 응답'이란 어떻게 행해져야 하는가에 대한 하나의 모델을 제시해 주셨습니다. 여기서는 그와는 다른 종류의 응답에 대해서 몇 가지 생각나는 것들을 말씀드릴까 합니다. 이것은 '불교도의 응답'이라고는 말할 수 없을 것입니다. 오히려 '불교도들을 위한 응답'이라고 하는 편이 좋을지 모르겠습니다.

(1) 인간학, 혹은 교학적(敎學的) 인간학

우리는 우리가 이 세계에서 '인간'으로 존재한다는 의미를 이해하는 중요성을 기독교의 친구들로부터 배울 수 있습니다. 특히 '종말론적'인 운명론을 떠난 인간의 생명 그 자체의 고귀함에 대해서 더 깊게 고민해 볼 필요가 있습니다. 이것은 현대 사회를 살아가는 사람들의 요구에 대해서, 기독교가 보다 정통하고 있는 것 가운데 가장 좋은 사례 가운데 하나일 것입니다.

(2) 체계적 윤리에 기초한 교학

인간 존재에 대한 철학(인간학)은 윤리의 불교적 기반에 대해 더 체계적으로 모색할 것을 요구합니다. 불교도는 자주 '불교윤리'에 대해 자랑스러운 듯 이야기 합니다만, 인간의 행위에 대한 불교적 반성은 서양의 '윤리'라고 불리는 것이나, '도덕철학'과는 근본적 차이를 드러냅니다. 우리는 다음과 같이 방법을 새롭게 할 필요가 있습니다.

  (a) 불교의 '윤리'는 무엇에서 차이가 나타나는지, 어디에 특징이 있는지를 인식한다.

(b) 나아가 우리의 레토릭을 모던, 포스트모던의 문맥에 적합하도록 가다듬는다. 전통적으로 보면, 불교도의 윤리에 관한 고찰은 서양의 철학적 윤리에 비해 감정을 환기시키는 힘이 강하며, 의식에 의하여 깊이 결합되고 있습니다. 두 말할 필요도 없는 것입니다만, 아시아에 있어서의 '체계적' 사상이 서양의 철학자가 생각하는 것과는 다른 형태를 취하게 된 경과를 불교도도 비불교도도 더 진지하게 숙고해 볼 필요가 있습니다.

(3) 악에 대한 교학

'무지(無知)', 혹은 '근본적 오해'라는 의미의 '무명(無明, avidya)'로서의 악의 개념이 악의 존재에 대한 대답이 된다고 생각하는 가운데, 불교도는 자기만족에 빠져 있는 것처럼 보입니다. 괴로움을 '단순한 망상'으로 해석하는 견해는, 인간이 경험하는 고통이나, 정신적으로 병든 사람이 현실에서 경험하는 망상의 의미를 깎아내리는 것입니다. 업(業)과 무구(無垢)한 아이가 경험하는 괴로움에 대한 어떤 전통적 불교도의 견해에는 특히 무감각한 점이 많습니다.

(4) 정의에 대한 교학

불교적인 종말론에 의해서 정의의 문제가 해결된다고 생각하면서 불교도는 자기만족에 빠져 있는 것처럼 보입니다. 정의와 부정에 대한 불교도의 견실한 견해를 새롭게 모색하고 발견해낼 필요가 있습니다.

(5) 해석학(解釋學, A hermeneutic)

우리들은 불교도의 성전(聖典) 해석의 전통, 특히 해석 이론의 전통을 재검토하여, 사실과 역사적인 추론을 적극적으로 해석 작업 안에 도입한다는 방향으로 그 전체를 갱신해 나갈 필요가 있습니다.

(6) 보편교학(普遍敎學, An ecumenical theology)

우리들은 불교도 가운데에 (각 종파 간의) 대화가 갖는 가치를 인정할 필요가 있습니다. 여기서 제가 말하고자 하는 것은, '진정한 대화'이며, 거만하고 독선적인 견해 표명이나 무례한 대화의 기 싸움 같은 것이 아닙니다. 기독교의 에큐메니컬 신학 운동의 역사도 결코 화려하고 순탄한 과정이었다고만 말할 수 없겠습니다만, 종교적 관용이라는 것에 대하여 짧은 역사밖에 지니고 있지 않은 기독교가 불교도 이상으로 각 종파의 교회들을 묶어 내기 위해 노력하는 것을 보면 최근 수년간 크게 진보하고 있습니다.

제가 보기에, 불교도들에게 가장 임박한 여러 문제점, 혹은 불교도가 향후에 더 배워 나가야만 한다고 느끼는 분야는 이상의 것들입니다. 두 말할 필요도 없이 불교도들은 자신의 과거 사회적 역사를 되돌아보는 작업을 통해서도 많은 것을 배우지 않으면 안 됩니다. 기독교인들은 아시아의 '체계적' 사상이 현대 서양의 신학자가 생각하는 것과는 다른 형태를 취해 온 경과를 음미함으로써, 보다 많은 것들을 배울 수 있을 것입니다.

성령과 장소

- 성령신학의 기초 -

오노데라 이사오(小野寺功)

니시다와 기독교

이제부터 제가 발표하려는 주제는 '성령과 장소 – 성령신학의 기초'라고 되어 있습니다. 그러나 이것은 오히려 '기독교와 장소적 논리'라고 하는 것이 더 좋았을지도 모르겠습니다. 하여튼 조금은 특이한 주제라서 어떻게 이런 생각을 하게 되었는지를 설명하려고 합니다.

올해(1997년 당시)는 전후 52년이 되는 해인데, 지금 과거를 회고해보면 제 사상 형성에 큰 영향을 주었던 요인은 두 가지가 있다고 생각됩니다. 첫째는 제가 태어나 자란 토호쿠 이와테(東北岩手)의 풍토 체험입니다. 제 고향은 도와쵸(東和町)라는 곳인데, 그곳은 미야자와 켄지(宮澤賢治)가 이하도브(イーハトーヴ)라고 이름을 지은 하나마키(花卷)와 야나기다 쿠니오(柳田國男)의 『토오노 이야기(遠野物語)』로 유명한 토오노 지방 중간지대에 위치합니다. 옛날 죠오몽(繩文: 고대 일본 신석기 시대의 총칭) 문화권이었던 이 지역에는 일종의 애니미즘적인 형이상적 풍토성이 잠존하고 있어, 이 체질은

제가 기독교인이 되어서도 결코 완벽하게 배제하지 못한 부분이었습니다. 제가 그 후에 기독교의 삼위일체나 성령론에 관심을 가지고 성령신학의 수립을 향하게 된 원인(遠因)도 아마 여기에 있지 않을까 생각하고 있습니다.

둘째는 제 실존에 결정적 영향을 준 1945년 8월 15일 이후의 패전의 역사 체험입니다.

그때가 마침 청년기 때였고, 천황 중심의 황국사관에서 민주주의로의 가치관 전환이 있었기 때문에, 이때 적게나마 정신의 니힐리즘을 경험하였고, 그 때부터 본격적으로 숙고하기 시작했습니다. 그리고 전후의 혼란 속에서 사상적으로 편력한 끝에 기독교에 입신하였고, 특히 그것이 우연히도 가톨릭이었다는 것도 지금 생각해보면 어떤 섭리적 의미가 있었다고 봅니다.

그때 모든 것에 대해서 회의적이었던 제가 왜 특별히 가톨릭에 매력을 느끼고 깊이 들어가기 시작했는지는 지금 잘 설명할 수 없습니다. 단지 제 경우 망설임이 심했던 만큼, 지금까지 없는 일종의 '통합 원리'와 목숨을 건 '헌신성(獻身性)'이 가톨리시즘에 있다는 것을 직관하여 그것이 제 영혼의 재구축에 가장 필요하다고 생각했던 것입니다.

그래서 당시 제가 직관한 통합성이라는 것을 생각하면 가톨릭에는 명상이라고 하는, 선(禪)적인 수도성과 비슷한 것이 있습니다. 또한 그 외에도 정토교적인 연도(連禱)와 기도라는 면도 있고, 밀교(密敎)적인 비적(秘跡)과, 일련종(日蓮

宗)적인 예언적 종말 의식도 있습니다. 게다가 이 다양한 요소들이 일종의 통합 원리에 의해 신비하게 정리되어 있음을 깨달았습니다. 이 통합은 외부에서 보면 교황에 의한 조직적 통일이라고도 생각할 수 있지만, 내부에서 본 경우는 그 원리가 '삼위일체론'에 의한 것임이 저에게도 점차 알려지게 되었습니다. 이것은 특히 H. 듀몰랭 신부님의 지도하에서 아우구스티누스의 『신국론(De Civitate Dei)』을 연구하고 있는 동안 깨달은 것입니다.

또 제가 어렸을 때 영향을 받은 사상가는 도스토예프스키, 톨스토이, 블라디미르 솔로브예프, 그리고 베르쟈예프 같은 동방교회 계통의 사상가인데, 기독교의 원천도 그들을 통해 배웠습니다. 그들에 의하면 기독교의 핵심은 아버지와 아들과 성령의 '삼위일체' 하나님에 대한 믿음과 예수 그리스도를 하나님의 아들이라 믿는 '신인론(神人論)'에 있습니다. 저도 이에 깊이 공감하면서 현재에까지 이르렀습니다.

그러나 사정은 그렇게 간단하지는 않아서, 제가 기독교에 철저해지려고 하면 할수록, 역대응적(逆對應的)으로 인식되어 오는 문제가 있었습니다. 그것은 기독교가 일본인의 전통적인 감성과 주체적 자각에 어떻게 결합하는가 하는 문제였습니다.

이 점에 대해 가장 깊이 공감한 것은 우치무라 간조(內村鑑三)의 저작 『대표적인 일본인』의 독일어 역 서문에서 말하고 있는 다음과 같은 구절입니다.

하늘만으로는 아무리 순수하다고 해도 열매를 맺을 수 없다. 그리스도의 말씀이나 그 무엇이라고 해도, … 땅에 떨어지면 시든다. 그것은 선한 땅에 떨어져야 한다. 얼마 지나서 백 배 혹은 육십 배 혹은 삼십 배의 열매를 맺을 것이다. 하나님의 은혜는 하늘로부터도, 땅으로부터도 와야 한다. 그렇지 않으면 선한 열매는 맺을 수 없을 것이다.[1]

우치무라에게 기독교적 복음의 씨가 뿌려져야 할 '대지성(大地性)'에 해당하는 것은 구체적으로 자신의 배경을 형성해 왔으며, 아버지로부터 물려받은 무사도(武士道)를 가리키는 것이었습니다. 우치무라의 영향력의 위대함은 복음의 문화적 수육(受肉, Inculturation)에 있습니다. 그러나 이것은 무사도의 기본과는 아무런 관계가 없는 우리 세대, 특히 토호쿠 농민의 자식인 저에게는 전혀 낯선 것이었습니다.

그 후 저 나름대로 모색을 거듭하고 긴 시간을 걸쳐 생각한 후 바로 '이것이다'라고 실감할 수 있었던 것은 스즈키 다이세츠의 『일본적 영성』론과 그것을 관철하는 『대지의 사상』을 만났을 때였습니다. 제가 이런 생각에 얼마나 공명했는지 최초로 쓴 논문이 「전통과 창조의 과제로 본 일본적 영성의 이념」[2]이었다는 사실에서도 추측하실 수 있으리라고 생각합니다.

---

1 鈴木俊郎 訳, 『代表的日本人』, 13頁.
2 神奈川県私学教育推進会刊, 1969년.

또한 그와 관련하여 마침내 만났던 일본적 영성의 자각의 논리라고 할 니시다 철학은, 전에 배웠던 어떤 서양 철학보다 심금을 울렸으며, 기독교와도 상통하고, 서로 공명하는 것이 있다는 것을 실감했습니다. 이렇게 해서 점차 '니시다 철학과 기독교'라고 하는 평생에 걸친 연구 도식이 제 마음속에 어느덧 싹 텄습니다. 그러나 이것은 너무나 큰 과제였으므로 양자를 어떻게 통합해 나갈 것인지, 처음에는 전혀 단서조차 잡을 수 없는 상태였습니다.

그러나 꾸준히 작업하는 동안 그 근저도 점차 밝혀지다가, 어느 날 갑자기 계시처럼 니시다 철학이 말하는 절대무의 장소는 기독교적으로 말하면, '삼위일체에 있어서 존재하는 장소'인 것을 명확히 이해하게 되었을 때, 데카르트의 '코기토 에르고 숨(Cogito ergo sum, 나는 생각한다, 그러므로 나는 존재한다)'도 이런 것이었구나 할 정도로 기뻤던 것을 기억하고 있습니다. 그리고 저의 이 도달점을 논문 형태로 정리한 것이 「장소적 논리와 기독교적 세계관」[3]입니다. 이것을 당시 즈시(逗子)에 계신 시모무라 토라타로(下村寅太郎) 선생님에 보내드렸을 때 받은 편지의 다음 내용은 혹시 이단적인 것으로 받아들여지지는 않았을까 하는 저의 망설임을 일소해 주셨습니다.

---

3 『カトリック研究』제25호, 1974년.

…… 기독교 신자가 아닌 사람의 무책임한 생각인지도 모르지만, 우리 일본인이 이해하고 있는 기독교는 유럽에서 역사적으로 형성된 기독교로서, 기독교 이해의 하나이므로 일본인에게는 일본인만의 기독교 이해가 있어도 좋다고 하기보다는, 기독교가 일본에 토착화되지 않으면 안 된다고 여겨집니다. 당신의 논문에서도 그 의도가 명확하게 느껴지는 것이지만, 그것을 정말로 라디칼(radical)하게 추진해야 하지 않을까 합니다.

유럽 기독교에 의해서 깊은 이해에 도달한다는 것은 감사할 일이지만, 유럽적 기독교에서는 이단이었다고 하더라도 그것이 반드시 기독교 그 자체에 대한 이단은 아니라는 기개[根性]가 있어도 좋지 않은가 하고 혼자 생각해보기도 합니다.

일본인에게 기독교는 무엇인가라는 것을 근본적으로 생각하는 것과 기성 신학 사상을 떠나 진정한 기독교 체험에 근거한 근원적인 물음을 다시 묻는 것, 그런 것을 공상해봅니다만, 아마도 한 미신자의 망언적 생각이겠지요. ……

저는 이상의 말에 힘을 얻어서 니시다 철학을 성령신학적으로 전개하는 것을 목표로 하게 되었습니다. 그리고 솔직히 저는 이 방향에서 처음으로 가톨릭 신학의 일본적 전개의 가능성을 확신하게 되었습니다. 그러기 위해서는 먼저 기독교의 성령론적 이해가 필수적이라고 생각합니다.

기독교의 성령논적 이해

이상 언급한 것은 말하자면 저의 예비적 고찰이지만, 오늘 심포지엄의 주제와 어떤 관계가 있는지 알 수 없거나, 직접 연결되지 않는 것처럼 보일지도 모릅니다. 그러나 저는 그렇지 않다고 생각합니다.

왜냐하면 저는 솔직히 니시다 철학에 접하기 전까지 불교와 기독교는 어떤 접점도 없다고 생각했습니다. 그런데 니시다 철학의 유저(遺著)이라고도 할 『장소적 논리와 종교적 세계관』(역자주 - 이 책은 〈난진종교문화연구소 연구총서시리즈 1〉로서 정우서적에서 출판되어 있다)에서는 이 양극단에 입각하는 근저(根底)가 응시되어 있어서 크게 계발되고 배울 점이 있었습니다.

그것은 종래의 기독교 이해에 있어서는 하나님과 인간이 왜, 그리고 어떻게 결합하는지, 그 근저의 구조가 그다지 명확하지 않았던 것처럼 보이기 때문입니다. 믿으라, 믿으라 하는 말만으로는 도저히 승복할 수 없었습니다.

대체로 지금까지 서양에서 주류를 이루어 온 전통적인 기독교 신학은 주로 '신앙과 이성'이라는 양대 계기에 의해 전개되어 왔다고 생각합니다. 그리고 이 두 계기는 중세기에 한번 굳은 악수를 하였지만, 현대의 루터 이후 다시 분열되었고, 마침내 그들을 통합하는 결정적인 원리를 찾지 못한 채 오늘에 이르러 현대의 위기를 만들어내고 있는 것이 아닐까 합니다.

이 점에 대해 저는 오래 전부터 이 아포리아를 극복하는 열쇠는 어쩌면 일본적 영성의 철학 및 논리에 있는 것이 아닐까 생각해 왔습니다. 왜냐하면 스즈키 다이세츠, 니시다 기타로, 타나베 하지메 등 일본의 대표적 사상가들에게는 '신앙과 이성'이라는 이원적 도식이 내재적으로 돌파되어 '신앙과 깨달음'이라는 관점에서 '절대무와 하나님'이라는 삼위일체의 관계의 가장 깊은 근저가 밝혀지고 있기 때문입니다. 그리고 이를 통해 처음으로 유(有)의 종교와 무(無)의 종교가 어떻게 관련되는지 묻게 됩니다. 이러한 배경에서 제가 지금까지 다루어 온 '일본인과 기독교'의 근본 문제는 '절대무와 하나님'의 문제로 집약되며, 그것을 둘러싸고 전개되었습니다.

시간이 별로 없기 때문에 도중 경과는 생략하지만, 그 결과 제가 발견한 것은 니시다 철학을 매개로 한 기독교 신학의 가장 적합한 형태는 성령신학이며, 그 장소적 논리는 성령론적 사고 논리로 생각해야 한다는 것이었습니다.

니시다 철학이 도달한 절대무의 장소는 기독교적으로는 삼위일체의 장소임에 틀림없고, 성령이 편만(遍滿)하는 장소로 간주되어야 합니다. 이렇게 니시다 철학의 무의 장소에 대한 성령론적인 해석은 저의 의견뿐만 아니라 무토 카즈오 선생님이 『신학·종교 철학적 논집』I (창문사, 1980), Ⅱ (1986), Ⅲ(1993)에서 도달하신 결론과도 거의 일치합니다.

그리고 선생님은 만년에 특히 기독교 성령론적 이해의 필요성을 강하게 의식하고 계셨던 것입니다.

이러한 이유로, 제가 굳이 '성령과 장소'의 문제를 거론하는 것은 지금까지의 기독교에서 별로 고찰되지 못했던 성령론적 사고와 논리를 해명하고, 영성적 자각이라는 관점에서 '신앙과 이성' 사이의 새로운 빛을 찾아내고자 하는 하나의 시도와 다름 아닙니다.

그런데 성령문제가 기독교 이해의 열쇠인 것에 대해 성경 속에는 많은 예증이 있습니다. 그것은 특히 예수의 수난과 예수가 돌아가시기 전날 유월절 식사 때 하신 고별의 말 속에서 다음과 같이 예고하고 있는 것을 보아도 분명합니다.

나는 너희와 함께 있는 동안에 여러 가지 이야기를 들려주었거니와 이제 아버지께서 내 이름으로 보내 주실 성령 곧 그 협조자는 모든 것을 너희에게 가르쳐 주실 뿐만 아니라 내가 너희에게 한 말을 모두 되새기게 하여 주실 것이다.(「요한복음」 14장 25~26절)

또한 「요한복음」 14장 16절에서는 이 '진리의 영'을 '다른 보혜사'라고 부르면서 자신과 분명히 구별하고 계십니다. 이것은 성령의 인도를 가리키는 것으로, 예수가 어느 날 밤 니고데모에게 말씀하셨던 "물과 성령으로 새로 나지 않으면 아무도 하느님 나라에 들어갈 수 없다"(「요한복음」 3장 5~6절)는 말과 깊이 관련되는 내용입니다.

그리고 이러한 것은 생전에 예수가 몸으로 나타내신 말과 행위의 전체 의미를 이해하는 열쇠가 성령의 역사와 그 '자각'에 있다는 것을 말해 주는 매우 중요한 증언입니다. 이것으로부터 판단해 보건대, 성령의 역사는 '영성 자각'을 촉구하는 배후(背後)의 신인 것이 분명합니다.

  예수 자신에 의해 나타난 성령 이해의 핵심은 사도 바울의 신앙 체험에 정확하게 계승되어서 멀리까지 메아리치고 있어서, "성령에 의하지 않으면 아무도 '예수는 주(主)이시다'고 말할 수 없다"(「고린도 전서」 12장 3절)라는 말씀으로 훌륭하게 결실을 맺고 있습니다.

  다음으로 이 영(靈)이라는 단어에 대해 설명하면, 원어에 해당하는 히브리어는 루아(Ruah), 그리스어로는 프뉴마(Pneuma), 라틴어로는 스피리투스(Spiritus)로 번역되어 있습니다. 모두 숨이나 바람을 의미하는 말로서, 거기에서 발전하여 생명, 영, 영혼 등을 가리키게 되었다고 생각됩니다. 구약성경에도 "여호와 하나님이 땅의 흙으로 사람을 형성하고 생기를 그 코에 불어 넣어, 사람이 살게 되었다"(「창세기」 2장 7절)라고 되어 있어서, 영은 인간의 근본 규정으로 여겨지고 있습니다. 신 자신이 영이지만 신의 영과 만난 인간이 눈을 떠서 영적 인간으로 일어섭니다. 예언자 등은 그 좋은 예이지요. 그리고 구약을 관통하는 이 영의 전통[靈統]은 예수에게 계승되었고 이것은 십자가에서 돌아가실 때 속으로부터 우러나오는 절규, '아버지 내 영을 주의 손에 부탁하나이다'(「누가복음」 23장 46절)라는 말에 단적으로 나타나고 있습니다.

그리고 신약성경에서 영성은 더욱 중요한 역할을 하게 됩니다. 예를 들어 바울은 「데살로니가전서」 5장에서 인간은 영과 혼과 몸으로 이루어졌다고 보고 있습니다. 그러나 그것이 인간의 삶의 방식에 의해서 영의 사람과 육의 사람이 대립된다고 간주되고 있는 것 같습니다. 이런 의미에서 '영'은 자신의 가장 깊은 수준에서 자기와 만나고, 다른 사람과 만나며, 신과도 만나게 되는 유일한 열린 장소라고 생각합니다. 그러나 이처럼 중요한 하나님의 영과 인간의 영이 어떻게 관계하는가 하는 문제는 최근까지 거의 논의가 되지 못하였습니다. 근대에 들어와서 기독교적 인간 이해에 있어서 영의 의의를 정면으로 다룬 것은 아마도 키에르케고르일 것입니다. 그 영향을 받은 하이데거는 현대를 '존재 망각'의 시대라고 하지만, 이것은 오히려 '영성 망각'이라고 부르는 것이 더 적절하지 않을까 하고 저는 생각합니다.

그러나 최근에는 갑자기 양상이 바뀌면서 다시 영성과 성령 계기의 중요성이 주목받게 되었습니다. 그것은 예를 들어, 대표적인 현대 가톨릭 신학자 칼 라너의 '초자연 실존 규정(übernaturliches Existential)'이라는 기본 개념에도 등장합니다. 이것은 분명히 인간 안에 있는 '하나님의 장'으로서의 영성을 가리킵니다. 그리고 거기에서 '익명의 그리스도인(anonyme Christen)' 같은 사상이 나오는 것이라고 생각합니다.

또 하나의 예는 1986년에 나온 교황 요한 바오로 2세의 회칙 '주 성령 – 생명을 주신 주님(Dominum et Vivificantem)' 입니다. 이것을 읽어 보면, 21세기를 눈앞에 둔 가톨릭교회의 자세를 꽤 잘 파악할 수 있습니다. 첫 번째로 우선 들 수 있는 것은 예수 그리스도가 오기 이전의 성령의 활동에 대해서 관심을 보이고, 교회 밖의 세계에도 진리의 빛과 구원의 가능성이 있다는 것을 인정한다는 점입니다. 두 번째로는 초대 교회와 마찬가지로 '성령에서 그리스도를 통해서 아버지에게로'와, 자기의 근저에 돌아가서 신을 보는 '내재적 초월'의 방향이 지금까지보다 더욱 강조되어 있는 것 등입니다.

이와 같이 제2차 바티칸 공의회 이후의 가톨릭 노선은 인간의 내재적 방향으로 초월하는 신과의 만남을 공식적으로 선언하고 있으므로, 아무래도 성령론적 사고와 논리가 문제가 되지 않을 수 없습니다. 거기에 제가 지금까지 탐구해 왔던 '장소적 논리와 기독교'의 필연적인 관계가 등장한다고 생각합니다.

성령적 사고와 장소적 논리

다음에 밝히고 싶은 것은 니시다 철학이 말하는 장소적 논리는 기독교적으로 말하면 성령론적 사고의 논리와 가장 잘 어울린다는 제 주장에 대해서입니다.

니시다 철학의 장소적 논리가 성령론적 사고의 논리와 어울리는 이유는, 니시다의 장소적 논리는 원래 스즈키 다이세츠가 말하는 일본적 영성의 자각의 논리화라고 해도 좋은 것이어서 그 토대가 영성이라는 점에서 공통성이 있다고 볼 수 있기 때문입니다. 게다가 성령론적 생각은 주체 그 자체로 진리의 영에 어울리는 것이어야 하며 객체화할 수 없습니다. 만약 이것을 '~에 관하여 안다'와 같이 과학적으로 대상화한다면 영성적 진실을 있는 그대로 해석할 수 없습니다. 이러한 내용에 대해서 니시다는 스즈키 다이세츠에게 보내는 서신에서 다음과 같은 말을 쓰고 있습니다.

다이세츠 군, 나는 지금 종교에 관해서 쓰고 있어요. 대체로 기존의 대상 논리적인 견해로는 종교라는 것은 생각할 수 없고, 나의 모순적인 자기 동일의 논리, 즉 [자네가 말하는] 즉비(即非)의 논리가 아니어서는 안 된다는 것을 분명히 하고 싶은 것이지요. 나는 즉비의 반야(般若)적 입장으로부터 사람, 즉 인격을 도출해 내고 싶은 것입니다. 그리고 그것을 현실의 역사 세계와 결합시키고자 합니다.[4]

이것은 제가 생각하는 성령론적 신학의 입장에서 보더라도 매우 중요한 발언이며, 성령론적 사고에서는 성령의 역사와 나의 주체가 일치하는 영성적 자각이 아니어서는 안

---

4 昭和 20년(1945년) 3월 11일 付.

된다는 점을 나타내고 있습니다. 만약 이 주체 사이의 일치를 '신앙'이라고 부른다면, 성령론적 사고는 무엇보다도 성령에 대한 신앙과 결부된 것이라고 해도 좋을 것입니다.

그런 의미에서 보면 니시다가『장소적 논리와 종교적 세계관』의 서두에서 언급하는 다음의 말은 성령론적 사고의 사실을 가리킨다고 할 수 있습니다. "종교는 심령상의 사실이다. 철학자가 자기의 체계 위에서 종교를 조작하면 안 된다. 철학자는 이 '심령상의 사실'을 설명해야 한다."[5]

따라서 이 영성적 사실을 '있는 그대로' 설명하는 방법은 '영성적 자각' 이외에는 없습니다. 그리고 니시다에 따르면 이 영성적 자각의 논리가 '절대 모순적 자기동일'이라는 것입니다. 그렇다면 성령론적 사고에도 동일한 논리가 작동한다고 할 수 있지 않을까 합니다. 그리고 그것을 아리가 테츠타로 씨가 지적하고 있습니다. 그분이 말하는 성령 체험은 새로운 사상이 태어날 모태가 될 것으로 사료됩니다.

성령 체험이 그 자체 안에 논리의 태동을 가지고 있으며, 그 계기를 프뉴마톨로기아(pneumatorogia)라고 부를 수 있다. 프뉴마톨로기아를 출발점으로 해서 기독교적 하야토로기아가 전개된다. 그리고 그것이 곧 온톨로기아와 결합해서 교리적, 신학적 기독교가 형성되는 것이다.[6]

---

5 『西田幾多郎全集』제11권(岩波書店, 1949년), 372~373頁.
　[이하에서는『全集』이라고 표기하겠다.]
6 『キリスト教思想における存在論の問題』(創文社, 1969年), 217頁.

이것은 제가 보기에는 실로 뛰어난 견해라고 할 수 있지만, 이 논리가 어떠한 성격의 것인지는 밝혀지지 않고 있습니다. 그러나 일단은 하나님과 인간과 세계의 관계에 대한 재조정을 포함한 '역사의 논리'라는 식으로는 말해지고 있습니다만 …….

이에 대해 저는 성령론적 사고의 논리는 바로 니시다가 말하는 '절대무의 장소'의 논리가 되어야 한다고 생각합니다. 이러한 의미에서 제가 수립하고자 하는 것은 칼 바르트가 말년에 암시했다고 하는 제3항의 신학의 확립이며, '니시다 철학으로부터 성령신학으로'의 길을 타개해 나가는 것입니다. 일본에서 제일 먼저 이 문제의 중요성에 주목해서 본격적으로 사유하고 계시는 분으로는 '신학적·종교 철학'의 확립을 목표로 하시는 무토 카즈오 선생님이 있으십니다. 또 이것에 가까운 입장으로는 오다가키 마사야 선생님의 『현대 사상 속에 하나님 – 현대의 성령론』(신지서방, 1988) 과 『낭만주의와 현대 신학』(창문사, 1992) 등을 들 수 있다고 생각하고 있습니다.

무토 선생님의 목적은 이미 오다가키 선생님이 언급하셨지만, 어디까지나 그리스도인으로서 믿음을 견지하면서도, 자신의 신학적 입장을 넘어 철학의 영역과 기독교 이외의 종교에 대해서도 가능한 한 열린 태도를 취하려고 하는 데에 있다고 생각합니다. 그리고 이것은 당연히 그 범위 안에 니시다, 다나베, 니시타니 등 교토학파의 불교 철학의 전통을 포함하게 됩니다.

이러한 무토 종교 철학의 특색을 든다면 다음과 같은 세 가지를 지적할 수 있다고 생각합니다.

1. '기독교와 무의 사상'에서 볼 수 있듯이, 기독교 신학의 핵심에 니시다 철학의 '무의 장소'의 사상을 도입하여 자신의 입장을 유의 신학에서 무의 신학까지 전환하여 깊어진다.
2. 나아가 신학적 접근이 계시 종교로서의 '초월적 내재'의 신에 입각하면서도, 니시다 철학에 영감을 받아서 '내재적 초월'의 신을 향하는 국면을 타개한다.
3. 그리고 마지막으로, 이러한 시도가 '기독교의 성령론적 이해'에 의해서 비로소 가능해진다.

이 가운데 왜 기독교 신학에 '무의 장소'를 도입하는가에 대해서는 특히 설명이 필요할 것입니다. 이 점에 대해 무토 선생님은 그것은 기독교적 입장에서 보면 '무의 장소'인 동시에 '성령이 두루 차고 넘치는 장소'라고 이해하려 한다고 말씀하십니다. 나아가 '불교와 기독교'의 상호 이해는 자연 신학적인 유(有)의 입장에서는 성립되지 않고, 영으로 채워진 '무(無)의 장소'에서만 가능하다고 해석하고 계십니다.

그러면 '유의 해석학'과 '무의 해석학'은 도대체 어떻게 연관되는가 하는 문제도 등장하겠습니다. 그러나 선생님은 거기까지는 들어가시지 않으셨습니다. 선생님은 늘 '성령의 종교'로서의 기독교는 일본적 영성과 결합할 뿐만 아니라, 새로운 종교 개혁으로 이어지는 세계 보편적인 것을 내포하고 있다고 말씀하셨습니다.

그리고 일본적 영성은 세계적 영의 특수한 제한이며, 거기서도 유(類), 종(種), 개(個)의 상호 제한을 생각하지 않을 수 없다는 것이 선생님의 만년의 생각이었습니다. 그리고 이 점에서 '타나베 철학과 기독교'나 '니시타니 종교 철학과 기독교'를 다루신 것은 어떤 의미에서 선생님 나름의 성령론적 신학을 구체화하기 위한 시도였다고 해도 좋을 것입니다.

삼위일체 장소의 해석

무토 선생님의 생각은 제 기본적인 생각과 일치하였고, 제 마음에는 다시 성령론적 신학의 가능성에 대한 희망이 넘치게 되었습니다.

그러나 한편으로는 이와 같이 성령을 강조하는 사상에 접하면, 기독론과 신론을 소홀히 하는 것처럼 느끼는 사람이 있을지도 모릅니다. 그러나 이것은 결코 전제가 되고 있는 기독론적 생각을 무시하거나 경시하는 것이 아닙니다. 오히려 그 신앙 내용의 영성적 자각이 깊어져 가는 작업입니다. 그런 의미에서 성령론적 사고는 삼위일체론적이며, 그것에 생명을 불어 넣는 것이라고 할 수 있습니다.

왜냐하면 N. 베르쟈예프가 말한 대로, "성삼위일체는 단지 종합적이고 완전한 성령의 제3의 계시에 있어서만 나타난다"[7]고 생각되기 때문입니다. 다만 베르쟈예프의 경우 성령신학을 신학으로서 성립시키는 논리가 반드시 명확하다고는 할 수 없습니다. 제가 성령론적 사고와 장소적 논리의 관계를 분명히 하려고 하는 것은 바로 이 신학적 논리를 확립하기 위한 것입니다. 그 위에서 저는 니시다 철학에 삼위일체론을 재고하고 그 결과 니시다의 '절대무의 장소'는 '삼위일체에 있어서 존재하는 장소'라는 견해를 가지게 되었습니다. 이 생각에 의해서 니시다 철학의 이념이 궁극까지 관철되는 동시에, 복음의 본질도 그 근본부터 더욱 풍부하게 개시된다고 생각합니다. 흔히 기독교는 사랑의 종교라고 하지만, 그러나 반드시 거기에만 머무는 것은 아니라고 생각합니다. 또한 그 깊은 안쪽에 삼위일체의 내적 생명 활동에 참여한다고 하는 궁극적 사실이 있는 것은 아닐까 합니다. 그리고 이 신화(神化, theosis)의 가르침과 내적 결합에 의해서 기독교 논리도 비로소 그 생명과 실천력을 얻을 것이라고 생각합니다.

그런데 이 삼위일체에 내용에 대해서 말씀드리자면, 지금까지 유럽 전통 신학의 기초가 되었던 아우구스티누스의 삼위일체론은 '하나의 본성, 세 위격(una substantia tres personae)'으로 규정되었고, 이것을 바탕으로 해서 해석되어 왔습

---

7 N.베르쟈예프, 田口貞夫 訳, 『ロシア思想史』(創文社, 1958年), 248頁.

니다.

저는 이제까지도 이 규정은 기본적으로 옳다고 믿고 있지만, 삼위일체의 일(一)에 대한 해석에 대해서는 체험적으로 위화감을 가지고 느끼고 있으며, '삼위일체인 신의 장'은 오히려 '절대무'라고 해야 하지 않을까 생각하게 되었습니다. 왜냐하면 아버지와 아들과 성령의 삼위일체의 '一性(일성)'이 유(有)라고 하면 절대유로서의 삼위를 포함할 수 없으므로 결국 사위일체(四位一體)가 된다고 생각하기 때문입니다.

그러나 한편 이와는 반대로, 삼위일체의 장소가 '절대무'로 해석되는 경우에는 삼위는 비로서 진정한 장소를 얻을 것이고, 이 장소는 절대적인 무아애(無我愛, agape)가 발로되는 장소가 될 것입니다. 이렇게 해서 비로소 삼위일체의 전일적(全一的)인 관계를 '절대무 즉 절대유'라고 볼 수 있으며, 진정으로 동양 의식에 기초한 기독교 해석이 가능하게 됩니다. 이것이 이번 발표에서 제가 가장 강조하고 싶은 점입니다.

저의 이 해석을 통해 '초월적 내재'의 방향과 '내재적 초월'의 방향이 처음으로 진정 상즉(相卽)적으로 이해가 가능하며, 천계(天啓)와 지용(地湧)이라는 두 계시 양식도 삼위일체적으로 파악되며, 실제 신앙에 생명을 불어 넣을 수 있게 됩니다.

그런 의미에서 다음의 말은 삼위일체의 근저에 대한 발

언으로서 기독교 측에서도 충분히 주목해 볼만한 내용이 아닐까 생각합니다.

영원한 생명의 세계는, 기독교적으로 표현하자면, 그 근저에 있어서 성부·성자·성령의 절대 모순적 자기동일적인 삼위일체의 세계이다.[8]

그리고 이 내용의 진의는 오사카 모토키치로(逢阪元吉郎)에게 보낸 편지에 잘 나타나 있으며, 기독교에 있어서 이것은 가장 중요한 증언이라고 생각합니다.

제가 주장하는 소위 '무'는, '무'라는 말에 의해 사람들이 바로 상상하는 것과 같은 비인정(非人情)적인 것이 아닙니다. 제가 말하는 무의 자각이라는 것은 아가페(Agape)의 의미를 갖는 것으로서 삼위일체의 상호평등성(Co-equality)의 의미를 갖고 있다고 생각합니다.[9]

이것은 오사카라는 친한 목사에게 보내는 편지이기 때문에 본심이 토로되고 있으며, 따라서 가장 중요한 것이 엿보이는 내용입니다. 그러나 삼위일체론과 무의 장소의 관계까지는 생각되지 못하고 있습니다. 그래서 이것을 밝히는 것이 향후 일본의 신학이나 철학이 지고 갈 큰 과제라고 생각하는 것입니다.

---

8 『全集』제11권, 333頁.
9 『全集』제19권, 1953년, 465~466頁.

이렇게 생각해 보면 니시다 철학의 무의 장소는 제가 생각해온 '삼위일체에 있어서 존재하는 장'에 대해서 설명을 해 주고 있다고 해석할 수 있습니다. 그리고 제가 오랫동안 '니시다 철학과 기독교'라는 주제를 다루어 온 이유도 지금 생각하면 나름의 근거가 있었다는 생각이 듭니다.

그리고 또 한 가지, 저에게 매우 중요한 것은 기독교의 삼위일체의 논리 구조도 니시다의 절대무의 장소의 논리에 의해서 잘 이해될 수 있다는 점입니다.

이것은 이미 알고 계신다고 여겨지는데, 니시다의 장소 사상은 일반적으로 술어주의적 논리라고 불리며, 원래 판단론을 깊이 탐구함으로써 등장한 것이라고들 합니다. 자세한 설명은 생략하겠지만, 이를테면 그는 일본적 영성의 자각의 논리를 확립하기 위해 서구 철학을 대표하는 아리스토텔레스의 술어논리와 헤겔의 술어논리를 단서로 하면서, 이들을 비판적으로 초극하려고 한 것입니다.

이를 위해서 니시다가 평생에 걸쳐서 동서의 논리적 대질을 시도한 결과 발견해 내었던 것은 주어에서 술어를 거쳐 계사(繫辭)의 논리에로의 전환이었으며, 더욱이 이 세 가지 유형을 어떻게 통합할지가 그 최종적 과제였다고 생각합니다. 그러나 실제로는 니시다의 경우 동양적 세계관의 논리를 자리매김하는 데 그쳐 결국 '불교와 기독교'의 접점이 되는 '삼위일체에 있어서 존재하는 장'이라는 발상에 이르지는 못했다고 생각합니다. 그러나 그럼에도 불구하고 절대무의 장소의 논리를 확립해서 삼위일체의 장을 해석하는 데에 획기적인 공헌을 한 것으로 보아도 좋을 것입니다.

왜냐하면 칼 바르트가 기독교적 계시의 논리라고 간주한 삼위일체론과 자기의식의 표현인 명제 판단의 기초에 있는 주어, 술어, 계사 사이에는 깊은 대응이 있는 것처럼 생각되기 때문입니다.

저는 나름대로의 연구를 통해서 아리스토텔레스의 주어 논리는 존재 근거로 '아버지'에, 또한 헤겔로 대표되는 술어 논리는 대자태(對自態)로서의 로고스 근거인 '아들'에, 그리고 니시다의 계사 논리는 상호 매개적인 포괄자인 생명 근거로서의 '성령'에 대응한다고 생각하게 되었습니다.

근대에 이르러 삼위일체론과 명제판단의 구조의 일치와 중요성을 발견해서 철학적 변증법을 처음으로 생각해낸 것은 헤겔이었습니다. 이에 반해서 니시다는 헤겔의 과정 변증법을 넘어서 영성에 입각한 판단적 3원리의 동시적이고 동권적(同權的)인 기초를 마련하는 것을 목표하면서 절대 변증법의 입장에 도달한 것이라고 생각합니다.

그러나 이것은 앞에서도 보았듯이 삼위일체와 장소의 관계를 진정 종합적으로 해결하고 있는 것 같지는 않습니다. 그리고 이를 관계 짓는 유대야말로 절대모순적 자기동일 그 자체인 성령의 역사와 다름없다고 생각합니다. 그런 의미에서 제가 앞으로 전개하고자 노력하고 있는 것은 삼위일체의 장의 변증법이며, 이것이야말로 니시다가 '토폴로지 신학'이라고 불렀던 것이라고 생각합니다.

자각의 문제와 성령론

이상에서 일본적 영성을 자각하는 논리로서의 니시다 철학은 기독교적으로 삼위일체의 장의 신학에 해당하며, 그것을 촉진하는 것들이 있다는 것을 알 수 있습니다. 또한 이것을 더욱 압축해서 말하자면, 니시다 철학의 장소적 논리는 성령론적 사고의 논리이며, 거기서 '자각'의 문제와 결부된다는 것입니다. 단적으로 말해서 성령은 '자각'의 영입니다. 이렇게 생각하면, 제가 왜 성령론을 전개함에 있어서 니시다 철학을 상즉(相卽)시켜 왔는지 밝혀질 것입니다. 그것은 니시다에게 철학은 본질적으로 종교적 자각의 철학이며, 종교적 자각 자체의 표현과 다름없기 때문입니다. 종교적 자각 즉 철학, 철학 즉 종교적 자각이라는 사실은 지금까지 니시다 철학 이외에서는 눈에 띄지 않았습니다.

일반적으로 '자각'이라고 하면 데카르트처럼 '나는 생각한다, 그러므로 나는 존재한다'라는 합리적, 의식적 자기의 입장을 생각합니다. 그러나 이것은 니시다도 말했듯이 모순적, 자기동일적, 자각적 세계의 추상적인 입장을 의미하는 것에 지나지 않습니다. 그리고 절대모순적 자기동일의 세계란 '절대 사실의 세계'[10]이며, 동시에 스즈키 다이세츠의 '영

---

10 『全集』제10권, 1950년, 487頁.

성의 사실'을 가리킵니다. 그리고 이것은 니시다의 다음 말에 의해 뒷받침되고 있습니다.

우리 자기의 근저에는 어디까지나 자기를 넘은 것이 있다. 게다가 그것은 단순히 자기와 다른 것이 아니다. 자기 밖에 있는 것이 아니다. 거기에 우리 자기모순이 있다.[11]

이것은 '자기가 자기에서 자기를 보는' 자각의 입장이지만, 한편 '자기가 자기를 초월한 절대 타자에서 자기를 보는' 키르케고르의 입장과도 유비적입니다. 아마도 기독교적으로 본다면 '성령의 강림(降臨)'과 '성령의 이끄심', 또는 '성령 충만'(「사도행전」 9장 17절)에 대응할 것입니다. 성령이 자각이라는 것에 관해서는 성경에 많은 사례가 있습니다.

제자들이 예수께 가까이 와서 "저 사람들에게는 왜 비유로 말씀하십니까?" 하고 묻자 예수께서 이렇게 대답하셨다. "너희는 하늘나라의 신비를 알 수 있는 특권을 받았지만 다른 사람들은 받지 못하였다. 가진 사람은 더 받아 넉넉하게 되겠지만 못 가진 사람은 그 가진 것마저 빼앗길 것이다. 내가 그들에게 비유로 말하는 이유는 그들이 보아도 보지 못하고 들어도 듣지 못하고 깨닫지도 못하기 때문이다. 이사야가 '일찍이, 너희는 듣고 또 들어도 알아듣지 못하고, 보고 또 보아도 알아보지 못하리라. 이 백성이 마음의

---

11 『全集』제11권, 418~419頁.

문을 닫고 귀를 막고 눈을 감은 탓이니, 그렇지만 않다면 그
들이 눈으로 보고 귀로 듣고 마음으로 깨달아 돌아서서 마
침내 나한테 온전하게 고침을 받으리라'고 말하지 않았더냐?
그러나 너희의 눈은 볼 수 있으니 행복하고 귀는 들을 수
있으니 행복하다."(「마태복음」 13장 10~16절)

이것은 분명히 '신앙과 자각'을 말하고 있는 것이라고 생
각합니다. 그래서 우리들이 신앙의 길에 들어갈 때는 이러
한 입장의 절대적인 전환, 자기부정과 회심이 요구되는 것
입니다.

일찍이 신학자 구마노 요시타카(熊野義孝) 씨는 '니시다 철
학과 기독교'[12]에서 '우리들의 눈을 가지고 앞으로 기독교
신학(특히 일본의 신학)은 니시다 철학에서 배워야 한다. 부디
심사숙고하길 바라는 부분은 선생님의 자각을 이해하는 것
이라고 생각한다'고 썼는데, 저도 그렇게 생각합니다.

그런데 니시다가 '자각'의 문제를 가장 깊게 파고든 것은
『일반자의 자각적 체계』와 『무의 자각적 한정』이라는 저작
에서입니다. 그리고 여기에서는 '자각의 현상학'이라고 할
수 있는 형태로 종교적 삶의 모든 도정이 생성의 논리로서
기초되고 있습니다. 이 내용을 보면, 모두 성령신학의 확립
에 필수적인 자각의 체계 구조가 전개되고 있어서 크게 도
움이 됩니다.

---

12 『全集』제8권, 1948년, 부록.

제가 단순히 체험적인 성령론에 머무는 것이 아니라 성령신학의 확립을 목표로 하는 것은, 이를 통해서 현대사회의 근본 문제에 대답하려는 의도가 있기 때문입니다. 그리고 이것은 니시다도 말했듯이 '우리의 생명의 근본 사실로서, 학문과 도덕의 기본이 되어야 한다'[13]고 생각되기 때문입니다.

　거기에서 자각의 철학으로서의 니시다 철학에 있어서 가장 중요하다고 생각되는 점은, 그 자각의 깊이가 대상적인 유의 해석학에서 점차 무의 해석학의 단계로 미치고 있다는 점입니다.

　먼저 『일반자의 자각적 체계』를 보면 ① 판단적 일반자의 대상계라는 것이 생각되는데, 이것이 자연계입니다. 이어서 ② 의식계에서는 자각적 일반자가 되고, 나아가 ③ 사실계에 대응하는 것으로서 행위적 일반자 내지는 예지적 일반자가 말해집니다. 그러나 일반자는 이 세 가지 층으로 모두 파악되는 것이 아니라 ④ 더욱 그 근저를 감싸는 것으로서 절대무의 일반자가 상정됩니다.

　그리고 이러한 각 부문이 더욱 세밀하게 고찰되어, 예를 들면 '지적 예지의 자각', '정적 예지의 자각', '의적 예지의 자각'과 같이 분류되어 있습니다.

　여기에는 더 이상 깊이 들어가 설명할 수 없지만, 이를테면 가장 얕고 속된 자신으로부터 가장 깊은 종교적 자각에

---

13 『全集』제11권, 418頁.

이르는 '내재적 초월'의 과정은 '무의 자각적 한정'과 더불어 일본인의 사고방식을 잘 보여주는 것이라고 여겨집니다. 다시 한 번 강조하겠지만, 여기서 중요한 것은 유의 해석학에 대한 무의 세계의 해석학이라는 관점입니다.

분명히 이것은 우리들의 경험에서 보아도 알 수 있습니다. 자각이 깊지 못했던 때의 자신과, 다양한 경험을 거쳐 깊은 자각의 상태에 이른 자기는, 동일한 것에 대해 서로 다른 인식을 보입니다.

그것은 데카르트처럼 '나는 생각한다, 그러므로 나는 존재한다'라고 해도, 그 자각이 실존의 어느 위치로부터 말해지고 있는가 하는 것은 과정 전체로부터 판단되어야 합니다. 종래의 철학이나 신학은 '영성적 자각'의 문제를 충분히 규명하지 못하였습니다. 어느 쪽이었는가 하면, '신앙과 이성'이라는 이원론 도식으로 생각하는 경향이 있었던 것은 부정할 수 없습니다.

이에 대해 니시다는 한때 쿠카이(空海)가 『십주심론(十住心論)』에서 시도했던 것처럼, 일본의 정신사에서 볼 수 있는 감동의 심화(深化)라는 자각적 경험을 '순수 경험'이라는 개념에 의해서 처음으로 체계화하기 시작했던 것입니다. 그리고 이를 체계화함에 있어서 '장소'의 사상이 계기가 되어 유의 입장에서 『일반자의 자각적 체계』가, 무의 입장에서 『무의 자각적 한정』이 집필되었던 것입니다. 그리고 이 왕환(往還) 양면이 자각의 실체라는 것입니다.

그리고 이것이 바로 인간 정신의 원형을 보여주는 것이라고 한다면, 구약에서 신약으로 전개되는 성령 체험의 자각 과정에도 무의 세계의 해석학을 적용하면 효과적이라고 생각합니다.

니시다는 아우구스티누스의 『고백록』 머리 부분에 있는 '그대는 우리를 그대를 향하게 만들었으므로, 우리의 마음은 그대 안에 쉴 때까지 편안하지 않습니다'라는 말을 인용한 후 다음과 같이 쓰고 있습니다. '종교는 이러한 영원한 생명의 요구가 아니어서는 안 된다. 즉 인간의 진정한 자각의 요구가 아니어서는 안 된다.'[14]

저는 인간이란 이러한 내발적인 자각의 연속으로 성장하는 것이며, 이 감동의 심화와 순수 경험에 의한 자각의 심화야말로 내부로부터 역사하며 내재적으로 초월하는 성령의 작용이라고 생각합니다.

내재적 초월의 그리스도

이상 저는 니시다 철학을 가까이 접하면서 성령신학의 성립 근거를 찾았으며, 니시다가 말하는 장소적 논리야말로 성령론적 사고의 논리화와 다름없다는 저의 의견을 개진하였습니다.

그러나 반면 니시다는 '기독교적인 입장에서는 동양적 입

---

14 『全集』제11권, 133~134頁.

장에 이를 수 없다'[15]라든지, '진정한 신은 신이라고 말해지는 것이 아니라 오히려 서양에서 신비주의자가 말했던 것처럼 신성(神性, Gottheit)이고, 반야(般若)의 공(空)이다'[16]라는 말도 하고 있어서 문제는 그렇게 간단하지 않습니다.

그러나 제가 지금까지 언급한 삼위일체의 장의 신학, 혹은 성령신학의 입장에서는 '절대무 즉 절대유'로 전일(全一)한 신을 생각할 수 있기 때문에, 이 모순은 이미 극복할 수 있습니다.

단지 이것은 전에 조금 언급하였듯이, 인격적인 삼위의 신 외에 근원적 절대자(신성)가 또 더해져서 사위일체가 된다는 말은 아닙니다. 그러나 여기에는 또 다른 큰 문제가 숨어 있어서, 삼위일체론이 현실의 인간의 문제와 어떻게 관계되는가 하는 문제가 제기됩니다.

현대인의 영혼의 문제에 날카로운 통찰을 가했던 융은 신은 인간의 자각적 의식에 현현한다고 생각했습니다. 따라서 기존의 삼위일체의 상징에는 자연(물질적, 성적, 본능적)에 작용하는 것이 부족하다고 여긴 나머지, 이들을 포함하는 사위일체(四位一體, quaternity)를 주장하였습니다. 또 '하나님에게 있어서의 자연'을 말했던 쉘링의 영향을 받은 폴 틸리히는 신 자체로서의 내적 삼위일체(intra Trinity)와 그것이 피조물과 관계하는 외적 삼위일체(extra Trinity)를 구별하고, 전

---

15 『全集』제11권, 474頁.
16 『全集』제11권, 131頁.

자를 존재의 근저로 간주하고 있습니다.

이 혁신적인 삼위일체적 범재신론(汎在神論, pan-en-theis-mus)은 제가 생각하고 있는 삼위일체의 장의 신학과 비슷하며, 성령이 무의식에 작용하여 참된 자기(로고스)를 탄생시킨다는 것이 잘 이해되고 있다고 생각합니다. 단지 저와의 차이점이라고 한다면, 틸리히에게는 절대무의 장소라는 발상이 없기 때문에 역시 유의 신학의 경향이 강하다고 생각합니다. 그러나 전체적으로 틸리히의 『조직신학(Systematic Theology)』(1963)에서 전개되고 있는 사유는 만년의 니시다 철학과 매우 유사한 것이어서, '내 인식론에 통하는 것'[17]이라고 말했던 것은 결코 우연이 아니라고 생각합니다.

또한 니시다는 칼 바르트의 변증법적 신학의 입장에 공감하면서도 그 문화론에는 반대하면서, 진정한 문화는 종교적으로 성립하고 진정한 종교는 문화적이지 않으면 안 된다고 생각하였습니다. 그리고 그는 참된 문화의 배후에 '숨은 신'을 예상하고 있으며, '내재적 초월'의 방향에 새로운 문화와 종교의 방향이 있다고 생각하고 있었던 것 같습니다.

그리고 『장소적 논리와 종교적 세계관』에서는 기독교에 대해서도 적극적으로 발언하고, 도스토예프스키를 인용하면서 '새로운 기독교적 세계는 내재적 초월의 그리스도에 의해 열릴지도 모른다'[18]고 말하고 있습니다.

---

17 『全集』제11권, 463頁.
18 『全集』제11권, 462頁.

그러면 여기서 말하고 있는 '내재적 초월의 그리스도'라는 수수께끼 같은 말은 도대체 무엇인가? 이것이야말로 제가 성령신학의 이름으로 추구해 온 가장 중요한 논점이었습니다. 그러나 니시다 자신은 이에 대해서 아무런 설명도 추가하지 않았습니다. 단지 대심문관에 접근하여 키스했던 '시종 그림자처럼 아무 말도 하지 않는 그리스도'라든가, '자연법이(自然法爾)적으로 우리들은 신 없는 곳에서 진정한 신을 본다'[19]고 말하고 있을 뿐입니다.

그러나 니시다 전집을 잘 검토해 보면, 니시다의 이 견해는『선의 연구』이래 일관된 것임을 알 수 있습니다. 예를 들어 거기에는 "에크하르트가 말한 신조차 잃어 버린 곳에서 참된 신을 본다"든가, "니콜라스 쿠자누스처럼 신은 유무(有無)를 초월해서 '신은 유이면서 무이다'라고 말하고 있다"[20]는 말이 엿보입니다.

그리고 이들은 후에 '자기부정에서 신을 보는 방향'[21]이라는 다른 말로 표현되고 있어서, '영성적 자각'을 근거로 한 생각임을 잘 알 수 있습니다.

이 '자기부정에서 신을 본다'라는 말은 기독교의 부정신학에 상통하지만, 니시다의 장소적 실재관을 설명한 것처럼 생각됩니다. 하지만 도대체 왜 '자기 부정에서'란 말인가요?

---

19 『全集』제11권, 462頁.
20 『全集』제1권, 1947년, 190頁.
21 『全集』제11권, 461頁.

그것은 아마도 우리의 자기는 본래 절대자의 자기 부정의 작용, 즉 신의 무아애(아가페)에 의해 성립된 것이므로, 반대로 인간도 자기부정적, 역대응적으로 신을 대한다는 종교관에서 비롯된 것이라고 생각됩니다.

그러므로 니시다가 생각하는 절대자는 철저하게 우리를 초월하면서도 절대사랑으로써 철저하게 자기부정적으로 우리를 감싸고 참으로 사람을 사람답게 하는 것입니다. 그리고 자기가 이처럼 절대자에게 감싸여 있다는 점에서 마음 깊은 곳으로부터의 당위(當爲)가 나온다고 생각합니다.

이렇게 보면 일본적 영성의 자각으로서의 철학은 제 입장에서 보자면 바로 삼위일체 신의 장이 성령론적 방향에서 고찰되는 것임을 잘 알 수 있습니다. 그리고 이렇게 생각하면 니시다가 말하는 '내재적 초월의 그리스도'에 이르는 길이 동방교회의 도스토프스키, 솔로브예프, 베르자예프가 말하는 '신화(神化)'의 길과 유비적이라는 점은 분명합니다. 그렇지 않다면 다음과 같은 문명사적 통찰이 나올 리가 없습니다.

오늘날 세계사적 입장에 서있는 일본 정신은 어디까지나 종말론적으로 심각하게 도스토예프스키적인 것을 포함하지 않으면 안 된다. 거기로부터 새로운 세계 문화의 출발점이 이루어지는 것이다.[22]

---

22 『全集』제11권, 462頁.

그리고 더 말해 본다면, 이 '내재적 초월의 그리스도'는 인격신(Gott)의 근저에서 초인격적인 신성(Gottheit)을 보고 영의 근저에서 '신의 아들의 탄생'을 설파했던 에크하르트와도 깊이 연결되는 문제입니다. 에크하르트와 신비주의의 문제는 니시타니 케이지 선생이 『절대무와 신』(홍문당, 1948)에서 말하고 있듯이, 기독교에 입각하면서도 불교와 상통하는 곳이 있으며, 게다가 자력문(自力門, 禪)과 타력문(他力門, 淨土宗)에 조응(照應)한다는 점에서 저에게는 매우 중요한 의미를 갖는 것입니다.

　그리고 제가 에크하르트의 신관에 대한 니시타니 선생의 이해로부터 배운 것은 피조물에 대한 계시의 신으로서의 '삼위일체의 인격신'과 그 근저로서의 '절대무의 신' 모두를 포함한 전체가 진정한 신의 형상으로 간주된다는 것이었습니다. 그리고 이 전일적인 신이 성령의 작용으로서 인간의 영 안에서 활동하고 우리의 내적 삶으로 돌파해 오는 사실을 에크하르트는 '신의 아들의 탄생'이라고 했던 것입니다. 여기에도 니시다가 '내재적 초월의 그리스도'라고 한 것의 유력한 근거가 있다고 생각합니다.

　이렇게 보면 저의 '삼위일체 있어서 있는 장소'의 발상은 삼위일체에 대한 신앙과 절대무의 자각을 함께 살려서 더욱더 포괄적인 종합성을 가진 새로운 사상의 입각지가 아닌가 하고 생각합니다.

성령신학의 가능성

이것은 상당히 오래된 일이지만 한때 가톨릭 신학자 페트로 네메세기 씨가 쓰신 '오늘의 가톨릭 신학'[23]을 읽고, 마음 깊이 감명을 받았던 적이 있었습니다. 그 책에서 네메세기 씨는 성서신학, 교부 신학, 스콜라 신학 등 차례차례로 흘러오는 많은 지식을 정리하는 통합상은 아직 없지만, 만약 억측이 허용된다고 한다면 삼위일체 신학이야말로 이 새로운 통합의 초점에 설 것이라고 했던 것을 기억합니다. 저는 이 말에 깊이 공명하면서도 단지 삼위일체에 '무의 장소'라는 발상이 도입되지 않으면 동양 사상과의 연결은 무리라고 생각하였습니다. 그러나 당시로서는 어떻게 진행할지 알 수 없었습니다. 그것이 어느 정도 구체화된 것은 성령론적 사고의 논리가 장소적 논리와 다름없음을 알게 된 때부터였다고 생각합니다. 그리고 이것이 곧 일본적 성령신학의 성립에 연결될 것이라고 느끼고 있었습니다.

그러나 이것은 여러 번 말씀드리지만, 제가 성령신학을 강조한다고 해서 신론과 기독론을 망각하고 있는 것은 아닙니다. 오히려 정반대입니다. 그것은 2세기의 이레니우스처럼 로고스와 성령을 신의 양손처럼 생각하는 삼일론(三一論)이 그 전제에 있고, 그것을 확신할 때 성령론에 전념할 수 있다는 말입니다.

---

[23] 『世紀』(中央出版社, 1995년), 제111호.

이런 생각을 발전시키기에 매우 도움이 된 것은 저와 같이 니시다 철학을 출발점으로 해서 바르트 신학을 깊이 이해함으로써 독창적인 임마누엘 신학에 의해 '불교와 기독교' 사이에 통로를 발견한 타키자와 카츠미 씨의 성과였다고 생각합니다. 그와 동시에 니시다 철학을 초월하는 철학과 논리의 측면에서 그를 계승·발전시킨 것은 '향존(響存) 철학'을 수립한 스즈키 토오루(鈴木 亨)의 체계적인 저작입니다.

이에 대해서 모든 사색의 발판이 된 것은 니시다 철학이었으며, 기독교 사상가로서는 바르트가 아니라 러시아 종교철학자 블라디미르 솔로프에프였습니다. 그리고 그의 '신인론(神人論)'과 '소피아론'으로부터 '삼위일체에 있어서 존재하는 장'이라는 독자적인 발상을 얻은 것입니다.

타키자와의 최후의 작업이 '순수 신인학(純粹神人學)'이며, 그것과 솔로브예프의 '신인론'이 유사하다는 점에 저는 섭리적인 것을 느끼지만, 제 경우는 그들을 계승하면서 또한 성령론적인 방향으로 기울어 있다고 할 수 있습니다.

그런 관점에서 보아 한두 가지 비판점을 언급하자면 다음과 같습니다. 저는 타키자와의 임마누엘론에 의해 깊이 계발되었지만, 선구자가 언제나 그러하듯이, 그 대부분이 '영원한 현재'의 원점지시(原點指示)로 시종하고 있으며 자각의 과정이 무시되는 경향이 있습니다. 이것이 성령론적 사고의 입장이라면 더욱 포용적이고 게다가 단계적일 수 있지 않을까 하고 저는 생각합니다.

또 하나는 타키자와 자신이 만년에 자주 문제로 삼았던 '예수는 그리스도이다'라는 경우의 '이다'라고 하는 계사(繫辭)를 쓰게 된 계기를 파악하는 것에 관한 문제입니다. 그는 판단에 있어서 계사 계기의 중요성을 충분히 인식하고 있던 것은 의심할 여지가 없습니다. 그러나 그는 계사의 논리를 삼위일체의 장의 논리로서 파악하지 않았기 때문에, 결국 신학으로서는 체계적으로 전개되지 못하였던 것입니다.

성서에 근거해서 검토해 보더라도, 신의 말씀으로서의 예수 그리스도의 생애는 철저하게 성령의 아들로 해석되고 있습니다. 성령에 의한 마리아의 처녀 잉태에서 시작해서, 세례 받을 때에도 성령을 받고 깊은 감동을 경험해서 공생애를 시작하였다고 쓰여 있습니다.(「마가복음」 1장 1~10절)

이어 성령의 인도에 의해 광야에서 악마의 시련을 극복하고, 때로는 성령에 의해 악령을 쫓아내고, 하나님의 뜻이라면 십자가의 고난도 회피하지 않으셨습니다.

또한 「요한복음」에 의하면 십자가에서의 마지막 장면에서 "예수께서는 신 포도주를 맛보신 다음 '이제 다 이루었다' 하시고 고개를 떨어뜨리시며 숨을 거두셨다"(「요한복음」 19장 30절)라고 적혀 있습니다. 그리고 마지막 부활의 비밀도 엠마오의 이야기처럼 성령의 역사와 무관하지 않다고 생각됩니다. 그러나 『성령의 교리(The Doctrine of the Holy Spirit)』(1964)의 H. 벌 코프가 지적하고 있는 것처럼, 바울과 요한에게서는 예수가 성령의 담당자라기보다는 성령이 보낸 사람으로 묘사되어 있습니다.

이 점을 감안하면, 예수를 그리스도답게 만드는 영은 널리 인류와 세계에서 활동하고 있었다는 것은 부인할 수 없는 사실입니다. 그리고 이것이 아마도 제1의의 임마누엘에 해당하는 것이지요. 그것이 예수가 죽은 이후 부활함으로 인해 그리스도의 영이 보내졌다는 것은 성령에 의한 순수자 각태의 '사실'을 가리키고, 이것이 제2의의 임마누엘이라고 보아도 좋을 것입니다.

그리고 이것이 「요한복음」 14장 2절에 있는 그리스도의 '장소(topos)'의 의미라고 생각합니다.

내 아버지 집에는 있을 곳이 많다. … 나는 너희가 있을 장소를 마련하러 간다. 만일 거기에 가서 너희가 있을 장소를 마련하면 다시 와서 너희를 데려다가 내가 있는 곳에 같이 있게 하겠다.(「요한복음」 14장 2절)

이 말은 '부활의 그리스도'를 가리키는 예고이며, 인간의 생활세계 속에서 신은 '무의 장소'에 서 있다는 사실을 분명하게 뒷받침합니다. 또한 그것은 동시에 인간의 세계가 신 안에 장소를 갖고 있다는 것을 보증하기도 한다고 생각됩니다.

저는 「요한복음」의 조용한 이 한마디야말로 '성령과 장소'에 대한 제 생각을 뒷받침해 주는 무엇보다 중요한 근거라고 생각하고 있습니다.

이상 여러 가지를 말씀드렸지만, 결국 목적은 일본적 성령신학의 확립에 있습니다. '니시다 철학으로부터 성령신학으로.' 이것이 제가 지금까지 추구해 온 길입니다. 미비한 점이 많이 있기 때문에 엄격한 비판을 주시면 감사하겠습니다.

코멘트

이시와키 요시후사(石脇慶總)

1. 태동하는 일본의 신학에 대하여

주제 넘는 말씀이 되겠습니다만, 일본의 신학에 관한 오노데라 선생님의 문제의식, 문제 제기 및 그 대답의 방향으로서의 성령신학의 제창에 대해서는 전면적으로 찬동합니다. 그러나 저는 공부가 너무나 모자라서 불교 교학이나 교토학파에 대해서는 완전히 문외한이므로, 이 점에 대한 코멘트는 양해해 주시기를 바랍니다. 다만 무식하면 용감하다고, 감히 한마디 감상을 말씀드려 보면 이렇습니다.

교토학파의 사람들이 우리의 경험을 넘으며, 따라서 지성의 언어가 의미를 가질 수 없는 영역에 대해서 깊이 사색하고, 가능한 한 그것을 언어로 나타내려고 노력하고 계시는 진지한 태도에 대해서는 깊은 공명과 존경을 느낍니다. 그러나 스콜라학을 겨우 따라가면서 배우려는 일개 학도의 입장에서 감히 말씀드린다면, 적어도 지성의 입장에 서서 개념이나 언어를 사용하는 한, 지성의 근본 원리인 모순율이나 그 언어적 표현은 존중해야 한다고 생각합니다. 또, 지성 외에 지성과 모순되는 다른 궁극적인 인식 능력(예를 들면 분별지와 질적으로 다른 지혜)이 인간에게 갖춰져 있다고는 생각되지 않습니다. 따라서 많은 것은 우리들이 알 수 없고, 알 수 없는 것은 말로써 표현할 수 없다는 것을 인정하지 않으면 안 된다고 생각합니다. 무리해서 말로 하지 않는 것이 좋은 것이 아닐까요? 그러나 알 수 없는 것이나 불가사의한 것은 그 자체로는 모순이 아닙니다. 신앙도 부조리를 무리하게 받아 수용하는 지성의 자기희생일 수 없습니다. 유(有)는 유라고 말해지는 한 유이며, 무(無, 空)는 단적으로 유의 부정으로밖에는 생각되지 않습니다. 무·공이 어떤 원천이 되는 일은 있을 수 없다고 생각합니다. 그러니까 '서양적 무'와 '동양적 무'가 같은가 다른가 하는 논의는 무의미하지 않을까요? 또 '절대 모순적 자기 동일'이라든가, '절대무의 장소'라는 표현은, 유감스럽지만 저로서는 그 의미를 잘 이해할 수 없다고 고백하는 것 이외에 달리 방법이 없습니다. 다만, 만약 그것이 기독교에서 말하는 비의(秘義, mysterium)를 나타내는 부호라고 한다면, 납득할 수 없는 것도 아닙니다. 비의는 지성을 무한히 초월하지만 지성으로 탐구하려는 노력이 모순되는 것은 아니라고 우리는 이해하고 있기 때문입니다. 어쨌든 말을 사용하는 한 말의 룰에 따르는 것이 온당하며 억지로 능력 이상의 부하(負荷)를 걸어서는 안 된다고 생각하기 때문에, 불가사의한 것을 모순적 표현으로 나타내려는 방법에 대해서는 의문을 느낍니다. 불가사의는 불가사의로 좋은 것이 아닐까요.

2. 기독교의 성령론적 이해에 대하여

위에서 말씀드렸듯이 오노데라 선생님의 취지에는 전면적으로 찬성입니다. 하지만 그 이론에 대해 비평적인 코멘트를 한다면, 저는 현대철학에 대해 너무 무지하고 무력하므로 선생님의 논의에 대한 발언은 삼가겠습니다. 그 대신 스콜라학의 범위 내에서도, 오노데라 선생님이 목표하고 계시는 '성령신학의 기초 마련'에 대해서는 어느 정도 생각해볼 수 있는 것은 아닌가 하여, 평소 생각하고 있던 것을 말씀드리면서 선생님의 고평(高評)을 여쭙고자 합니다.

성령신학이, 특히 서방 라틴 기독교에서 (그중에서도 로마 가톨릭교회에서) 충분히 발전, 심화되어 있지 않다는 것은 아마도 주지의 사실일 것입니다. 이것은 성령이 말씀과는 달리 사화(詞化)되기 어려운 생명, 사랑이기 때문이라고 생각합니다.

덧붙여서 교토학파의 철학에 의한 성령신학의 기초 짓기 내지는 심화라는 시도는 획기적으로 중요한 길의 하나가 틀림없다고 생각합니다. 원래 기독교 신앙을 어떠한 철학에 의해서 해석하고 설명할까 하는 문제는 자유라고 생각합니다. 해석의 학문으로서의 신학이라면 유일 절대의 신학이라고 하는 것은 생각하기 어려운 것입니다. 어느 신학이 유효한가, 아닌가의 기준은 신학이 준거하려는 철학이 신앙을 이해할 때의 설득성이 있는가, 없는가에 달려 있다고 여겨집니다.

1) 성령

'나는 성령을 믿는다.' 이것은 기독교도의 신앙입니다. 신
학적으로는 어떻게 설명할 수 있을까요?

토마스 아퀴나스[1]는 삼위일체의 신의 '내적구조'(만약 이와

---

1 Nomine "generationis" dupliciter utimur. Uno modo … et sic gen-
eratio nihil est aliud quam mutatio de non esse ad esse. Alio
modo, proprie in viventibus: et sic generatio significat originem ali-
cuius viventis a principio viventi coniuncto. Et hoc proprie dicitur
"nativitas." Non tamen omne huiusmodi dicitur genitum, sed proprie
quod procedit secundum rationem similitudinis. Unde pilus vel cap-
illus non habet rationem geniti et filii, sed solum quod procedit se-
cundum rationem similitudinis: non cuiuscumque, nam vermes qui
generantur in animalibus, non habent rationem generationis et fili-
ationis, licet sit similitudo secundum genus: sed requiritur ad ration-
em talis generationis, quod procedat secundum rationem sim-
ilitudinis in natura eiusdem speciei, sicut homo procedit ab homine,
et equus ab equo. … Sic igitur processio verbi in divinis habet ra-
tionem generationis. Procedit enim per modum intelligibilis actionis,
quae est operatio vitae: et a principio coniuncto … et secundum
similitudinis rationem, quia conceptio intellectus est similitudo rei
intellectae: et in eadem natura, quia in Deo idem est intelligere et
esse … (I, quaestio 27 art. 2).
Processio amoris in divinis non debet dici generatio. … Haec est
differentia inter intellectum et voluntatem, quod intellectus fit in ac-
tu per hoc quod res intellecta est in intellectu secundum suam sim-
ilitudinem: voluntas autem fit in actu, non per hoc quod aliqua
similitudo voliti sit in volente, sed ex hoc quod voluntas habet
quandam inclinationem in rem volitam. Processio igitur quae at-

같이 말할 수 있다면)를 설명함에 있어서, 인간의 지성과 의지의 작용에 착안하여, 그것을 실마리로 해서 이 구조를 어떻게든 이해하려고 합니다. 그래서 말씀의 페르소나를 기초짓는다고 여겨지는 신에 있어서의 내적 발출(發出)을 신에 있어서의 지성의 작용이라고 판단하고, 그것이 내재 원리로부터의 생명의 약동으로서만이 아니고, 동일성의 원리에 근거 하에(secundum rationem similitudinis) '태어난다'라고 이해할 수 있다고 설명한 후(Summa Theol., I, q.27 art.2), 또 하나의 내적 발출을 의지의 작용이라고 판단합니다. 그리고 이 경우는 동일성의 원리에 근거하지 않고, 다자에 대한 구동력과 운동 원리의 근거 하에(secundum rationem impellentis et moventis in aliquid), '태어난다'라고는 하지 않고 오히려 '숨이 불어 넣어진다'라고 이해해야 한다고 합니다. 토마스의 말을 요약하면 다음과 같이 될 것입니다. "신에 있어서의 사랑의 출발은 태어난다고는 말할 수 없다. 그것은 지성과 의지 사이의 차이에 의한다. 지성은 알려지는 것이 그 동일성

tenditur secundum rationem intellectus, est secundum rationem similitudinis: et intantum potest habere rationem generationis, quia omne generans generat sibi simile. Processio autem quae attenditur secundum rationem voluntatis, non consideratur secundum rationem similitudinis, sed magis secundum rationem impellentis et moventis in aliquid. Et ideo quod procedit in divinis per modum amoris, non procedit ut genitum vel ut filius, sed magis procedit ut "spiritus": quo nomine quaedam vitalis motio et impulsio designatur, prout aliquis ex amore dicitur moveri vel impelli ad aliquid faciendum.(I. Quaestio 27, Art.4).

의 원리에 근거해서 지성에 내재하는 것에 현실화된다. 그러나 의지가 현실화되는 것은 의지되는 것과 무언가 동일적인 것이 의지 중에 내재함에 의해서가 아니라, 의지가 의지되는 것으로 향하는 어떤 종류의 성향을 내재시키는 것에 의해서이다. 그러므로 사랑의 방법으로 신 안에서 출발하는 것은 태어난 사람 혹은 아들로서 출발하는 것이 아니라, 오히려 '숨 쉬는 자(spiritus)'로서 출발한다. 이 말이 의미하는 것은 어떤 종류의 생명활동, 추진력이다. 예를 들면, 어떤 사람이 사랑에 촉발되어 무언가를 하려고 움직여지는 것, 혹은 내몰리는 것과 같은 것이다."(I.q.27, art.4)

이처럼 설명적으로 기초 지을 수 있는 신의 페르소나를 우리는 성령이라고 믿고 있습니다. 여기에서부터 성령에 관한 신학적 고찰을 전개할 수가 있다고 생각되는데, 그전에 주목해두지 않으면 안 되는 것이 있습니다. 그것은 삼위일체의 신에 있어서는 페르소나간의 대립 이외에는 어떠한 실재적 구별도 있을 수 없다고 하는 것입니다. 즉, 신에 대해서는 낳는 분과 태어나는 분 사이의 실재적 구별, 그리고 숨을 불어 넣은 분과 숨이 불어 넣어지는 분과의 실재적 구별만이 생각될 수 있습니다. 그 외의 실재적 구별은 일절 없기 때문에 신의 사랑과 신의 창조는 인간 측에서 본 단순한 가상적 구별에 지나지 않습니다. 그러므로 어떤 페르소나, 즉 성령이 사랑이라는 것은 엄밀하게 말하면 잘못입니다. 신의 사랑을 생각한다면, 그 사랑은 신에 있어서의 세

페르소나에 동일하게 통할 것입니다.

그러나 각각의 신적 페르소나의 '특성(낳다 · 태어난다 · 숨이 불어 넣어진다)'에 근거해서 어떤 신적 성질(예를 들면 사랑)을 특정의 페르소나의 탁월한 성질이라고 보는 것은 무방할 것입니다. 이러한 의미에서 특히 제3의 페르소나를 '성령'이라고 부르는 것은 타당합니다. 다만, 이 경우에도 다른 페르소나도 똑같이 '영'이라는 사실은 동시에 긍정되지 않으면 안 됩니다. 이러한 사유조작은 '귀속(歸屬)'[2]이라고 불리고 있습니다.

어쨌든 신에 있어서 '숨이 불어 넣어지는[受動] 분'의 실재를 계시에 의해 믿은 후, 사람의 의지적 활동으로부터 유추해서 이 페르소나의 특성을 설명하는 시도를 하게 됩니다. 그 결과 제3의 페르소나는 '사랑'이라고 말해지며, 사랑에 관한 우리의 여러 가지 지식을 제3의 페르소나에 귀속시키는 것이 허락됩니다. 여기에서부터 성령신학이 성립할 것이라고 생각됩니다. 여기에서는 더 이상 성령에 대해 말할 여유는 없지만, 신의 사랑으로서의 성령에 대해서 다음의 몇 가지 점을 지적해두고 싶습니다.

---

2 Approprier, c'est exactement *trahere commune ad proprium*, amener un nom commun à faire office de nom propre. Ainsi dans la Sainte Trinité, le Père est la Puissance ou le Tout-Puissant, par appropriation. (Saint Thomas d'Aquin. *Somme Théologique, La Trinité*, tom II, Edition du Cerf, 1962, p.412).

① 사랑은 실체가 아니고, 힘이다. 존재자, 실체로서의 신관은 포월(包越)된다.

② 사랑은 한정의 원리가 아니고 융합의 원리이다. 따라서 자유, 자율이다. 사랑의 신을 교회라든지, 기독교라든지, 유신론이라는 어떠한 틀 안에 끼워 넣어서는 안 된다.

③ 사랑은 의지의 기능으로서 창조, 활동, 추진의 원리, 무스히(産靈: 신도(神道)에서 말하는 관념으로 천지만물을 생성, 발전, 완성시키는 영적인 작용 - 역자주)이다. 벌하는 신, 단죄하는 신, 파괴하는 신은 동시에 만물을 기르고 사랑하고 부드럽고 무조건적으로 포옹하는 모태이기도 하다.

④ 이러한 힘, 듀나미스(dunamis)를 우리는 영이라고 말한다. 영은 물질에 대한 상대개념이 아니고, 신의 사랑 혹은 그에 의해서 살고 있는 모든 것을 말한다. 물질에 대한 상대개념은 비물질이다. 일반적으로 물질의 상대개념은 정신이라고 불리지만 우리는 물질을 넘는 것에 대해서는 직접적인 인식을 가질 수 없기 때문에, 정신이라고 말해도 그 내용은 별로 확실하지 않다. 비물질이라고 하는 편이 어느 의미로 보아 더 정확하다고 할 수 있다. 물질과 비물질은 서로 연속하고 있는지, 혹은 비연속적인지 단정하기 어렵다. 앞에서 논한 구별에 근거해 말하자면, 물질이나 육체도 영적인 것

이 될 수 있다. 반대로 비물질이나 정신도 육적(肉的)인 것이 될 수 있다.

2) 신앙에 대하여 – '신앙과 깨달음'

선덕(善德), 즉 인간에게 있어서 신으로부터 주어진 내적 원동력으로서의 신앙에는 두 개의 요인이 있다고 생각합니다. 하나는 지적 요인으로서, 이것은 어느 정도는 개념화와 명제화가 가능합니다. 그러나 명제화된 것은 신앙의 본질부터 보면 자명한 것일 수는 없습니다. 인간의 지성은 자명하지 않은 것에 모든 것을 걸 수는 없습니다. 거기서 또 하나의 요인, 즉 신애적(信愛的) 요인을 찾게 됩니다. 이 요인에 의해서 인간은 자명하지 않은 것에도 헌신할 수 있습니다. 신애적 요인은 동인(動因)이며 추진력입니다. 그러나 그것은 벼랑에 서 있는 사람을 뒤에서 밀어 떨어뜨리는 힘이 아니고, 어머니의 품에 안기면서 어머니와 함께 뛰어 들어가는 힘입니다. 이것은 신뢰, 귀의(fiducia)라고 불려야 하겠지요. 일반적 경향으로서 종래의 가톨릭 신학은 지적 요인에 편중해 있었고, 신애적 요인에 대해서는 별로 거론해 오지 않았던 것처럼 여겨집니다. 개신교 신학에 대해서는 이와 반대라고 할 수 있는 것은 아닐까요? 이것은 저의 개인적인 의견입니다만, 신앙의 신애적 요인에 대한 해명은 성령신학의 과제라고 생각합니다. 오노데라 선생님이 신앙과 깨달음을 나누고 계시는 것은 이와 같은 구별에 가까운 것은 아닐까요?

3) 장(場)으로서의 성령

"성령에 의하지 않으면, 아무도 예수를 주(主)라고 할 수 없다"(「고린도후서」 12장 3절)

종래의 그리스도론은 수육(受肉)의 비의에 의해서 제2의 신적 페르소나(말씀)가 인간 예수에 있어서 신성과 (예수의) 인성을 공유한다고 주장합니다. 그 내용에 대한 설명은 여러 가지 방법이 있겠지만, 만약 이상과 같이 말할 수 있다고 한다면, 부활과 성령 강림(降臨)의 비의(秘義)에 의해서, 제3의 신적 페르소나(영)가 우주에서 신성과 전 우주의 개별성을 공유한다고 하는 생각도 삼위일체적 신앙에 대한 하나의 설명으로서 인정될 수 있지 않겠습니까? 즉 수육의 신앙은 단지 말씀이 인간 예수가 되었다고 하는 것만이 아니고, 인간이 인간 예수를 통해 신이 되었다[神化, theosis]는 것을 말한다고 한다면, 부활·강림의 신앙은 단지 성령이 하늘로부터 강림하였다는 것만을 말하는 것은 아니지 않겠습니까? 덧붙여서 말씀드리자면, 강림이라는 개념은 신에 관한 경우라면 당연히 엄밀하게 말해 공간적인 운동으로 파악되어서는 안 될 것입니다. 감히 말로 표현한다고 한다면, 성령과 우주의 융합이라는 방향으로 — 매우 불완전하지만 — 이해되지 않으면 안 됩니다. 부활, 강림은 성령이 아들의 경우와는 달리 전 우주가 되었다, 또 그 반대로 그 비의에 의해서 전 인간과 전 우주는, 이것도 수육의 경우와는 달리 '신화(神化)'되었다는 것을 알리는 신앙이라고 할 수 있다고 생각합니다.

그리스도론의 경우 인간 예수의 '페르소나화의 원리'가 말씀이라고 설명되듯이, 성령론의 경우는 우주의 모든 개체의 '개체화·실재화의 원리' [3](이것을 자존성(subsistentia)이라고 부르고 싶습니다)가 성령이라고 할 수 있을 것입니다. 즉, 본질의 차원에서 최종적으로 개별화된 개체를 실재시키는 힘이 바로 성령입니다. 말씀이 예수의 인간성을 조금도 본질적으로 변용시키지 않듯이, 성령도 어떤 개체를 본질적으로 변용하는 것은 아닙니다. 모든 것은 성령의 힘에 의해서, 성령의 힘 안에 실재하게 됩니다. 그 페르소나에 있어서 신인 인간 예수에 대한 예배가 그 페르소나 때문에 허용될 수 있는 것처럼, 전 우주는 실재하고 있는 한, 거기에 내려 온, 즉 모든 개체를 실재시키고 있는 성령으로 말미암아 예배의 대상으로 여겨져 마땅하지 않을까요? 모든 인간이 말씀에 의해서 신이 된다고 말할 수 있듯이, 실재의 전 우주도 성령에 의해서 신이 된다(神化)고 해야 하는 것입니다. 이러한 의미에서 신은 실재하는 전 우주에 내재합니다.(즉 실재하는 전 우주와 신은 같은 성질[同質]을 갖습니다.) 실재하는 전 우주는

---

3 최종적으로 개별화된 본질을 실재의 차원에서 보수(保守)하는 힘을 가리킴.

성령 안에 있고, 성령에 의지해서 살아가고 있다고 말할 수 있습니다.

그런데 '장(場)'이라는 표현은 공간적인 이미지를 담지하고 있기 때문에 오해의 소지가 없도록 해야 한다고 생각합니다. 장이 거대한 용기와 같은 것이라고 생각되어서는 안 된다는 것은 말할 필요도 없습니다. 그러나 예를 들면 전자장(電磁場)처럼 전력과 자력이 작용하고 있는 상황을 공간을 사상(捨象)해서 '장'이라고 부른다면, 성령은 그 내재적인 힘에 의해서 만물을 거기에 성립·실재시키는 장이라고 말할 수 있겠지요. 즉 성령은 신도에서 말하는 '무스히(産靈)'에 해당되는 것이라고 할 수 있습니다. 오노데라 선생님이 성령을 대지라고 이해하고 계시는 것은 매우 깊은 의의가 있다고 생각합니다. 사족이 되겠습니다만, 이 경우 마테리아 프리마(materia prima, 제1 질료)라는 개념을 근본적으로 재검토하지 않으면 안 된다고 생각합니다. 그것은 질료형상론이라는 것이 형식논리적으로 일리가 있도록 하기 위해서 가정한 완전한 수동 그 자체가 아니고, 오히려 거기로부터 모든 것이 태어나 현실화되는 무한히 풍부한 힘의 원천으로 이해되지 않으면 안 되는 것이 아니겠습니까?

직접 경험의 언어화에 대해서

야기 세이이치(八木誠一)

서(序)

먼저 우리의 관심사에 대한 비유로서 언어의 문제를 생각하고자 한다. 일찍이 일본인은 중국 문화와 접촉했을 때 한자와 한어(漢語)와 한문을 배우고, 그것들을 쓰는 법을 배웠으며, 더 나아가 한자로부터 가나(假名) 문자를 만들어냈다. 그에 따라 일본어는 언어적으로 풍족해졌다. 이것은 일찍이 게르만족이 라틴어를 통해 문자를 배우고, 많은 단어를 배우며, 쓰기를 배운 것과 비교할 수가 있다. 그러나 현재 일본어는, 예를 들어서 영어로부터 무엇을 배웠을까? 한 사람의 일본인으로서 말을 하자면, 나는 중학생이 된 후에 영어 단어와 문법, 그리고 이것들을 사용하는 방법을 배웠다. 그러나 내가 배운 가장 큰 것은 이 세상에 일본어뿐만 아니라 영어라는 언어가 있다는 것이었다. 일본어와 다른 단어가 있고, 문법이 있고 문장이 있으며, 영어권에서는 사람들이 영어로 모든 일을 해결한다. 즉 이 세상에는 다른 단어와 문법의 시스템이 있다. 그리고 영어와 일본어는 어쨌든 상호 번역이 가능하다. 결국은 우리 인간에는 언어능력이 있지만 무언가를 언어화하는 방법은 결코 하나가 아니라는 것이다. 나는 일본인으로서 영어를 배우고, 또 다른 언어를 배우면서 이 사실을 실감했다.

기독교와 불교에도 동일한 것이 있다. 한 기독교인으로서 불교에 접하고, 불교를 배운 내가 기독교를 상대화하고 기독교를 다시 이해하게 된 계기는 불교라고 하는 종교가 있고, 고유의 언어화의 방법과 언어체계가 있다는 것이다. 바꿔 말하자면 생각하건대 기독교가 불교부터 배울 것은, 먼저 기독교가 관련짓고 있는 사항이 사실이라고 하든 궁극적 현실이라고 하든, 기독교가 자기 자신의 테두리 안에서 그것을 완성한 경지에 도달했다 해도, 그것과는 다른 시각과 다른 언어로의 표현 방법이 있다는 것이다. 일반적으로 어떻게 보고 또한 말로 표현하는가, 이러한 점에 종교와 그 전통의 개성이 있다. 따라서 이것은 불교와 기독교가 궁극적으로 동일한 사실 위에 성립하고 있다 해도, 또 장래에 상호를 이해하고 영향을 주고받으며 그 결과를 각각 크게 변용한다 해도 양 종교가 소멸할 일은 없다는 것을 의미한다. 이것이 의미하는 것을 이하에서 말하는 직접 경험을 단서로 몇 가지 구체적으로 기술하도록 하겠다. 그것은 불교와 기독교가 각각 고유의 직접 경험으로부터 출발하고 있기 때문이다. 양 종교를 직접 경험에서 이해하고자 하는 사고 자체는 나의 경우 불교와의 접촉을 통해 형성된 것이다. 이것을 통해서 양 종교가 어떻게 드러나는지가 본론의 주제이다.

다키자와 가츠미와의 논쟁

기독교와 불교의 관계를 생각하는 데 있어서 나에게 가장 많은 가르침을 준 사람은 다키자와 가츠미였다. 1963년에 나는 『신약 사상의 성립』(신교 출판사)이라는 책을 썼다. 여기서 예수 그리스도의 부활을 포함한 기독교 선교의 성립을 하나의 인간적·역사적 사건으로, 즉 초자연적·초역사적 움직임이 직접적으로 개입하는 것(소위 말하는 기적)을 전제하지 않고도 인간이 이해할 수 있는 사건으로 서술했다. 이러한 시도는 불교를 알게 된 것이 큰 이유가 되었다. 나는 불교를 접하고 불교가 기독교와 나란히 존재하는 진실한 종교라는 것을 인정했기 때문이며, 만일 그렇다면 기독교의 성립도 불교와 같이 이해 가능한 역사적 사건으로 기술할 수 있을 것이라 생각했기 때문이다.

그런데 다키자와 가츠미는 1964년에 『불교와 기독교』(법장관)를 발표하게 되고, 잇달아 1965년에는 위에서 언급한 나의 졸작에 대한 평론으로서 『성서의 예수와 현대의 사유』(신교 출판사)를 저술하였다. 그 책에서 다키자와는 나의 저작을 높게 평가하면서도 엄격한 비판을 했기에, 그때부터 20년에 걸친 다키자와와 나 사이의 논쟁이 시작되었다.[1]

그런데 다키자와의 『불교와 기독교』는 히사마츠 신이치 선학(禪學)에 대한 비판적 평론이며, 동시에 양 종교의 대화가 가능한 근거를 밝히고 있는 매우 중요한 저작이다. 여기서 다키자와는 '신과 인간의 제1의의 접촉'과 '신과 인간의 제2의의 접촉'을 구별한다. 전자는 모든 사람에게 무조건적으로 직접 속하는 원 사실(原事實, 임마누엘 ── 하나님이 우리와 함께 계신다 ── 의 원 사실)이다. 다만 모든 사람이 이 원 사실을 깨닫고 있는 것은 아니다. 그렇다면 이 원 사실의 움직임 그 자체에 인하여 사람이 이 원 사실을 깨달을 때, 그 사람은 종교적 생을 살게 된다. 이 사건을 다키자와는 '신과 인간의 제2의의 접촉'이라고 부른다. 그리고 이러한 구별에 의거해서 전통적 기독교를 비판한다. 즉 다키자와에 의하면 역사의 예수는 상기의 제2의의 접촉을 전형적으로 성취한 한 사람, 인간이었다. 그러나 전통적 기독교는 예수에 대해서 이러한 구별을 하지 않았고, 그 결과 예수에 의해서 '신과 사람의 제1의의 접촉' 그 자체가 성립했다고 생각하게 되었다.(실은 예수 자신이 제1의의 원 사실 그 자체인 것으로 간주되었다고 해야 한다.) 이렇게 예수는 유일하고 절대적 구원자가 되었고, 기독교도 절대화되었다는 것이다. 그러나 다른 한편에서 다키자와는 ── 이러한 견해는 상기의 구별에 따라

---

1 古屋, 土肥, 佐藤, 八木, 小田垣 『日本神學史』(東京: ヨルタン社, 1992), 139 이하. Y. Furuya(ed.), *A History of Japanese Theology* (Grand Rapids/Cambridge: Wm. Eerdmans Publishing Co., 1997), 93ff.

가능하게 되는데 — 기독교와 불교는 같은 '임마누엘의 원사실'에 기반을 둔 것으로 각각 이 '신과 인간의 제2의의 접촉'의 다른 모양으로서, 말하자면 자매 종교라고 보았다. 그렇다면 양 종교는 뿌리가 같은 대등한 종교이며, 양자의 대화가 무리 없이 성립된다는 것이다. 다만 다키자와는 불교에 대한, 그리고 이 경우는 히사마츠 선학에 대한 비판도하고 있다. 다키자와는 히사마츠의 종교를 '제1의의 접촉'에 기반을 둔 진정한 종교로 인정한다. 그러나 히사마츠 선학에 대해 '제2의의 접촉'의 하나의 모양에 지나지 않는 '인간의 깨달음'을 모든 것의 기준 위치에 놓고, 이로써 제2의의 접촉을 원 사실보다 위에 두는 도착에 빠져 있다고 비판한다. 히사마츠는 이 비판에 대해 응답하지 않았다.

이 책을 읽은 나는 다키자와가 했던 제1의의 접촉과 제2의의 접촉의 구별에 대해서 바로 옳다고 인정했다. 나는 이구별은 기초적으로 중요한 종교철학적 인식이라고 생각했다. 그렇기 때문에 다키자와와 나는 이 점에서 일치했다. 반면 나는 상기 졸작에서 종교적 인식이 성립하는 장으로 '직접 경험'을 들었다. 종교적 인식은 직접 경험의 반성적 자각(분절)으로 성립되어 있다는 것이다. 그러나 다키자와는 직접 경험은 종교적 인식을 기초하는 것이 아니라고 판단한 것이다. 직접 경험은 니시다의 초기 저작인 『선의 연구』(1911)의 입장으로서, 니시다 자신이 후기에 와서는 불충분하다며 버린 것이라고 한다. 나는 한편으로 『선의 연구』에 있어서 니시다의 직접 경험론은 정확하지 않다고 느끼면서도, 다른 한편에서는 다키자와가 직접 경험을 올바로 이해하지 못한 채 이것을 비판하고 있는 것으로 생각하지 않을 수가 없었다. 이렇게 논쟁이 시작되었고, 나는 다키자와와 논쟁을 지속하는 한편 히사마츠 신이치나 니시타니 케이지와 직접 경험에 대한 대화를 시도했으며, 이렇게 직접 경험을 보다 정확하게 파악하고 말로 표현하려는 노력을 쌓아갔다. 그러나 그것이 거의 완성된 것은 다키자와가 갑자기 세상을 떠난 뒤(1984년)였으며, 따라서 우리는 다키자와의 대응을 듣지 못했다. 참으로 유감스러우나 어찌할 수 없었다. 직접 경험에 관한 나의 생각은 후술할 것이다. 여기서 쉽게 말하자면 아래와 같다. 먼저 첫째로 종교 언어의 중심은 직접 경험의 언어화에 있다고 하는 생각 자체가 나에게 있어서는 선불교와의 만남으로 인해 형성되었다. 보다 정확하게는 불교와의 만남과 불교와 기독교와의 비교로 인해 형성된 것이다. 나에게 있어서는 불교와의 만남의 의의가 먼저 여기에 있다.

　내 생각으로는 직접 경험에는 세 가지 국면이 있다.[2] 그 것은 (A) 주관과 객관의 사이의 직접 경험, (B) 나와 상대 사이의 직접 경험, (C) 자아와 자기 사이의 직접 경험이다. 여기서 간단하게 각각의 예를 들면, 니시다의 『선의 연구』

---

2 자세하게는 졸저 『宗教と言語・宗教の言語』(東京: 日本キリスト教団出版局, 1995年) 제5장 및 『宗教とは何か』(法蔵館, 1998), 제3장을 참조.

에 있어서의 직접 경험(순수 경험)은 직접 경험A에 가깝고, 마틴 부버의 『나와 너』[3]는 직접 경험B를 기반으로 하고 있으며, 임제종(臨濟宗)의 '일무위(一無位)의 진인(眞人)'[4]이나 바울의 '내 안에 사는 그리스도'(「갈라디아」 2장 19~20절)는 직접 경험C로 성립되는 자각에서 나온다. 직접 경험C에서는 종교적 실존의 궁극적 주체인 자기 — 이것은 자아에 대응해서, 동시에 자아 가운데에서 드러난다 — 가 '일무위의 진인' 혹은 '우리 안에 사는 그리스도'로서 말해지고 있다. 그렇다면 다키자와가 말하는 '제2의의 접촉'은 실은 직접 경험C의 성립과 다르지 않다. 바꿔 말하자면 다키자와가 말하는 제1의의 접촉은 '자기'이며, 제2의 접촉은 '자기'가 '자아'로 나타나는 것이다. 이러한 자아를 이하에서는 '자기 / 자아'로 표기하도록 하겠다. 정작 이상과 같은 인식을 염두에 두고서 다키자와와의 논쟁을 회고해 보면, 나는 그동안 다키자와에 대해서 직접 경험A 또는 직접 경험B가 직접 경험C를 유도한다고, 즉 A 또는 B가 C의 조건이라고 주장하고 있었던 셈이다. 그러나 다키자와는 직접 경험A를 충분히 이해하고 있지 않았고(라고밖에 난 생각할 수 없다), 또한 만일 직접 경험C가 내가 말하는 것처럼 직접 경험A 혹은 B에 의존한다고 한다면, 다키자와의 직접 경험C가 그 자체로 독립하여 성립되어 있지 않다는 말이 되기 때문에, 다키자와가

---

3 Martin Buber, *Ich und Du*, 1923.
4 『臨濟錄』上堂, 三.

나의 주장을 받아들이지 않았던 것은 당연했다. 반면 나는 다키자와와의 논쟁을 통해서 직접 경험C는 실은 직접 경험 A, 직접 경험B에 의존하지 않고 단독으로도 성립할 수 있다는 것을 (다키자와의 사후에) 깨닫게 되었다.

이상 간략하게 서술한 것처럼 나는 다키자와와의 논쟁을 통해서 '종교의 근본에 있는 것'을 가능한 한 정확하게 파악하려고 노력해 왔으나, 다키자와 설을 받아들여서 전개하면 다음과 같이 될 것이다. 원시 기독교도는 '신과 인간의 제1의의 접촉'과 '신과 인간의 제2의의 접촉'을 구별하고 있지 않았기 때문에, 예수의 사후에, 그들이 '제2의의 접촉'을 깨닫고 이것이 그들 가운데서, 그들을 통해 또한 그들의 삶의 방법으로 현실화된 것(즉 제2의의 접촉이 성립된 것)을 자각했을 때, 그들은 이 사건을 '죽은 예수가 부활하고, 그 힘이 그들 안에서 움직이고 있다'라고 해석하여 표현했던 것이다. 실제로 이렇게 생각한다면 원시 기독교 전체를 이해할 수 있게 된다.[5] 실제 「마가복음」 6장 14~16절은 당시 이러한 해석이 성립되어 있었다는 것을 세례 요한에 대해 예증한다. 또한 '부활 신앙의 성립'이라는 사건은 예수의 제자들에 있어서 깨달음이 이루어진 사건과 다름없으며, 그들은

---

5 秋月・八木対話, 『キリスト教の誕生』(青土社, 1985年), 제2장 참조. 秋月眠 老師는 젊었을 때 기독교인이었으나, 도쿄대학 철학과를 졸업한 뒤 스즈키 다이세츠(鈴木大拙)의 제자가 되었고, 오오모리 소겐(大森曹源) 老師와 야마다 무몬(山田無文) 老師에 대해서 인가 증면을 받은 선자(禪者)・선 사상가이다.

'깨달음'의 성립 사건을 예수 그리스도의 부활로 해석했다는 것도 된다. 「갈라디아」 1장 15~16절, 「고린도전서」 4장 6절은 바울에 있어서 부활자의 현현이라는 사건을 이야기한 것이다. 그러나 아키즈치 료민(秋月龍珉)과 나는 오랜 기간에 걸쳐 대화를 시도한 후 바울이 여기서 말하고 있는 것은 바로 깨달음[覺]의 체험이라고 하는 견해에 일치하였다.[6] 그렇다면 불교와 기독교는 실제 근본적으로 다른 종교가 아니라는 것이 된다. 하지만 그것은 양자가 완전히 같다는 뜻은 아니다. 내 생각으로는 원시 기독교는 주로 직접 경험B와 직접 경험C를 중심으로 하고 있다.

이상에서 서술한 것에 의하면, 깨달음의 내용도 그 언어 표현도 깨달음이 직접 경험의 어느 국면에 성립되어 있는지에 따라서 달라진다. 직접 경험A, B, C는 각각 무관하지 않으나, 하나를 다른 것으로 해소하는 것은 불가능하다. 각각에서 드러나는 사항도 동일하지 않다. 따라서 애초에 직접 경험에 기반을 둔 여러 종교가 있다면, 그것은 한 종류의 것은 아닌 것이다. 그리고 그것이 하나의 종류가 아니라는 것이 바로 각각의 종교가 — 틀림없이 상대적으로 절대에 닿아 있으니 — 서로 배워야 하는 이유라고 생각된다.

---

6 秋月・八木対話, 『ダンマが露となるとき』(青土社, 1990), 참조.

신비와 그 언어화

신비라는 것

우리가 종교적 언어를 이야기할 때는 일반적으로 무엇을 신비로 경험했을 때이다. 신비를 경험한다기보다는 인간이든 사물이든 어떤 것을 신비로서 경험할 때이다. '신비'란 루돌르 오토의 소위 '누미노제'[7]와 반 데 레에프가 말하는 '힘'[8]을 합한 것과 같은 것이긴 하나, 일상적으로 불가사의한 힘이 가득하며, 우리들의 생에 대한 구원 혹은 벌의 의미를 가지고, 따라서 또한 귀중하고 소중한 것, 소홀히 해서는 안 되며 두려움을 가지고 대하여야 하는 것이라고 느껴진다. 그러나 이 경우 '느껴지다'라는 것은 단지 감정이 아닌 지성이나 의지도 포함한 전인격적인 반응이다. 우리들이 어떤 일을 신비로서 경험할 때 우리들은 불가사의, 즉 원래 언어화를 넘는 경험을 언어로 표현한다. 이것은 모순이지만 그 모순이 언어에도 반영되어 있다. 여기서 우리들은 이야기할 수 없는 것을 이야기하는 것이며, 그러한 표현의 하나가 신비로서 경험된 사건에 있어서 '신이 활동하고 있다'(신이 나타났다, 말했다, 구원했다, 벌을 주었다 등을 포함해서) 라고 하는 배리적 언표인 것이다. 실은 그 표현은 몇 가지의 방법이 있지만(뒤에 말하겠다), '신에 대해 말한다'는 것은

---

7 Rudolf Otto, *Das Heilige*, 1917.

8 G. Van der Leeuw, *Phanomenologie der Religion*, J. C. B. Mohr, Tubingen, 1956.

그 주요한 하나이다. 이때 신을 실제로 관찰하면서 신이 움직이는 모습을 보고하는 사람은 없기 때문에 신의 행위를 말하는 언어는 늘 '보이지 않는 신이 활동했다'라고 한다. 따라서 '신'에 대해서 이야기하는 언어는 신에 관한 관찰의 객관적 보고가 아니며, 어떤 일을 신비로서 경험한 마음의 표출이다. 그렇기 때문에 우리들은 신에 대해 이야기하는 말을 접할 때, 먼저 그것을 이야기하는 사람이 어떤 일을 신비로 경험했는지를 이해해야 한다.

그런데 신비가 공동체적 경험이 될 때 신은 공동체의 언어로 이야기된다. 신에게는 고유 명사가 주어지고, 성소와 제사와 신화가 성립한다. 공동체에 의한 언어화와 함께 신은 객관적으로 표상되어 인간의 종교적 영위가 시작되는 것이다. 그런데 신비를 '신의 활동'이라고 언어화한 경우, 신비 자체는 신이 임하는 것, 혹은 신이 거기서 움직이는 것, 즉 '거룩한 것(피안적, 차안적인 것)'이 된다. 바꿔 말하자면 늘 신비로서 경험되고, 신비로서(공동체적)으로 정해진 사물은 '신이 거하는 객체(よりしろ)'나 '신전' 등이 된다. 동시에 신의 영역[神域]이 설정되는데 이곳은 신이 움직이는 장소이다. 반면 사람이 '자기' 자신을 신비로서 경험하는 경우, 자기 또한 '신전'의 의미를 가진다.(「고린도전서」 3장 16절) 즉 자기가 '거룩한 것'이며, '신·인적인 것'으로서 자각되는 장소이다. 즉 신전이 외적인 신과의 만남의 장소라면, 자기는 내적으로 신과 만나는 장소이다.(이에 대해서는 뒤에 언급하겠다.)

그런데 밭[田]에서의 움직임을 신비로 경험한 사람은 '밭의 신'에 대해 이야기하고, 밭의 신을 집에서 대접하는 행사를 치른다.(오쿠노토(奧能登 : 노토반도의 최북단의 지역 - 역자주) 지역의 '아에[饗]' 신사(神事)) 때로는 천둥을 신비로 경험한 사람은 천둥의 신[雷神]에 대해 이야기하며, 구름 위에서 천둥의 신이 북을 친다는 모습으로 표상한다. 신목(神木)이나 신의 목소리로부터 시작해서 자연 일반, 혹은 공동체의 형성과 역사의 발걸음, 자기(내가 나를 넘은 깊이에서 나로서 성립되어 있는 것), 또는 존재의 전체성이 이러한 신비로서 경험되었을 때, 그때마다 신에 대해서 이야기하는 종교 언어가 탄생하는 것이다. 그러나 과학이 발전함에 따라서 천둥이 방전 현상이라는 사실이 밝혀지고 나면, 천둥신 신앙은 소멸한다. 그러나 종교 언어 일반이 소멸한다고 생각하는 것은 잘못이다. 자연, 생, 자기, 공동체와 그 역사, 즉 현실성 전체는 결코 과학적으로 해명되지 않고, 오히려 알려지면 알려질수록 신기한 것, 말하자면 이상한 것이 된다. 여기서는 상론할 수 없으나, 이 전체성은 어쩌면 우리들의 정보 처리능력을 뛰어넘는 것일 것이다. 두드러진 의미를 가진 특별한 사건, 혹은 단순히 개개의 존재나 사항이 아니라, 그것을 포함한 현실의 전체를 보이지 않는 신의 활동이라고 하는 것은, 현재에 전세기보다 한층 자연스러워지고 있다고까지 할 수 있다.

바꿔 말해 과학의 진보에 의해 소멸되는 '신비'가 있다. 천둥이 방전 현상인 것으로 알게 되면, 천둥에 대한 공포도 천둥신 신앙도 소멸된다. 과학적 무지에 의한 종교적 표상은 과학적 계몽에 의해 극복된다. 과학과 종교의 상극은 여기서 일어나는 것이다. 그와는 달리 과학이 진보해도, 아니 진보하면 할수록 깊어지는 신비가 있다. 현실의 전체성이 바로 그것이다. 과학이 그 개개의 국면이나 부분을 해명한다 해도, 전체가 왜 있으며, 또한 왜 이렇게 되는지는 과학을 넘은 신비로서 경험될 수 있다. 이뿐만이 아니다. 원래 신비라는 것은 과학적으로 무지했기 때문에 존재하는 것이 아니다. 이하에서 서술하는 것처럼 직접 경험이 있고, 직접 경험에서 나타나는 신비가 있다. 우리가 문제로 삼는 신비와 이러한 신비에 기반을 둔 종교는 그와 같은 것이다.

직접 경험

산길 넘어오다가 무엇일까 그윽해라 조그만 제비꽃.
　山路きてなにやらゆかし菫草　〈芭蕉〉
　(한글 번역은 김정례 역주 『바쇼의 하이쿠기행1』(바다출판사, 1998) 252쪽에서 인용함 - 역자 주)

바쇼(芭蕉)는 길가의 제비꽃에 무한한 깊이를 느끼고 있다. 우리의 생물학적 지식이 늘었다 해도 이러한 감각이 사라지는 것은 아니다. 제비꽃이 그곳에 피어 있다는 것은,

오히려 우리가 사회적, 과학적 통념에 따라 제비꽃이 무엇인지를 알고 또한 그 통념에 따라서 제비꽃을 다루는 그러한 통념을 무한히 깨뜨리는 것이다. 바쇼는 제비꽃에서 무한한 깊이를 발견하고 그것을 무한의 신비로 경험하고 있다고 할 수 있다. 이러한 경험을 직접 경험이라고 한다. 신비는 원래 과학적으로 무지한 것에서 경험되는 것이 아니라 직접 경험에서 경험되는 것이다. 인류적 보편성을 가진 신비는 무지에 대해서가 아닌 직접 경험에 있어서 경험된다는 것이 본론의 중심적 주장 중 하나이다. 그런데 바쇼는 여기서 신에 대해서는 이야기하고 있지 않다. 즉 직접 경험의 표출에는 다양한 방법이 있는 것이며, 이러한 글처럼 감성적 표현도 있다는 것이다.

한적함이여, 바위에 스며드는 매미 울음소리.
　　閑かさや岩に沁み入る蝉の声　〈芭蕉〉

왜 바쇼는 매미의 소리가 바위, 즉 정(情)도 마음도 없는 차가운 무기질에 스며든다고 이야기하는가. 물론 이것은 객관적인 관찰의 보고는 아니다. 이 글의 배후에 있는 경험은 바위와 같은 나에게도 매미의 소리가 스며들고, 나의 온몸 전체, 중심에 이르기까지 매미의 소리가 침투하고 있다는 것이다. 여기서 말하는 '나'는 매미의 소리가 침투하고 있는 '나'를 가리키며, 또한 그것이야말로 나 자신인 것이다. 그리고 이러한 '나'는 보통 '나'라고 하는 통념을 넘는 무한한 신비를 계시한다. 더 말하자면 자신의 마음을 혼란스럽게 하는 타의 것은 일절 사라져 버리고(한적함이여), 그곳에는 매미와 자타불이의 '나'만이 존재한다. 나는 여기서도 직접 경험의 표현을 발견한다. 여기에는 자타의 '관계성'의 신비가 표출되어 있다고 할 수 있다.

누구나 알고 있는 바쇼의 하이쿠 "오래된 연못이여, 개구리 뛰어드는 물 소리(古池や蛙飛び込む水の音)"에서도 '개구리 뛰어드는 물소리'가 원래는 부모미생이전 본래의 면목을 묻는 불정 화상(佛頂和尙)의 물음에 대한 답이었던 것을 보면, 바쇼는 이렇게 지나간 한 순간의 신비를, 영원한 것의 움직임을 직관하고 있었던 것이다. 그것은 물론 동시에 '개구리가 뛰어드는 물소리'가 그것을 듣는 바쇼 자신 안에 무한한 신비적인 것을 불러일으키고 있기 때문이다. 바쇼는 이러한 '자아'를 무한한 신비적인 것으로 경험하고 있다.

경험 일반의 간접성과 직접 경험[9]

이상과 같은 경험을 직접 경험이라고 하는 이유는, 우리가 일반적으로 경험이라고 하는 것은 직접적인 것으로 보이지만 실은 간접적인 경험이며, 경험이라 하고 만남이라고 해도 실은 '눈에 보이지 않은 벽'[10]과 같은 것으로 가로막힌

---

9 八木誠一, 『宗教と言語・宗教の言語』(日本基督教教団出版局, 1996), 제5장, 『宗教とは何か』(法藏館, 1998), 제3장 참조.

10 '눈에 보이지 않는 벽'이란 니시타니 케이지와 내가 대화했을 때 니시타니가 직접 경험을 방해하는 것에 대해서 사용한 말이다.

경험이기 때문이다. 실제로 이 말대로 우리들의 경험에는 통념이 개재해 있고, 우리들은 일반적인 경험에 있어서 실은 통념을 재확인하는 것에 지나지 않는다. 우리들이 무언가를 인지할 때 그곳에서 일어나고 있는 것은 이하와 같은 것이다. 언어는 기호의 체계라고 하지만, 단어는 개개의 기호라고 여겨진다. 그런데 기호란 기호 표현과 기호 내용이 결합한 것인데, 기호 표현이란 예를 들어 '개'라고 하는 음이나 '개'라고 하는 글씨이고, 기호 내용이란 개에 관한 사회적 통념이다.(전통적인 논리학은 기호 표현을 개념의 명칭이라고 하고, 기호 내용을 개념의 내포하고 칭했다.) 이 경우 '개'에는 실물이 있는데 그것을 지시 대상이라고 부른다.(전통적 논리학의 개념의 외연)

그렇다면 개의 실물을 보고 '저것은 개다'라고 인지하는 것은 논리적으로는 개체를 보편에 포섭하는 조작이지만, 기호론적으로 말하면 현실에서 어느 개체를 잘라내어, 그것을 '개'라고 하는 기호(기호 표현+기호 내용)의 지시 대상으로 인지하는 것과 다름이 없다. 이럴 때 동시에 '개(지시 대상)란 이러이러한 것(기호 내용)이다'라고 하는 판단이 성립된다. 바꿔서 이야기하자면 개체가 무엇인가는 기호 내용으로 알수가 있다. 즉 지시 대상은 이미 존재하는 기호의 도움을 받아 현실의 관련성에서 잘라낸 것이며, 그것이 무엇인지는 기호 내용으로부터 규정된다.

이것은 너무나도 당연한 것이기는 하나, 이것으로부터 예를 들어서 차별이라는 것이 발생한다. 차별이란 특정한 사람을 특정한 방법으로 기호화하고(혹은 기호의 지시 대상으로 하는 것), 기호화된 사람들을 그 기호 내용 — 이것에는 열등성과 더러움의 개념이 포함된다. — 으로부터 규정하고, 실제로 그러한 것으로 다루게 된다. 이것은 사실 우리들이 모든 기호화의 행위에서 행하고 있는 일과 다르지 않다. 다른 점이라고 한다면, 일반적인 기호화의 경우는 기호 내용에 '열등성과 더러움'의 개념이 특별히 포함되어 있지 않다는 것뿐이다. 기호화에 있어서 지시 대상은 기호 내용에 의해 규정된다는 점에서는 동일하다. 어느 쪽이든 일반적인 통념이 규정되어 있기 때문에 우리는 기호 내용이 올바른지 아닌지를 검증하지 않는다.

즉 우리는 사람이나 사물을 인지할 때마다 그것의 본모습을 보지 않고, 통념으로부터 그것을 이해하고, 통념에 따라서 다루고 있다. 바꿔 말하자면, 우리들은 다시금 통념을 재확인할 뿐이며, 그렇기 때문에 통념이야말로 우리들에게 있어서 제1의(第1義)의 현실인 것이다. 통념은 인지를 가능하게 하는 반면에 본 모습을 가린다. 일반적으로 경험에는 통념이라고 하는 '눈에 보이지 않는 벽'이 개재하고 있기 때문에 대부분의 경험은 간접적 경험에 지나지 않는다.

사회생활에서는 다음과 같은 경우가 있다. 우리들은 사회생활의 장에서 사람들과의 만남을 경험하고 있다고 생각하지만 실은 그렇지 않은 것이 대부분이다. 사회생활의 여러 곳에 규칙이 있고 약속이 있고, 합의가 있으며, 사회적 관습이나 윤리, 법의 망으로 온통 둘러져 있다. 우리들은 그 가운데서 자신이 달성해야 할 역할을 연기하고 있는 것이다. 여기서 기호란 신호이며, 사회는 우리가 신호의 지시에 따르고 있는 한 대과 없이 사회생활을 꾸려 나갈 수 있는 구조로 되어 있다. 예를 들어 내가 다방에 들어가서 빈자리에 앉았다고 하자. 이것은 하나의 신호로 기능하고 있기 때문에 점원이 주문을 받으러 온다. 점원이 아무 말을 하지 않아도 나는 점원이 무엇을 하러 내게 왔는지를 알고 있기 때문에 (주문을 하라는 신호) 따뜻한 음료를 원하면 따뜻한 음료를 달라고 말하면 된다. 이 정보는 가게의 입장에서는 꼭 필요한 정보이기 때문에 나는 그 정보는 줘야 한다. 그러면 따뜻한 커피가 나오고 동시의 나에게 필요한 정보, 즉 커피의 가격이 알려진다. 나는 값을 지불하고 가게를 나온다.

사회에서는 이러한 행위마다 코드와 프로그램이 있고, 우리들은 그것을 공유하고 있다. 그 행위는 신호의 교환으로 진행되지만 다만 (무엇을 주문하느냐는 것처럼) 복수의 선택지가 등장하는 장면이 있고, 그때 선택을 하기 위한 정보가 필요해진다. 필요한 정보가 주어지면 프로그램은 지장 없이 진행된다. 즉 사회적 행위 가운데서 일어나는 '만남'에서는 대개 코드와 프로그램이 개재하고 있다. 물론 그것들의 짜임새나 진행하는 방식은 윤리나 법으로 자세히 규율되어 있다. 이처럼 우리들의 사회생활에서 공유하는 '행동하는 방식' 또한 통념에 속하는 것이며, 우리들은 통념에 따라서 행동하고 있는 한 사건 사고를 일으키는 일도 없으며, 비난을 받을 일도 없다. 그렇기 때문에 우리들에게 있어서는 대개 인격이 아닌 코드와 프로그램이 더욱 현실적이 된다.

여기서 인격적인 '만남'이 빠져 있는 것을 비유적으로 말하자면 다음과 같다. 우리들은 무언가 새로운 기계를 다룰 때 설명서가 필요하다. 설명서는 기계를 다루는 방법, 작동시키는 방법, 조절하는 방법, 금기 사항, 고장 났을 때의 대처하는 방법을 가르쳐 준다. 그렇기 때문에 우리들은 기계의 설명서에 따라서 조작하고 기계의 사용방법을 외우게 된다면 기계는 유용한 것이 된다. 그러나 이것은 결코 우리들이 기계의 장치나 구조를 아는 것, 즉 기계의 본질을 이해했다는 것은 아니다. 사회적 규범(행동하는 방식)에 대해서도 동일하다. 통념적 행동 방식을 알고 이것을 따르고 있으면 지장 없이 사회생활을 꾸려 나갈 수가 있다. 그러나 이것은 결코 우리들의 인격적인 타자와 만나고 있다는 것도 아니며, 인간의 본질을 이해한 것도 아니다. 오히려 우리들은 코드나 프로그램을 포함한 사회적 통념이야말로 제1의적 현실이며, 이러한 통념은 사회생활을 가능케 하는 한편, 만남의 본질을 차폐한다고 할 수 있다. 사회생활 가운데서 우리들이 만나는 사람이나 사물은 통념적인 기호나 신호로 환원되어 있다. 이러한 것이 표층적 현실성으로 우리들의 사고와 행동을 직접 지배하고 있다. 그렇기 때문에 우리들은 사람이나 사물을 경험하고 있다 해도 경험은 사실상 통념을 매개로 한 경험에 지나지 않는다. 하지만 통념이 만들어내는 '눈에 보이지 않는 벽'이 무너지는 사건이 있다. '있는 그대로'의 모습이 처음으로 나타나고 직접 경험은 그곳에서 성립되는 것이다. 여기서 기호화되는 현실은 그 '있는 그대로'의 모습과는 다르다는 것이 밝혀진다. 언어화된 세상에서의 일상 언어의 사용은 그것을 사용하여 자아를 만든다. 자아란 언어를 말하고, 언어로 세상과 자신을 이해하고, 자신이 처해진 것을 아는 자기의식적인 우리를 가리킨다.[11] 그러므로 직접 경험은 일상적 자아가 무너지는 것이며, 나아가 새로운 자아(자기 / 자아)의 성립을 이끌어낸다.

직접 경험과 그의 여러 모습

우리들의 인지나 행동에 있어서 통념이라는 '눈에 보이지 않는 벽'이 개재하고 있다는 것을 알 수가 있었다. 따라서

---

11 여기서는 이기주의 일반에 대한 분석은 하지 않았다. 다만 자기의식의 측면에서 이하의 점만은 지적하고자 한다. 일상 언어에서 정보와 협의를 전달 혹은 언표 하는 언어는 일의적이다.(일의성이란 A는 A이며, A 이외의 아무것도 아니라는 성질을 가리킨다.) 따라서 일상 언어를 사용해서 자신을 이해하는 자아는 간단하게 '나는 나이며, 나 이외의 아무것도 아니다'라는 자기이해를 가지게 된다. 이것은 더 나아가 '나는 타자와의 관계없이 나이다'라는 자기이해로 발전하지만, 이러한 자기이해는 이기주의의 구성의 계기가 된다. 그렇기 때문에 직접경험은 이기주의에 대한 자각적 극복을 위해 필요하다.

'눈에 보이지 않는 벽'이 '눈에 보이지 않는 벽'으로 드러나고, '벽' 없이 '있는 그대로'의 사실이 직접 드러나는 경우가 있다. 이것을 직접 경험이라고 한다. 사실 직접 경험에 있어서 밝혀지는 것은 기호나 프로그램이 현실 속에서 읽혀지고 현실과 혼동되어 있다는 사실뿐만이 아니다. 주객의 구도나 인과성, 그리고 실체, 속성, 개체나 자아 동일성 등의 범주도 현실에 실재하는 질서가 아닌 언어와 언어로서 기능하기 위해서 언어가 만들어낸 가설이라는 것이 직접적으로 드러난다.[12] 예를 들어 하나의 제비꽃은 자아 동일적 개체, 단순한 객관적 존재자, 제비꽃과 관련되는 사회적 통념의 담지자로 한정되지 않는다. 제비꽃은 그것을 깨뜨리고 무한을 개시하는 것이 되며, 매미의 소리는 단순한 객관적 사상(事象)이 아닌 주객 구도를 초월하는 사실인 것이다. 이때 사물은 기호 내용을 무한히 초월한 신비로서 나타난다. 직접 경험은 이처럼 통념을 매개로 하지 않고 먼저 개개의 사물을 '직접' 경험하는 것이다. 그러나 단순한 개개의 사물이 아니라 현실 전체가 직접 경험될 때, 그것은 지(知)이라고 하면 지이지만, 의식 밖의 사실이라고 하면 의식 밖의 사실

---

12 칸트의 경우 범주는 '오성' 고유의 정보처리의 방법을 가리킨다. 그러나 범주는 오성의 활동과 깊은 관련이 있으나, 오히려 언어화 고유의 형식이라고 생각하는 것이 바람직하다. 이유는 만일 그것이 오성 고유의 활동이라면 우리는 그것으로부터 자유로울 수가 없기 때문이다. 하지만 우리는 직접경험에 있어서 범주에 의한 정보처리 이전의 '본원의 모습'에 접할 수 있다.

이며, 따라서 '지 즉 사(知卽事)'라고 할 수가 있다. 이것은 니시다가 『선의 연구』의 서두에서 말한 것과 같다. 그러나 이것을 성급하게 '언어 이전의 의식의 경험'(니시다)이라고 해버리면 직접 경험이 의식 초월에서 나눠진 의식 내재, 다시 말하자면 주관적인 순수 의식 — 초기 후설의 순수 현상[13]과 같은 — 과 같은 것처럼 들리고 만다. 내가 타키자와에게 오해를 제공한 하나의 원인이 이러한 어투에 있었다는 생각이 든다. 그렇지 않다. 원래 주객 구조 자체가 직접 경험의 자아 분절로 인해 성립되는 것이다. 직접 경험은 그 자신이 전체라고 이야기할 수 있으나, 그것은 분절하자면 적어도 세 가지 국면이 있다. 그것을 이하에 약술하고자 한다.

주 – 객 직접 경험

이것은 니시다가 『선의 연구』의 서두에서 서술한 것이다. 여기서 직접 경험은 주로 '언어 이전'이라고 말해지지만, 사실 직접 경험은 단순한 언어 '이전'이 아니다. 즉 언어화가 시작되면(언어 이후) 소멸되고 직접 경험 이전의 언어 세계가 그대로 돌아오는, 그와 같은 것은 아니다. 직접 경험 이전과 이후에서는 언어성이 변화된다. "지 즉 사"(주관 즉 객관)라는 언어화가 그 전형이다. 주관과 객관은 전혀 다

---

[13] E. Husserl, *Ideen zu einer reinen Phänomenologie und phänome-nologischen Philosophie*, W. Biemel (Hrgs.), Haag, 1950.

르게 존립하고 있으며, 나중에 서로 관련을 맺는 것이 아니다. 양자의 관계는 어디까지나 '즉'(직접 무매개 중 하나, 그러나 시점에 따라 다른 것이 된다)이지만, 재언어화의 국면에서 직접 경험을 주관과 객관이라는 두 부분으로 나누면 '즉'은 '상호침투(相互浸透)'가 된다. 주관은 객관에 침투된 것으로서의 주관이며, 객관도 이와 동일하다. 우리들은 이 예를 마츠오 바쇼의 매미의 하이쿠에서 본 것이다. 여기서부터 일반적으로 주관과 객관, 더 나아가 개체들은 무한의 상호침투로 인해 성립된 것으로 파악되어 왔다. 이것은 주체의 자각을 객관계에 미친 것으로, 후술하게 될 '표현 언어에서 기술 언어로의 월경(越境)'이지만, 어느 쪽이든 현실에서의 조직은 '사사무애(事事無礙)'로서 언어화된다. 이 측면을 강조한 불교적 철학자는 주지하는 대로 니시타니 케이지이다.[14]

---

14 西谷哲治, 『神と絶対無』, 『西谷哲治著作集第七卷』(創文社, 1987), 34~35. 西谷는 여기서 マイスター・エックハルト의 신인(神人)의 일성(一性)은 '능작적 일(能作的一)'라고 한다. 만년의 타키자와는 신과 인간을 하나의 실체적 통일과 작용적 통일로 나누고, 양자의 관계는 불가분(不可分), 불가동(不可同), 불가역(不可逆)라고 하였다. 또한 작용적 통일을 '제1의의 접촉'과 '제2의의 접촉'으로 나누었다.(『あなたはどこにいるのか』(三一書房, 1983), 54 이하) 즉 『仏教とキリスト教』(1964)에서 제출된 '신과 인간과의 제1과 제2의의 구별'은 만년에 이처럼 정밀화된 것이다. 그러나 나는 여기서 신과 인간과의 실체적 통일을 말할 필요는 없으며, 작용적 일(作用的一)만을 말하면 족하다고 생각한다.

나 – 너 직접 경험

'너'와 '나' 역시 각자 전혀 다른 개체였던 것이 나중에 만나는 것이 아니다. 마틴 부버가 『나와 너』에서 서술한 것처럼, '나'는 고립된 실체적 존재가 아닌 사건, '너'와의 관계 속에서 생기되는 사건이다. '처음에 관계가 있다.' '너'에게 말을 건네는 '나'는 이미 '너'를 포함한 '나'이며, 응답하는 '너' 또한 동일하다. 양자는 상호에게 서로 침투하면서 '나'와 '너'가 되는 것이다. '나'와 '너'는 '극(極)'이라고 표현할 수 있다고 나는 생각한다. 극은 대극 없이는 존립할 수 없다. 양극은 구별할 수는 있으나 따로 떼어놓을 수는 없으며, 서로가 서로에 의해 침투되며 성립되어 있다. '너'의 말은 '나'의 중심에 전해지고 '나'는 '너'를 포함해서 '나'이다.

> 앙산혜적(仰山慧寂)이 삼성혜연(三聖慧然)에게 "너의 이름이 무엇이냐?"라고 물었다. 삼성은 "혜적이다"라고 대답했다. 그러자 앙산는 "그것은 나의 이름이다"라고 말했다. 그러자 삼성은 "그렇다면 나는 혜연이다"라고 했다. 앙산은 크게 웃었다.(『벽암록』 제68칙)

'나'는 일인칭 단수의 대명사를 사용할 때 이미 기호에 본질적 자아 동일성과 타자와의 차이성, 즉 일의성을 주면서 '나'이며, 나 외에는 아무것도 아닌 나'를 정립한다. '너'에 대해서도 마찬가지이다. 이렇게 정립된 '나'와 '너'는 각자 고전적인 원자(atom)와 같은 단일한 실체이기 때문에, '나와 너'의 원관계를 덮어버리게 된다. '나 – 너 직접 경험' 없이는 원관계는 보이지 않는다. 일상생활에서 '나'도 '너'도 정의(기호화)되어 있으나, 이 기호화가 하나의 '눈에 보이지 않는 벽'이라는 사실과, 또한 나와 너의 관계 방식을 규정하는 코드, 프로그램, 사회적 습관 등 광의에서의 사회적 규정이라고 하는 통념도 이중, 삼중의 '눈에 보이지 않는 벽'이라는 것이 밝혀진다. 역으로 말하자면 기호화나 사회적 규범이 '눈에 보이지 않는 벽'라고 깨달았을 때 직접 경험이 가능하게 된다. 그때 '나와 너'는 무한의 신비로서 경험된다. '나와 너'를 가로막는 벽이 없을 때 사람은 어떤 행동을 할 것인가? 그것을 가르쳐 주는 것이 '선한 사마리아인'의 예화이다.(「누가복음」 10장 30~36절)

'선한 사마리아인'은 자신들을 차별하는 유태인이 쓰려져 있는 것을 보고 자연스럽게 연민의 정을 느꼈고 바로 구조했다. 예수는 특정의 인간을 차별적으로 기호화하지는 않았던 것이다.(「누가복음」 19장 9~14절 참조)

자아 – 자기 직접 경험

자아는 일인칭 단수의 대명사를 쓰는 당체(當體)이다. 자아는 자기의식적이다. 자아란 생각하거나, 느끼거나, 말하거나, 무언가를 움직일 때 이것을 행하는 것이 자신이라는 것을 의식하면서 행하는 당체를 말한다. 자기의식은 자기제어의 필요조건이지만 그것을 '나'로서 언어화할 때 '나'는 앞에서 말했던 것처럼 아톰(atom)적 실체(사회 가운데서 특정의 위치를 차지하고 특정의 역할을 다하는 것, 그러나 동시에 자신이 설정한 자신의 프로그램을 실현하고자 노력하는 것)로서 이해되기 쉽다. 바꿔 말하자면, 인간은 자기 자신의 전체를 — 자성과 의지로 — 구석구석까지 자기의식적으로 제어할 뿐이고, 자아는 말하자면 자신이 자신 안에 입력한 후천적인 프로그램만을 사용하고 자기 자신을 제어하려 하며, 그것과 관계가 없는 정보, 혹은 모순되는 정보는 모두 절단하게 된다. 이렇게 해서 사실 자아는 신체 정보의 무한성을 잃게 된다.

그러나 말할 것도 없이 인간은 신체로써 타자와 세계에 관여하고 있다. 신체정보를 상실하면 결과적으로 자아는 타자와 세계로부터 단절되고, 자아가 설정한 프로그램의 총체가 되며, 자아에 따라 제어되어야 할 무한한 존재로 환원된다. 그렇게 되면 될수록, 자아는 하나의 극으로서 다른 극과 공생하는 것을 추구하고 원하는 '자아' — 신체성의 중심 — 를 잃게 된다. 자아는 자신의 밖에 '눈에 보이지 않는 벽'을 만들 뿐만 아니라, 바로 자신의 내부에 — 자기와의 사이에 — 벽을 만든다.

자아가 자신의 전체 프로그램을 자기 제멋대로 제어하려는 행위를 포기할 때 자아는 외부와 자신의 신체적 정보 모두에 개방된다. 그때 신체로서의 자기 자신, 즉 자신의 총체가 자아를 무한하게 넘는 신비이며, 자아가 신체를 지니는 것이 아니라 그 반대라는 것을 알 수 있다. 자신의 전체가 자아를 넘는 움직임을 지니고 성립되어 있다는 것과, 이 움직임이 타자를 타자로 성립하게 하는 것이며, 따라서 이 움직임은 인격의 공생을 성립하게 하는 방향성을 가진다는 것을 이해할 수 있다.

신체와 자아를 성립하게 하는 이 움직임은, 자아가 나타날 때, 자신을 넘는 자신 ― 자아와 구별되는 '자기' ― 이라고 자각된다. 이때 자아와 자기의 관계는 비유적으로 말하자면 이하와 같은 것이다. 예를 들어 신체를 선체로 비유하자면, 자아와 자기는 조타수와 선장에 해당된다. 자아는 그동안 선장을 무시하고 ― 혹은 선장이 있는 것을 모르고 ― 저 혼자 배를 조종하고 있었던 것이다. 그런데 선장은 선장이면서 배 안에서는 선박회사를 대표하는 위치에 있다. 이것은 자기가 신체의 중심이면서도 신체의 안에서 초월[神]을 대표하는 위치에 있는 것과 유사하다. 바꿔 말하자면 자아는 신적·인간적인 것이다. 바울은 이러한 '자아'를 '내 안에 사는 그리스도'라고 불렀다.(「갈라디아서」 2장 20절) 자기는 인간이 자신 안에서 신적인 것과 만나는 장소이며, 종교적 자각이 성립되는 장소이다. 일반적으로 사람이 (바깥의) 신과 만나는 장소는 '신전'이라고 불리지만, 자기는 사람이 스스로의 '안[內]'에서 신과 만나는 장소이다.

나아가 말해 본다면, 자기는 단지 개체인 것이 아니라 집합적인 움직임의 한 극이며, 인격의 공동체를 구성하는 작용의 담당자이기도 하다.(선장은 다수의 선박 운행이 하나의 시스템을 이루고 있음을 이해하고 있다.) 즉 '그리스도'는 교회론적 의미를 가진다.(「고린도전서」 12장, 「로마서」 12장 4~6절 참조) 교회는 '그리스도의 몸'인 것이다. 동시에 교회의 역사로서 '하나님의 백성'의 역사가 언급된다.(「로마서」 9~11장) 또한 교회라고 불리는 인격 공동체는 개(個)에서 성립되기는 하나, 이 경우 '개'는 자기 자신이면서도 타자와의 관계 가운데 있는 것, 즉 앞에서 말했던 극(極)이며, 그렇기 때문에 인간의 자아 동일성은 타자와의 관계 속에서만 존립하게 된다. 이러한 극의 집합이 하나의 무리가 될 때 이것을 '통합체'라고 부를 수가 있다. 통합체는 무리로는 하나이지만 구성요소로는 다(多)이기 때문에, 여기서 '일 즉 다(一卽多)'가 성립되는 것을 지적할 수 있다. 앞에서 기술했던 것처럼, 그리스도의 몸으로서의 교회는 '일 즉 다'를 구성한다.(「로마서」 12장 4절)

그런데 상술한 것처럼 '신전'은 사람이 밖의 신과 만나는 장소, '자기'는 자신이 자신의 안에서 신과 만나는 장소이지만, 양자가 겹쳐지는 경우가 있다. 자기가 신의 궁전(신전)이라고 불릴 때가 있다. 설명하기 복잡한 모습이지만, 이것은 '자기'에 있어서 인간은 자신을 초월하는 신과 만나고, 동시에 자신의 내적 신과 만난다는 뜻이다. 바꿔 말하자면 인간이 자신 안에서 만나는 내재신(內在神)은 동시에 자신을 넘는 초월신이라는 말이다. 물론 이 경우 전술한 것처럼 '신'이란 신비의 언어화에 있어서 성립된 주어이다. 사람이 직접 경험하는 것은 신비, 성스러운 것이며 '신'은 아니다.

예수는 이러한 자기에게 있어서의 내재적 초월을 '사람의 아들'(「마가복음」 2장 28절, 3장 38절)이라고 불렀고, 바울은 앞에서도 언급했던 것처럼 '내적인 사람'(「고린도후서」 4장 16절)이라고 칭했던 것을 주목할 수 있다. 이것은 '적육단상(赤肉團上)의 일무위의 진인'(임제)이라는 말을 상기시킨다. '작용'의 언표에 대해서는 다음 절에서 서술하겠지만, 이하에서 내용을 더 다루고자 한다. 상술한 것처럼 신에 관련된 연쇄적 표상으로서 '신-신전-신역'이 있으나, 신약성서에 신도의 신체는 성령의 궁전이라는 표현이 있다.(「고린도전서」 3장 16절) 신도에게는 그리스도도 머물고 있기 때문에(「로마서」 8장 10~11절) 신도는 그리스도의 궁전이라는 이해도 포함되어 있다. 그러나 상기의 '자기'는 신체성의 중심이며, 거기서 사람과 신은 하나이다. 자기(내적 그리스도 = 내적 사람)는 '신·인적'인 것이다. 여기서 바울의 '신-신전-신역'에 해당되는 연쇄적 표상을 찾아보면, 그것은 '초월적 그리스도 — 신자에게 내재하는 그리스도(신도는 그리스도의 궁전) — 그리스도의 나라(「고린도전서」 15장 24절)'라고 하는 연쇄를 발견할 수 있다. 예수의 경우 초월적인 능동자는 '사람의 아들', 예수는 그 궁전이고(「마가복음」 2장 27절, 2장 10절 참조), 궁전에서의 내재적인 작용은 '신의 지배'이다. 또한 '사람의 아들의 나라'는 '신의 나라'와 동등하다.(「마가복음」 8장 38절) 정토교에서 이것에 대응하는 것은 '나무아미타불', '원력(願

力, 작용의 측면에서 본 나무아미타불)', 정토이다. 이러한 코멘트는 별로 주목받지 못하는 사실, 즉 예수에 있어서 '사람의 아들'과 '신의 지배'와 '신의 나라'가 서로 연관되는 연쇄적 표상이라는 것을 지적하기 위해서이다. 이 경우, 매우 미묘한 일이긴 하나, 초월자와 내재자(그리스도 혹은 사람의 아들)가 동일한 이름으로 불리고 있다는 점에 주의한다면, 그리스도 혹은 사람의 아들은 내재적인 작용의 초월면을 인격적으로 표상한다는 것으로 해석이 된다. 즉 예수에 있어서는 '신의 지배'의 인격적 표상이 '사람의 아들'인 것이다. 그것을 무시하고 언어상으로 예수의 언어를 해석하면 '신의 지배'와 '사람의 아들'은, 양자가 함께 언급되는 일은 없기 때문에, 서로 무관해질 수가 있다. 사실 양자는 동일한 사실의 다른 면을 가리키고 있기 때문에, 반드시 동시에 언급된다고는 한정할 수 없다.

중요한 코멘트를 하나 더 부가하자면, 자각적인 인간 안에서 '자기'만이 단독으로 활동하는 일은 없다.(선장만으로 배는 움직이지 않는다.) 자기는 늘 자아와 함께 움직인다. 바꿔 말하자면 자기가 자아에 대해서, 또한 자아 안에서 드러날 때 자아는 본래적인 자아가 된다.(「갈라디아서」 1장 16절, 2장 19~20절 참조) 이러한 인간의 본연의 자세는 전술한 것처럼 '자기/자아'라고 표기된다. 실제로 정토교에서는 염불은 단순한 자아의 행이 아니라 자아(나무아미타불의 원력)에 의해 유인된 자아(자기/자아)의 행이다.(신약에서는 「고린도전서」 12

장 4절 참조. 신앙은 성령의 움직임에 의한 것이다.)

본 절의 마지막으로 '자타의 일(一)'이라는 의미가 직접 경험의 국면에 따라서 다르다는 것을 지적해 두고 싶다. 직접 경험A의 경우, 자타의 일이란 먼저 '주관과 객관의 일'이다. 이때 직접 경험은 현장에서는 '사 즉 지(事卽知)'가 된다. 직접 경험의 '현(現)'은 의식 초월이라고 하면 의식 초월, 의식 내재라고 하면 의식 내재이다. 바꿔 말하자면 여기서 주와 객의 관계는 '즉'이다. 다음으로 직접 경험B에서는 '나와 너'의 관계는 극과 대극의 관계이다. 우리는 많은 극으로 이루어진 하나의 덩어리를 '통합'이라고 부르지만, '나와 너'의 관계는 이 극의 '통합'이다. 또한 직접 경험C의 경우 신과 사람, 자기와 자아의 관계는 '작용적 일'이다. 작용적 일에 대해서 니시타니 케이지는 '절대적 이(二)가 되는 것은 주체적으로 일(一)이기 때문에 절대 일(一)이 된다'[15]라고 말하고 있다. 작용적 일이란 실체로서는 다른 것이 작용에 있어서 하나라는 것이다. 비교하자면 입자는 상호 배제적이며 동시에 동일한 공간을 차지할 수는 없지만, 파(波)는 서로 겹쳐질 수가 있는 것과 같다.(합성과 분리가 가능하다.) 우리의 신체에 있어서 물질적 반응은 동시에 생체의 운영이다.(의미의 이중성) 음파(물질)와 말을 거는 것(목소리)은 같은 공기의 파이다.

유대교 – 기독교적 전통에 있어서 예언자나 사도는 신의

---

15 西谷哲治, 前揭書, 52.

사자(使者)로서 말한다. 사자의 경우, 주인과 사자의 인격은 다르지만 사자의 메시지는 그대로 주인의 말이다.

이상과 같이 작용적 일을 통해서 실체라는 면에서나 의미라는 면에서 다른 것이 작용이라는 점에서 하나인 것이며, 이 하나는 '이중성'이라고 규정할 수 있다. 이상처럼 '자타의 일'에 있어서는 '즉', '통합', '이중성 = 작용적 일'이 구별된다. 특히 작용적 일과 실체적 일의 구별은 신과 사람이 실체적으로 하나라고 주장하는 영지주의와, 작용적으로 하나라고 말하는 기독교 · 불교의 차이를 밝히기 위해서 중요하다. 인간 신화는 실체적 일에서 발생하는 것이며, 작용적 일에서는 발생할 수 없다. 여기서 자세히 논할 수 없으나, 나는 니시다의 '절대 모순적 동일'도 실체적 일이 아니라, 작용적 일이라고 해석되어야 한다고 생각한다. 절대와 상대의 실체적 일은 논리적으로도, 또 그 내용으로 보더라도, 있을 수 없기 때문이다.

또 다시 신비의 언어화에 대해서

앞 절에서 직접 경험의 여러 모습을 서술하고, 더 나아가 그것이 언어화되는 방법을 서술했으나, 본 절에서는 신비를 언어화하는 일반적인 방법에 대해서 논하려 한다. 신비의 언어화에는 적어도 세 가지의 방법이 있다. 그것은 (1) (이야기를 포함한) 이미지에 의한 감성적 표현, (2) 초월적 · 내재적 작용을 말하는 방법, (3) 신비의 피안에 초월적인 인격

(신)을 정립하는 방법이다. 이때 (2)의 '작용'은 비인격적이며, 여기서 내재적인 활동과 초월적인 활동의 관계가 이야기될 때 양자는 '작용의 일'을 이루게 되고, 그에 반해서, (3)에서의 신은 — 인간에 관한 말로 옮기자면 — '지성과 의지'를 지닌 책임적 주체이며, 따라서 여기서는 (2)와 작용적 일일 뿐만 아니라, 신과 인간의 관계가 '말 걸음과 대응', '명령과 순종'이라고 하는 인격주의적 언어를 사용하여 말하게 된다.

바꿔 말하자면 인간은 여기서 바깥의 신과 만나는 모양새가 된다. 또한 신비란 신비로서 경험되는 사건이기 때문에, 그것이 언어화되었을 때 명사는 실체사도 아니고, 명사화된 형용사, 즉 추상명사도 아닌 명사화된 동사, 즉 본래는 동명사라는 사실에 주의해야 한다.(「빌리보서」 1장 20절 참조) 아리가 테츠타로의 하야톨로지의 의의는 여기서 인정된다.[16]

(1) 감성적 표현

이것에 대해서는 이미 마츠오 바쇼의 하이쿠를 예로 들었다. 먼저 인용한 바쇼의 하이쿠에는 특히 초월적인 것이 언급되어 있는 것은 아니지만, 언뜻 보기에 일상적인 것이

---

16 有賀鉄太郎, 『キリスト教における存在論の問題』(創文社, 1969), 創文出版社, 『有賀鉄太郎著作集 第十巻』(1981, 所収). 아리가는 히브리어 〈하야〉는 존재가 아닌 생성을 의미하는 것에 주목하여, 기독교 신학은 존재론이 아닌 생성론(하야톨로지)이어야 한다고 주장했다.

무한의 신비로서 경험되고 있음을 가리키고 있다. 다른 예를 들어보자. 이하의 예에서는 감성적 표현이라고 하더라도 뒤에 언급하게 될 '작용'이 가시적인 형태로 이야기되어 있다.

　구지화상(俱胝和尙)은 아무것에도 의지하지 않고 질문을 받으면 손가락 하나를 세워 보였다.(『벽암록』 제19칙)

　예수의 말 가운데서 다시 '선한 사마리아인의 비유'(「누가복음」 10장 29~37절)를 예로 들 수가 있다. 이 예화는 신학적 발언이 아닌 하나의 이야기이며, 또한 다른 비유와는 달리 신을 암시하는 인물(왕이나 가장 등)이 등장하지 않는다. 무신론자도 동감할 수 있는 이야기이다. '선한 사마리아인'이 자신들을 차별하고 교제를 거절한 유태인이 쓰러져 있는 것을 보고 '자연스럽게 불쌍하게 여기며, 도와줬다'라는 점에 단순한 자아를 넘은 자기(혹은 예수의 말에서는 '신의 지배')의 활동(다음 항을 참조)이 암시되어 있다. 전술한 것처럼 사마리아인은 특정한 인간을 '적'이라고 기호화하고 그 기호 내용으로 그 인간을 대하려고 하지 않았다. 이 이야기의 근본에 직접 경험B가 있다는 것은 이미 서술했다.

　다른 양식의 감성적 표현으로서 기적의 이야기나 성자의 전설이 있다.('예수의 탄생 이야기' - 「마태복음」 1장 18절~2장 12절, 「누가복음」 1~2장 / '공허한 무덤의 이야기' - 「마가복음」 16장 1~8절 등) 이와 유사한 예는 불교 전설에서도 다수 볼 수 있

다. 이것은 기본적으로 객관적 사실의 보고가 아니라 초일
상적인 것으로 경험되는 신비(힘), 즉 초일상적 이미지에 의
한 표현이라고 간주해야 한다. 이 이미지들은 신비가 이 세
상과는 다른 세계에서 유래된 것, 불가사의하고 놀랍고 대
단한 힘이 넘치는 것이라고 이야기한다. 이것은 사실(史實)
을 이야기하는 것이 아니기 때문에 기본적으로 객관적 검증
의 대상이 아니고 이해되어야 할 심성의 표현이다. 누미노
제적 대상에는 기적의 이야기가 필수이다. 즉 기적이나 성
자의 전기는 경험한 신비를 표현하고 전달하는 수단으로 사
용된다. 따라서 이것은 표현 언어의 하나의 예로 이해되어
야 한다. 원래 종교 언어는 뒤에서 서술하는 내용처럼 본질
상 기술 언어가 아닌 표현 언어이다.

(2) 작용에 대한 언급

언뜻 보기에는 일상적인 일이 무한의 신비로서 경험된
다. 그 경험에 의거하여 일상성 안에서 일상성을 넘는 것(개
(箇)를 넘고, 일상적인 지식을 넘어선 것)의 활동을 이야기한다.
예수의 말씀 중에서는 아래의 예를 들 수가 있다.

신의 지배란 어느 사람에게는 땅에 씨를 뿌리는 것과 같
다. 밤과 낮에 자고 일어나는 사이에 씨는 싹을 내고 자라지
만, 왜 그리되는지 그 사람은 모른다. 땅은 스스로 결실을
맺으며, 처음에 싹, 다음은 이삭, 그리고 이삭 안에 풍요로
운 열매를 맺는다. 열매를 맺으면 바로 낫으로 수확한다. 수

확할 때가 왔기 때문이다.(「마가복음」 4장 26~29절)

이것도 비유이긴 하나, 대지가 스스로 ─ 즉 사람의 개입 없이 ─ 결실을 맺는 무한의 신비를 '신의 지배'의 활동의 비유로 말하고 있다. 예수는 '신'의 지배라고 하지만, 정토 불교에서는 범부 가운데서 일하며, 스스로 범부의 마음에 염불하고자 하는 마음을 갖게 하고, '스스로 부처가 되어 중생을 구한다'는 원(願, 顧作佛心 度衆生心)을 일으키는 불성의 활동은 아미타불의 '원력'의 활동이 된다.(『탄이초(歎異抄)』 1 참조) 즉 이 활동은 다음 항목에서 서술할 '인격적 초월자(아미타불)'의 활동으로 해석된다. 인격적 초월자는 단순히 이야기하고 명령하는 것이 아니라, 인간(단수가 아닌 복수의 신자) 안에서 활동한다.(「빌리보서」 2장 13절 참조) 이 관계는 예를 들어 아미타불과 (회향된) 원력, 신약성서의 '하늘에 계시는 그리스도'와 '성령으로 사람에 내재하는 그리스도'의 이면성에서 엿볼 수 있다.(「요한복음」 14장 16~18절, 「로마서」 8장 9~11절) 예수의 경우, 이 이면성은 전술한 것처럼 초월적인 '사람의 아들'과 내재적인 '사람의 아들(신의 지배)'의 이면성으로 나타난다. 즉 일상적 세계에 있지만 일상성을 뛰어넘는 신비의 작용은 초월적인 작용과 관련지어질 수 있다. 결국, 비인격적 '작용'은 신약 선서에서 인격적 초월과 관련될 수 있는 것이다.(다음 항목)

어찌됐든 이상과 같은 본 항 (2)는 다음 항목 (3)과 결합한다는 사실을 이해할 수 있으나, 실은 이러한 결합은 결코 필연적인 것은 아니다. 즉 인격적 초월이 말해지는 데 한정되는 것이 아니다. 선(禪)의 경우처럼 '불성', '무위의 진인', '무상의 자기[久松眞一]'를 말하면서도, 즉 '작용'은 이야기되면서도, 그것들이 초월적 인격 존재의 작용으로 해석될 수 없는 경우가 있다. 여기서 알 수 있는 것은, 신비로서 경험되는 '작용'이 주체를 성립시키는 작용으로서 경험되는 경우, 먼저 자기에 있어서 주체적으로 자각된다는 것이다. 이와는 달리 신비의 피안에 세워지는 초월적, 대상적 '신'이나 '여래(如來)'는 '믿음[信, 信仰, 信心]'이 지향하는 상대(오해를 피할 수 있다면 대상이라고 해도 무방하지만)이다. 이 경우 신을 품은 '성스러운 것'은 외적인 것, 예를 들어 '신전'이며, 사람과 신이 만남을 매개하는 사물이나 사람이 된다. 즉 '작용'은 한편으로는 자기에 있어서 주체적으로 자각되는 작용이며, 또 다른 한편에서는 신비의 일의 저편에 세워지는 인격 '신'의 작용으로 해석된다. 그렇다면 '활동'의 주체적 초월은 객체적 초월로서의 '신'과 연결된다. 이렇게 해서 '신'은 주체적 초월과 객체적 초월의 일(一, 합일하는 것)이라고 해석된다.

또한 주의해야 할 것은 활동이 작용인 이상, 한 항목으로는 성립되지 않으며, 절대적으로 관계성을 함의한다는 것이다. 따라서 활동을 이야기할 때에는, 당연히 앞의 항(직접 경험의 제 상)에서 서술한 '즉' 등과 연결된다. 바꿔 말하자면 '활동'은 '주관 즉 객관', '일 즉 다', '나와 너의 불일불이' 등의 관계성을 언급하는 것으로 연결된다. 이 언표는 더 나아가 — 존재자는 아톰(atom)이 아니라 극이라는 사실을 상기하길 바란다 — 연기와 공(비실체성)이나 '통합'에 관한 이론으로 전개될 수 있는 것이며, 결국 '작용'의 언급은 넓게 직접 경험A 및 직접 경험C에서 나온 언설과 결합하게 된다.

(3) 초월적 인격을 이야기하는 방법

본론의 시작에서 신비의 경험은 일반적으로 '그것에서 신이 작용하였다'고 언어화된다고 서술했다. 그리고 우리는 신비를 한정하고, 그것을 과학의 발전에 따라 상실되는 신비가 아닌, 그것과는 무관하게 경험되는 신비, 바꿔 말하자면 직접 경험의 현장에서 나타나는 신비라고 서술했다.

따라서 여기서 성립되는 초월적 인격이란 전 항목 (1)과 (2)를 근거로 성립되는 신 혹은 부처이다. 언뜻 보기엔 일상적이고 '객관적'인(자신의 상대편) 일이 무한한 신비로 경험되고, 더 나아가 자신에게 있어서 유의미한 일, 즉 이야기로 경험되면, 그 저편에 신이 성립되어 있다. 또한 외측의 신비 가운데서 움직이는 힘이, 자아를 자아답게 하는(이쪽편 자신 안의) 활동과 연결된다. 객관(단순한 객관이 아닌 '주관 즉 객관'의 객관)의 저편에 세워지는 신과 주체('주관 즉 객관'의 주관)의 근본에 세워진 신은 동일한 신으로서 이해된다.

신비(성스러운 것)와 신의 관계에서는 일반적으로 세 가지 것이 구별된다. 제1은 일상 언어로 이야기되는 모든 현상[事

象], 제2는 신비(성성(聖性)), 제3은 신이다. '신이 머무는 객체'(예를 들어 하나의 나무라고 해보자)에 대해 말을 하자면, 제1은 나무, 제2는 신을 품은 나무, 제3은 나무에 머무는 신이다. '사랑하는 자는 신을 알고, 사랑은 신에서 나오며, 신은 사랑이기 때문이다'(「요한복음」 4장 7절)라는 구절을 예로 들자면, 제1은 인간적 사랑, 제2는 '신에서 나오는'이라고 이야기하는 인간적 사랑, 제3은 사랑의 근원으로서의 신이다. 제2의 것은 (신비로서) 경험되기 때문에 종교적으로 중심적 위치를 차지하고 있으나, 여기서 신과 사랑이 '실체적 일'을 이룬다고 생각하는 것은 옳지 않다. 신은 사랑이긴 하나, 사랑이 신이라는 것은 아니다. 여기서 성립하는 것은 전술한 '작용적 일'이다. 인간의 사랑이 신의 활동에 의해서 성립되어 있다는 것이다. 바울은 '내 안에 사는 것은 그리스도이다'라고 말했다.(「빌리보서」 2장 21절, 「로마서」 15장 18절 참조) 예수와 신의 관계도 동일하므로, 예수가 신이지, 신이 예수라는 것은 아니다. 예수는 신의 활동에 의한 사람이며, 따라서 예수와의 만남은 신과의 만남인 것이다. 전술한 것처럼, 성서는 신과 인간의 일(一)을 작용적 일에 비유해서 이야기한다. 신이 주인이고, 예언자나 사도가 사자(使者)라는 비유는 신이 인간과 실제로 동일하지는 않지만 사자(인간)의 말은 인간의 말인 동시에 주인(신)의 말이며, 이 의미에서 양자는 작용적 일을 이룬다는 것이다. 결코 인간의 말이 그대로 신의 말인 것은 아니다. 그렇다면 실체적 일이 성립되어 버린다.

여기에는 지극히 복잡한 언어화의 가능성이 있다. 제1은 이미 서술했으나, 사람과 신이 만나는 장소에 관한 것이며, 신 ― 신전(자아) ― 신역이라는 연쇄적 표상이다. 또한 '활동'의 분절에 의한 언어화가 있다. 그것은 능동자 ― 작용 ― 수동자라는 분절이며, 당연히 이 경우에서도 활동의 장이 명시될 때가 있다. 또한 작용은 '활동의 내용'과 '활동 ― 전달'로 분절된다. 즉 세상에 활동하는 신을(수동자는 일단 도외시하고) '활동'에 관해 분석하면, '능동자 ― 활동의 내용 ― 활동·전달'로 분절이 가능하지만, 이것은 '아버지 하나님 ― 아들 하나님 ― 성령 하나님'에 해당되는 삼위일체론적 분절과 다름없다.[17] 이것은 정토불교에서는 '아미타불 ― 원 ― 회향'의 관계에 해당된다.

다른 한편, 자기와 자아의 경우를 보면 자아 안에서 드러나는 인간, 즉 자기·자아로서의 인간에 대해서 당연히 '자기'와 '자기·자아'라는 분절이 가능하다. 이 인간에 있어서 단순한 자아로서의 존재함은 극복되어 있기 때문에 인간은 단순한 자아가 아닌, 자기/자아인 것이다. 그런데 이 '자기'에 대해서 말한다면, 이것은 인간에 있어서의 신비, 성스러

---

17 칼 바르트는 삼위일체를 계시개념의 분석에 기초해서 설명하고 있다. 계시개념은 '계시하는 것 - 계시 - 계시된 것'으로 분석했기 때문이다. 이 삼요소는 각각 '아버지 하나님', '아들 하나님', '성령 하나님'에 해당한다. Karl Barth, *Kirichliche Dogmatik*, 1/2, 311ff. 본론의 분석은 '계시'를 '작용'으로 일반화한 것에 다름 아니다.

운 것, 신·인적인 것이며, 거기에 '초월이 머물고 있다'(수육)라고 언어화할 수가 있다. 즉 자기는 '우리 안에 거하는 그리스도＝내적 사람'에 해당되기 때문에 '초월적 그리스도'와는 구별된다. 초월적 그리스도는 인간성을 포함하지 않는 것이 당연하며, '그리스도'는 세계 창조 이전부터 종말 이후까지 '참 하느님, 참 사람'(즉 예수 그리스도)이라는 그리스도론이 아무리 '전통적'이라고 해도 내용에 부합한다고는 생각되지 않는다. 초월적인 그리스도란 '로고스'(「요한복음」 1장 1~13절, 바꿔 말하자면 '아들 되시는 하나님')를 생각할 수 있다. 그러면 우리의 분절은 로고스 — 로고스가 성육신한 자아(＝내적 그리스도) — '예수'(자기/자아의 전형으로서의 한 인간)가 된다. 이 분절은 쉽게 알 수 있듯이, '법성법신 – 보신 – 웅신'이라고 하는 불교에서의 삼신론에 대응하는 것이다. 자기는 타키자와가 말하는 '신과 인간의 제1의의 접촉'에, 예수는 '신과 인간의 제2의의 접촉'에 대응한다는 사실은 이미 서술했다.

요컨대 '신'은 전술한 것처럼 '객관적'인 일(一)의 저편에 세워진 신과, 주체(자아) 안에 자각되는 (주체가 주체이면서 주체를 넘은) 내재적 초월은 하나[合一]이다. 다만, 반복하지만 누구도 신의 모습을 보면서 신에 대해서 이야기하는 자는 없으며, '신'은 일반적으로 사람이 무언가를 신비로 경험하고, 그 신비의 궁극적 근거를 말로 표현한 것이다. 바꿔 말하자면 '신'이라는 명사는 보통명사이긴 하지만 검증 가능한 객관적 지시 대상은 존재하지 않는다. 신을 말하는 언어는 기술 언어가 아닌 표현 언어(다음 항목 참조)인 것이며, 그렇기 때문에 이야기되는 신을 갑자기 객관적 현실로 할 수는 없다. 실제 신비의 궁극적 근거로서 세워진 신은, 당연히 객체를 객체의 방향으로 초월하는 동시에 주체를 주체의 방향으로 초월한 것이며, 이것을 갑자기 단순한 객관적 현실로 할 수 없는 것이다.

즉 객관의 저편에 세워진 신은 그대로 객관적 현실로는 해석되지 않는다는 모순이 있다. 그럼에도 불구하고 객관적 현상의 저편에 신을 세운다면 이것은, 뒤에 이야기하게 되겠듯이, 다른 언어성으로 월경(越境)하게 되는 것이다. 때문에 신은 지(知)의 대상이 아니라 어디까지나 믿음의 대상인 것이다.

이 경우 개개의 신비의 저편에 세워진 개개의 신 — 다신교적 신 — 은 과학의 발전과 함께 사라질 것이다. 실제로 모든 것이 모든 것과 관련되어 있기 때문에 개개의 신비의 배후에 일일이 '신'을 세우는 것은 이치에 맞지 않으며, 신비의 전체 — 모든 현실 — 를 신의 활동이라고 하는 것이 당연하다.(유일신교) 즉 이 '신'은 결국은 '객관적 사건(역사적 사건을 포함)'의 저편에 있는 신이면서, 동시에 주체의 자각이 나타난 신이다.('사랑하는 자는 신을 안다'라는 것) 이처럼 양자의 합일을 신이라고 부른다. 그렇다면 이 신은 동시에 공동체와 역사의 신이 된다.

다른 방면으로 다시 말하자면, 결코 직접 경험의 현장에서 직접 경험되지는 않는 '신'이라는 초월적인 인격을 세우지 않고, 어디까지나 확인 가능한 직접 경험에 기반을 둔 사항을 이야기하는 것도 가능하다. 이 경우 자각이 나타난 내재적·초개적(超個的)인 활동이 '불성(佛性)', '무위의 진인', '무상의 자기' 등으로 언어화된다. 이는 단순히 '대상적(對象的)' 혹은 '대향적(對向的)'인 신을 말하는 것이 아니다.(久松眞一의 '무신론'[18]) 직접 경험을 언어화하는 경우, 대상적 신을 세우는 이론적 필연성은 존재하지 않는다.

종교적 언어에 대해서[19]

언어학에서는 (1) 기술 언어(descriptive language), (2) 표현 언어(emotive language), (3) 능동 언어(conative language)의 세 가지로 구분되어 있으나, 혼동을 피하기 위해서 한정해 보고자 한다. 우리들은 제1의 언어를 말하는 자와 듣는 자 모두에게 기본적으로 확인 가능한 객관적 사물에 관해 정보를 주는 언어로 이해한다. 그 목적은 주로 그 사물을 알고 조작하는 것이다. 제2의 언어는 말하는 자의 마음의 사항, 즉 외부에서는 확인할 수 없고 본인의 발언에 의해서만 알 수 있는 것을 표현하는 언어, 다시 말하자면 말하는 자의 감각,

---

18 『絶対主体道』(久松眞一著作集第7卷, 法蔵館版, 1994), 수록.
19 본 항목에 대해서는 八木誠一, 『宗教と言論·宗教の言論』(1995, 日本基督教団出版局), 제3장을 참조하길 바란다.

감정, 감동 등의 '감(感)', 또한 이미지·상념·사고 등을 표출하는 언어이다. 표출은 자각을 전제로 하기 때문에 이 언어는 자각 표출의 언어라고도 할 수 있다. 제3의 언어는 사람의 행동을 유도하는 언어(명령, 요구, 의뢰, 간원, 협박, 유혹 등)이다. 선전이나 약속과 같은 소위 '언어 행위'는 결국 자신들을 움직이는 언어이기 때문에 특별히 새로운 항목을 마련할 필요 없이 제3 언어의 범주에 포함된다고 생각된다.

분석철학이 문제로 삼는 것은 주로 제1의 언어이며, 여기서 검증, 반증이 불가능한 언어는 무의미한 것이라고 여기는 것은 그대로 정당한 인식으로 인정된다. 그러나 이것은 객관적 사실의 인식과 그 전달에 관련되는 제1의 범주의 언어에 대해서만 말할 수 있는 것이다. 이론 실증주의에 의하면 종교 언어는 검증, 반증이 불가능하기 때문에 무의미하나, 이 견해는 종교 언어를 기술 언어로서 다뤘다는 점에서 오류가 있다. 일반적으로 형식상 기술 언어이지만 표현 언어로 쓰인 문장은 기술 언어로 쓰인 문장과는 성질이 다르다. 예를 들어 기술 언어 가운데서 사용되는 보통명사에는 지시 대상이 실재하는 것이 대부분이긴 하나, 표현 언어(예를 들어 민화나 소설)에서는 꼭 그렇다고는 할 수 없다.

제2의 범주의 표현 언어는 객관적 인식을 말하는 것이 아니기 때문에, 원래 검증의 대상이 아니며 검증에 어울리지 않는다. 표현 언어는 어디까지나 이해되는 것이며, 그렇기 때문에 이해가 되는지의 여부가 문제인 것이다. 이해란

이 경우 동감이나 공감만이 아닌 추(追)체험, 추(追)사고, 추(追)표상이 가능하다는 것을 의미한다. 예를 들어 '옛날 먼 옛날에 할아버지와 할머니가 살고 있었습니다. 할아버지는 산에 나무하러 가고, 할머니가 강에 빨래를 하러 갔습니다. …… ' 이러한 민화를 듣는 사람이 이미지를 형성해간다면, 이야기는 그러한 범주에서 이해된다고 할 수 있다. 이해 가능성에는 단순한 추(追)표상 가능성부터 깊은 공감에 이르기까지 넓은 범주가 있다. 바꿔 말하자면 이 범주에 속하는 언어는 이해가 불가능할 때 무의미한 것이다. 수학이나 이론학에 대해서도, 이것들은 객관적 대상에 관련된 학문이 아니라 우리들의 이성에 내재하는 현실 파악을 위한 도구에 대한 학문이기 때문에, 이성의 자각을 표출하는 것이라 생각된다. 여기서도 경험적 검증은 문제 밖이며, 누구나 추사고 가능한 것이 본질적이다.

제3의 범주는 사람의 행동을 유도하는 언어이다. '사람'에는 '우리'와 '우리들'이 포함되어 있다는 점을 주의한다면 앞서 서술한 대로 선언이나 약속이나 함의를 나타내는 언어는 이 범주에 들어간다. 양자에 공통적으로 말할 수 있는 것은 (1) 듣는 사람에게 있어서 무엇을 하라는 것인지 알 수 없는 언어, (2) 하라고 해도 — 예를 들어 물리적·도의적으로 원래 할 수 없는 것을 요구하는 언어, (3) 듣는 사람이 요구를 실행했는지 여부를 말하는 사람이 확인 불가능한 요구나 약속은 무의미하다는 것이다. 일반적으로 문장의 형식과 언어 범주를 구별하고, 혼동을 피할 필요가 있다. '나는 하루 종일 당신만을 생각합니다'라고 하는 '약속'은 사실상 표현 언어이지 능동 언어는 아니다.

　이상의 것을 근거로 다음과 같이 이야기할 수 있다. 종교 언어는 일반적으로 무언가를 '무한의 신비로서' 경험한 사람이 '신비로서 경험하는 마음'을 말로 표현하는 언어이다. '산길에서 무엇일까 그윽해라'(바쇼)는 사실상 종교적일 수 있는 문학 언어이긴 하나, 이것은 경험(직접 경험)의 전체를 표출하는 것이며, 특정한 경험적 대상에 관한 객관적 정보는 아니다. 좁은 뜻에서 종교 언어를 말하는 사람도 '신의 모습'을 관찰하면서 신에 대해 객관적으로 말하는 것은 아니다. 종교 언어는 직접 경험의 전체성을 언어화한 것이며, 본질상 표현 언어에 속한다. 바꿔 말하자면 원래 종교 언어는 이해되어야 하는 것이며, 객관적 검증, 반증에는 어울리지 않는다. 이것은 우리의 기본적 인식에 속해 있는 것이다. 예를 들어 예수의 언어에 대해서 말하자면, 예수의 종말론은 「마가복음」 4장 26~29절이 가리키는 것처럼, 예수의 주체적·내적 경험(직접 경험C가 성립하는 '신의 지배' 이해)에 기반을 둔 것으로서 원래 역사에 관한 객관적 기술이나 객관적 미래예측이 아니다. 또 예수의 율법해석은 본질상 능동 언어가 아니다. 예를 들어 「마태복음」 5장 27~28절에 대해서 이것을 '남성은 여성을 보고 마음을 움직여서는 안 된다'라고 하는 '이론'이나 '당위'의 의미로 이해하면 이 언어는 무의미해진다. 이것은 당사자의 의사에 의한 제어가 불가능한 사항에 관한 명령이며, 원래 실행 불가능하다. 예수는 여기서 신의 지배 활동 아래에 있는 인간, 즉 '자아'가 아닌 '자기·자아'로서의 남자는 여성을 단순한 성의 대상으로 다루지 않는다는 사실을 이야기하는 것이며, 따라서 이 언어는 '신의 지배'의 내적 경험(직접 경험B+C)으로 이해되어야 한다.

이상과 같이 우리들은 종교 언어는 직접 경험의 전체성이 언어화되는 것이라고 생각하지만, 이것은 다음과 같은 말로 바꿔서 말할 수 있다. 즉 직접 경험을 언어화하는 인간적 주체는 앞에서 서술한 것처럼 단순한 자아가 아닌 자기가 자아에 대해서, 또는 자아 안에 드러난 자아, 즉 '자기/자아'이다. 따라서 종교 언어란 그 자각의 측면에 대해서 원래 '자기/자아'인 인간이 실제로 자기 자신을 '자기/자아'로서 자각하고, 그 자각을 언어화한 것이다. 그리고 그 '자기/자아'는 현실 전체를 신비로서 경험할 때 '신'에 대해서 말하기 시작한다. 그러나 그것은 원래 마음의 자각·표현 언어이다. 그럼에도 '신'을 객관적 현실의 저편에 세울 때(즉 자기를 주체적으로 초월하는 동시에 객관적 세계를 객관의 방향으로 초월하는 것으로 세울 때), 역시 그는 표현 언어의 세계에서 기술 언어의 세계로 '경계를 넘은' 것이며, 그렇기 때문에 그는 결코 '신'을 본다거나 안다고는 말하지 않으며, '신을 믿는다'라고 말한다.

결론(우선 불교와 기독교를 생각하면서)

종교 언어의 중심은 직접 경험의 언어화에 있다. 이 경우 직접 경험B, C에 기반을 두고, C에 나타나는 활동(우리 안에 자각되는 그리스도)을 '교회가 그 몸인 그리스도'(즉 신의 백성, 공동체 및 역사의 근본)로 전개하며, 동시에 그 근본을 객관적 현상(세계)의 저편에서 이야기되는 '신'과 연결하면, 본론의 방법에서 비판적으로 이해된 기독교적 언어가 성립된다. 이에 반해서 직접 경험A와 C에 기반을 두고, 한편으로는 여기서 나타난 주체적 자아의 자각을 언어화하고 — 그 경우 초월적, 대향적 인격[如來]이 세워질 수도 있고, 세워지지 않을 수도 있다 — 다른 한편으로는 여기서 나타나는 관계성 일반을 '관계 자신'과 '관계의 가능근거' 즉 '연기(緣起)와 공'으로서 전개하면 불교적 언어가 된다. 기독교에서는 신에 대한 신앙이, 불교에서는 '자기'를 성립하는 활동인 깨달음이 각각 우선시된다. 그러나 양자에 있어서 초월과 세계의 관계는 그리스도론적·삼신론적으로 나뉜다.(로고스 — 그리스도 — 예수/법성법신 — 보신 — 응신) 따라서 또한 이 세계에서 활동하는 초월(그리스도와 성령 / 아미타불과 원력)이 주제화된다.

이상은 양 종교에 있어서 언어화의 가장 기본적인 방법이긴 하나, 어떻든 종교가 자신의 바탕으로 하는 언어화의 방법은 하나가 아니며, 하나를 다른 것으로 해결할 수도 없다. 그러나 불교와 기독교의 대화에 있어서 한 쪽이 다른 쪽을 이해하고(이때 동시에 자기의 비판적 음미가 될 것이다), 또한 각자의 종교가 자기 자신 안에서 다른 편에 대응하는 요소를 자기 자신의 테두리 안에서 전개하는 것은 가능하다. 요컨대 본론의 결론은 첫째, 자신의 종교가 서 있는 토대는 타종교에 의해서 다르게 표현된다는 것이며, 이점이 기독교와 불교가 상호 배울 수 있는 것이다. 결론의 두 번째로 내가 불교로부터 배운 것에 대해 언급해 보겠다. 나는 불교로부터 '직접 경험에서의 출발'이라는 것을 배웠다. 바꿔 말하면 이미 성립한 기독교 선교에서 출발해서 신학하는 것이 아니라, 또한 갑자기 '신은 무엇인가'라는 신학적·종교철학적으로 묻는 것도 아니라, 그 전에 먼저 '왜 신에 대해서 그리고 그리스도에 대해서 이야기하는 것이 성립되는지'를 직접 경험의 현장에서 생각하는 방법, 그것을 나는 배웠다. 본 논문은 그러한 사실에 대해서 약술해 본 것이다.

코멘트

카와나미 아키라(河波昌)

1.

불교와 기독교의 대화는 인류의 정신사의 전개상에서 볼 때 최대의 사건 중 하나라고 생각됩니다. 난잔종교문화연구소에서의 3일에 걸친 이 토론은 그 일환으로, 그 의미가 매우 깊다고 생각됩니다. 이 경우 불교와 기독교가 단순히 각자의 입장을 주장하는 것이 아니라, 상호의 자아 부정이라는 것이 중요한 것이며, 이러한 양자의 상호 부정적 매개를 통해서 보다 고차원적 대화가 실현될 것이라고 기대합니다. 이번 기독교 대학인 난잔대학의 난잔종교문화연구소 측에서 '기독교는 불교로부터 무엇을 배울 수 있는가'라는 통일적 주제를 정하게 된 것은 기독교 역사상 획기적인 사건이라고 말할 수 있습니다.

저는 지금 발표를 하신 야기 세이이치 선생님의 발표에 대해 코멘트를 하는 입장에 있지만, 야기 선생님은 기독교학의 전문가이시며, 또한 다방면으로 불교에 대해 넓고 깊게 통달하시는 것을 잘 알고 있습니다. 따라서 얕은 지식을 가진 저로서는 선생님의 깊은 품 속에서 논할 수 있게 되어 감사하게 생각하고 있습니다.

그런데 야기 선생님의 발표를 크게 나눠보자면 두 가지
로 나눠볼 수 있을 것입니다. 하나는 종교 체험으로서의 직
접 경험 그 자체, 두 번째로 그 직접 경험의 언어화라고 하
는 두 가지 점입니다.

먼저 순서는 역순이지만, '직접 경험의 언어화'에 관해서
먼저 말씀드리자면, 언어 자체를 선생님은 '기술 언어'와 '표
현 언어'로 두 가지로 나누고 있으며, 종교 체험을 논할 때
그 언어는 기술 언어가 아닌 표현 언어라는 점을 상세하게
논하고 있습니다. 말씀하신 대로라고 생각합니다. 두 언어
를 혼동하지 않고 명확하게 구별함으로써 종교와 언어의 관
계를 명료하게 전개하고 있다는 점에서는 배울 점이 많을
것이라 생각됩니다. 불교에서도 종교 체험과 언어의 문제는
제일 중요한 과제입니다. 예를 들어 당장 근원적인 직접 경
험에 대응하는 말로서 불교에서는 '진여(眞如)'라는 말을 떠
올릴 수 있습니다. '진여'는 산스크리트어에서는 tathatā(즉
그 원래 모습이라는 것으로, 그렇기 때문에 그렇다고밖에 말할 수 없
는 원 사실을 표현하고 있는 언어입니다)라고 하는데, 그것은 니
시다의 순수 경험처럼 경험하는 주체와 경험되는 객체의 미
분(未分)의 원 사실의 양태를 가리키는 말입니다. 그것은 사
실성 그 자체(그것은 개념론적 사유의 지평을 돌파한 후기 쉘링의
'순수한 사항(das reine Das)'과 비슷)와 그것을 자각하는 지(智)
의 자리, 그리고 마음의 근원적인 자리인 불이일체성(不二一

體性)이 성립되는 것입니다. 그것은 언어화 이전의 근원적인 층에 속하며, 이것을 불교에서는 '이언진여(離言眞如)'라고 부르고 있습니다. 그러나 이에 도달하기 위해서는 언어도 또한 불가피하므로, 이러한 언어에 입각해서 혹은 언어를 통해서 이야기되는 점에서 말을 하자면, 이러한 '진여'를 '의언진여(依言眞如)'라고 칭하고 있습니다.

다만 진여는 본래 스스로 언어화하는 근원적 활동이 있고 (즉 인간의 언어활동 이전의 부분에서) 진여는 그것 자체의 존재방식으로 언어화라는 측면도 생각되어야 할 것입니다. 또한 그러한 방향이 전개된 불교의 한 형태로서 진언밀교(眞言密教) 등을 무시할 수 없다고 생각합니다. 그것은 정토교에서의 명호론(名號論)과도 관련이 있습니다. 아미타불의 대비 − 소환(大悲 − 召喚)이란 소위 말하는 하이데거의 '존재의 부름(Anrufen des Seins)'이며, 이 자체가 인간의 언어활동 이전의 근원적 층에서 파악될 필요가 있다고 생각됩니다. 직접 경험 = 진여, tathatā의 구조 자체로서의 활동 그 자체가 언어화되는 근원적 계기가 예상되는 것입니다. 야기 선생님의 표현 언어라는 사고 방법도 이러한 직접 경험 그 자체로서의 진여로 표출(Ausbrechen)이라는 것과 관련성을 인식할 수 있을 것이라 봅니다. 인간이 절대자에 대해서 언급하기 이전에 그 자체의 근거로서 절대자로부터의 부름이 있다는 점이 중요하다고 생각합니다.

2.

그런데 처음의 직접 경험에 돌아가서, 그 지점에서 몇 가지 저에게 문제점이 된 부분을 지적하면서 야기 선생님의 지도를 구하고자 합니다. 먼저 야기 선생님의 발표 논문의 두 번째 페이지 부분에서 기독교가 인간적 역사적 사건이며, 초역사적 개입이 없어도 성립한다고 하셨다는 점입니다. 저로서는 이러한 초월적 계기의 부정은 기독교 자체의 부정과 같은 것은 아닌지 생각됩니다. 이러한 점은 불교에 대해서도 말할 수 있을 것입니다. 불교에서도 기독교에서도, 즉 석가모니의 정각이라는 사실에 대해서도 그리스도의 부활이라는 것에 대해서도, 거기에는 초자연적인 계기의 개입이라는 것을 생각해 볼 수 있지 않을까 합니다. 이러한 점을 부정하고 인간적, 역사적 사건에서 그 요소를 없애는 것은 기독교뿐만 아니라 불교가 본래 가지고 있는 종교적 성격을 상실하는 것은 아닌가 하고 생각합니다. 이러한 사유의 철저한 수행을 시도한 사람이 포이에르바하(Feuerbach)였습니다.

그것은 예를 들어 '담마가 드러난다(玉城康四郎氏)'라고 할 때, 석존에 드러나는 그 담마란 일관되게 초월적인 것입니다. 그리고 또한 『화엄경(華嚴經)』에서는 '여래성기(如來性起)'(60권본) 혹은 '여래출현(如來出現)'(60권본) 등이 생각됩니다. 그것은 역시 역사적 석존 위에, 또한 사실과 다름없는 우리들 한 사람 한 사람의 영원적이며 초월적인 여래가 출현하는 모양을 나타내려고 하는 것입니다. 『화엄경』은 그 사실을 최대의 우주론적 사건으로, 말의 한계를 다해 드라마틱하게 전개하고 있습니다.

또한 그 내용은 『무량수경』 등에서도 동일하게 전개됩니다. 즉 석존이 영취산(靈鷲山)에 올라가서서 거기서 여래의 진리를 강설할 때 역사적 석존이 영원의 여래와 일체화하고 (즉 염불삼매의 세계, 즉 '고래현불(古來現佛), 불불상념(佛佛相念)'의 세계), 여기서 석존이 변모(verklären)하는 모양이 생생하게 말해지고 있습니다.(이 점은 '그리스도의 변모'와 비교해 보면 정말 흥미 있는 주제입니다.) 이 장면은 바로 역사적 석존에 초월자가 개입하는 그 자체를 여실하게 보여주고 있다고 할 수 있습니다. 그 점에서 기독교와 불교 양 종교가 자연적이고 인간적인 입장에서만 성립할 수 있고 생각할 수 있다는 점에 대해서는 의문을 느낍니다. 물론 선생님이 늘 기독교의 입장에서뿐만 아니라 불교의 광대한 정신의 지평마저 자신의 전망에 포함하여 새로운 사유의 가능성을 전개하시려는 것으로 예감하고는 있습니다.

3.

다음으로는 질문 드리고 싶은 것입니다. 야기 선생님은 타키자와 선생님과의 대화를 통해서 타키자와 선생님의 신과 인간 사이의 일차적 접촉과 이차적 접촉에 대해서 논하고 있습니다. 이 문제에 관한 예를 들어 보겠습니다. 천태교학(天台敎學)에서의 본각(本覺)과 시각(始覺)의 관계는 인간의 근원적인 인식 작용과 관련이 있는 것이며, 쉽게 말을 하자면 원래 깨닫고(본각＝제1차적 접촉) 있지 않으면 지금 깨닫는다[始覺]는 것도 성립이 되지 않습니다. 예를 들어 '삼각형의 내각의 합은 180도이다'라는 것을 깨닫는 경우, 알고 보면 이미 그곳에 처음부터 그랬다는 깨달음과 함께 지금 깨닫게 됩니다. 지금 알았으면서도, 그래서 처음부터 그랬다고 할 수는 없으면서도, 마치 처음부터 그랬다는 것처럼 깨닫는 경우가 있습니다. 원래 깨달은 것을 지금 깨달았기 때문에, 그 지금(제2차적 접촉)에 옛날부터 그랬다는 본각(제1차적 접촉)이 현전하고 있다는 것입니다. 정토교에서도 같은 방식으로 생각됩니다. 예를 들어 법장보살(法藏菩薩)의 십겁정각(十劫正覺)에서의 '나의 깨달음이 성취됐다'라고 하는 점에서 이야기를 하자면, 거기에 본각이 성립합니다.(十劫이란 영원하면서 久遠實成의 신화적 표현입니다.) 그리고 나의 구속(救贖)[始覺]에 있어서 본각인 아미타불의 정각이 현성되어 갑니다. 그 점에서는 타키자와 선생님의 제1차 접촉과 제2차 접촉과 대응하는 것이 있다고 생각되는데, 그 점은 어떠신가요? (다만 여기서 접촉이란 말을 '연기(緣起)'의 구조로 생각해 보면 불교의 깊은 모습이 더욱더 잘 드러나리라고 생각할 수 있을 것입니다.)

다만 여기서 덧붙이고 싶은 것은 소가 료(曾我量) 선생님이 법장보살(法藏菩薩)을 아뢰야식(阿賴耶識)으로 파악하셨다는 점입니다. 아뢰야식은 어디까지나 망식(妄識)이기 때문에 그 점에서라면 소가의 설은 부정되어야 합니다.(장(藏)과 관련해서 산스크리트의 원어는 여럿이 있습니다. 법장(法藏)의 장(藏)은 '아카라'이며, 아뢰야식의 '아뢰야(藏)'와는 원어상 다릅니다. 그 외에 삼장(三藏)의 경우 '피타카'와 논의 구사(俱舍)의 원어인 '코샤'도 장(藏)이며, 여래장(如來藏)의 장(藏)의 원어는 '가르부하'입니다. 법장보살의 장(藏)은 오히려 여래장(如來藏)의 장(藏)으로 해석되어야 합니다. - 히라카와 아키라(平川彰說)) 하지만 그럼에도 불구하고 소가 선생의 설은 종래 초월적으로 밖에 있던 법장보살을 인간 개개의 근원적 주체성에 둔 점에서 전대미문이라 할 수 있으며, 정토교에서의 코페르니쿠스적 전환이 수행되었다는 점에서 획기적입니다. 그리고 그 점에서는 대단히 높이 평가되어야 한다고 생각됩니다.

4.

다음으로 야기 선생님은 직접 경험과 관련하여 A, B, C의 세 가지 국면에서 내용을 풍부하게 전개하고 계십니다. 즉 (A) 주관과 객관, (B) 나와 너, (C) 자아와 자기에 대해서의 세 가지입니다. 여기서도 한두 가지 질문을 하고 싶습니다.

먼저 주관과 객관과의 직접 경험이라는 것의 의미에 대해서 충분히 이해할 수 없었습니다. 니시다 기타로는 주도 객도 넘은 곳에서 순수 경험이라는 것을 언급하고 있습니다. 임제 선사(臨濟禪師)는 종교 체험으로서의 주·객의 관계를 사료간(四料簡)이라고 하는 네 가지 국면으로 설명하고 있습니다. 즉

(1) 탈인탈경(奪人奪境)
(2) 탈경불탈인(奪境不奪人)
(3) 인경구탈(人境俱奪)
(4) 인경불구탈(人境不俱奪)

(1)은 그 대상이 되어 자기가 완전히 탈각된 상황, (2)는 그것이 정반대가 되는 유심(唯心)의 상황, (3)은 주도 객도 사라진 공(空)의 상황, (4)는 그것들을 포함하여 그 위에서 어디까지나 주·객의 직접 경험을 의미합니다. 이것들은 임제가 그 문하의 사람들을 교도하는 방침으로 사용한 것이라고 합니다.(『임제록』 등 참조) 주·객의 사이의 직접 경험이라 해도 그것에는 다양하게 전개되는 내용이 포함되어 있다고 생각됩니다.

5.

다음으로 종교 경험에서의 제2의 상(相)으로서의 나와 너의 관계가 지적되어 있는데, 여기에도 대승불교에서 실로 풍부하게 전개되는 모습이 보입니다. 산스크리트어 명사의

격 중에 '호격(Vokativ)', 즉 부르는 격이 있다는 것은 나와 너의 관계를 상정할 수 있다는 것입니다. 특히 불타의 앞에서 그와 마주 보는 자기는 단독자가 된다는, 즉 '신의 앞에서 혼자가 된다(vor Gott allein sein)' — 그것을 강조한 사람은 키에르케고르였습니다 — 는 사상은 대승불전에 무수하게 등장합니다. 예를 들어 『대품반야경(大品般若經)』「서품」에서 소위 말하는 반야바라밀(般若波羅密)의 진리가 석존에 의해 강설될 때, "그때 삼천대천세계 및 사방의 중생, 각자, 스스로 생각하여, 부처님은 홀로 나를 위해서만 설법하시고 타인을 위해서 설하시지 않는다"라고 쓰여 있지만, 거기에서는 삼천대천세계라고 하는 무한하게 열린 공간 속에서 부처와 대면함에 있어서 각자가 각자 자신이 된다는 형태로 나, 너의 관계가 성립되어 있다는 점을 생각해 볼 수 있습니다. 개체가 참 개체가 되기 위해서 부처와 대면하는 (나와 너의 관계에 들어가는) 것이 불가피한 계기가 되어 있으며, 『유마경(維摩經)』에서는 개(個)를 개(個)답게 하는 여래의 측면에서의 활동을 '여래신력(如來神力) 불공법(不共法)'이라고 칭하고 있습니다. 나와 너의 관계는 유대교나 기독교뿐만 아니라 불교에서도 풍부하게 전개되어 있다는 것을 지적하고 싶습니다.

또한 중국에서 밀교를 전파한 불공삼장(不空三藏)에게서는 유명한 '사리(舍利)' 안에 '입아아입(入我我入)'이라는 문장을 볼 수 있습니다. 이것도 여래와의 만남이라고 하는 단독자에서 주가 객이 되고, 객이 주가 된다는 측면이 열려 있음을 알 수 있습니다.

다음으로 C의 자아와 자기의 관계에 대해서입니다. 불교적인 지평에서 볼 때 자아는 아뢰야식(阿賴耶識)으로, 자기는 아마라식(阿摩羅識, 무구식(無垢識), 청정식(淸淨識) 등으로 해석됩니다) — 다만 진체계(眞諦系)의 유식 — 에 관련지어서 생각해 볼 수가 있다고 봅니다. 유식교학에서는 말나식(未那識, 자각의식)이 있고, 그것이 아뢰야식에 배어들어 근원적인 망식(妄識)을 형성합니다. 그것이 야기 선생님이 말씀하시는 자아를 형성하고 있다고 생각됩니다. 유식교학의 실천이란 망식인 아뢰야식을 바꾸어 참 지혜를 얻는 소위 '전식득지(轉識得智)'에 있는 것입니다. 그러나 여기서 융과의 관계에 대해서도 중요한 과제가 있는 것으로 보입니다. 융이 말하는 (이른바) '무의식'과의 관계는 아뢰야식의 돌파라고 하는 점까지 도달하고 있을까요? 융에 관한 공부가 부족하기 때문에 그 점에 관해서는 문제 제기로 머물고자 합니다.

다만 자아와 자기의 관계에 대해서 보다 넓은 시야에서 이야기하자면, 그것은 참으로 대승불교에 일관된 과제이기도 하며, 그것에서는 바울의 사상과 대응하는 측면도 보입니다. 그 전형적인 한 예로 호넨(法然)의 도가(道歌)에 (이것은 정토교의 종가(宗歌)이기도 합니다) 다음과 같은 구가 있습니다.

달빛의 그림자가 도달치 않는 마을은 없으나
바라보는 사람의 마음에 비친다.
　月かげの至らぬ里はなけれども
　眺むる人のこころにそすむ

달빛의 그림자란 아미타불의 광명인데, 그것은 편재하는
성령으로 비유할 수 있다고 생각되는데, 그 광명을 보는(염
원하는) 사람의 마음에 산다(wohnen)는 것입니다. 여기서 '스
무(すむ)'라는 것은 원시 일본어의 어감에서 볼 때 '맑아진다
(reinigen)'이기도 하며, 나아가서는 '완료된다 — 완성된다
(vollenden)', 즉 말하자면 작불(作佛)의 의미를 품고 있어서,
이러한 말들이 하나가 되어 작용한다(wirken)는 것을 의미하
고 있습니다. 그것은 바로 바울이 '그리스도가 우리 안에서
산다'는 구조 그 자체라고 할 수 있습니다. 그 정신적 구조
는 참으로 인도에서의 초기 대승불교 이래 일관되게 흐르고
있는 것입니다. 그리고 이 노래에서 바라보는 사람의 마음
은 자아, 그리고 살면서 작용하는 달빛은 자기라고 생각해
볼 수 있다고 봅니다.(그리고 거기에서 또 자아가 자기로 전환합
니다.)

야기 선생님은 발표 원고의 첫 부분에서 부활 신앙과 깨
달음의 관계에 대해서 서술하고 있는데, 이 양자는 각각 기
독교와 불교의 핵을 이루는 부분이라고 여겨집니다. 그런데
그 관계가 저에게는 잘 이해가 되지 않아 좀 더 상세하게

설명을 해주셨으면 합니다.

또한 야기 선생님은 직접 경험을 이렇게 세 가지 국면으로 말씀하셨지만, 그 세 가지의 통합이라는 점에 대해서도 좀 더 상세하게 말씀해 주셨으면 합니다. 특히 앞의 두 가지와 마지막 국면의 관계에 대해서 말씀해 주시기 바랍니다.

또한 관계의 두 번째 것, 즉 나와 너와의 관계에 대해서인데, 이것은 이미 서술했으므로 다시 반복하는 말이 되겠습니다. 참으로 이 나와 너와의 관계라는 것은 초기 대승불교 이래 일관되게 가장 중요한 계기가 된 것입니다. 초기 대승불교의 실천의 핵은 '삼매(三昧)'입니다. 여기서 반주(般舟)란 산스크리트에서 pratyutpanna(마주 서서, 혹은 '현전에 서서'), 즉 '불현전입삼매(佛現前立三昧)'이며, 특히 『화엄경』 등은 참으로 그 내용을 풍부하게 전개하고 있습니다. 종래에 기독교는 주로 선불교와의 대화를 시도해왔기 때문에, 불교에서는 나와 너의 관계가 결락되어 있다고 생각하지만, 그래서 더욱더 다시 그 점을 강조하여 덧붙이고 싶습니다. 이 반주삼매(般舟三昧)는 사실 기독교에서 말하는 '신의 관상(觀想)(visio Dei)' 그 자체라고 할 수 있습니다. 저는 언젠가 니콜라우스 쿠자누스의 『신의 관상에 대하여(De visione Dei)』(1453)와 반주삼매를 대비하면서 논한 적이 있었는데(『쿠자누스 연구』 제2호), 그러한 시점에서의 기독교와 불교와의 비교는 매우 흥미로운 것처럼 보입니다.

이상으로 야기 세이이치 선생님의 발표에 대한 불충분한 저의 코멘트를 마치겠습니다.

종합토론

사회: 얀 반 브라후트

패널리스트에 의한 토론

브라후트: 여러분, 벌써 마지막 세션이 되었습니다. 우리는 앞의 다섯 세션에서 4명의 신학자의 발표를 들었고, 그리고 역으로 두 분의 불교도로부터 불교는 기독교로부터 무엇을 배워야 할 것인가에 대한 고찰도 들었습니다. 고메스 선생님의 지적이 소중한 지적이었다고 생각합니다. 그러나 적어도 기독교가 불교로부터 배우면서 신학하고 있다는 것과, 그리고 또 한 가지는 그렇게 불교로부터 배우면서 신학을 함으로써, 무토 선생님의 말을 사용하면, 전통적인 신학의 지평을 넘어서 새롭게 눈을 뜰 수 있었다는 사실을 여기서 충분히 경험할 수 있었던 것이 아닐까 생각합니다. 그러나 이 심포지엄의 표제에도 나와 있는 질문, 즉 '기독교는 불교로부터 무엇을 배울 수 있는가'라는 물음에 대한 대답에 어느 정도 다가갔는가 하는 문제는 또 다른 문제일지도 모르겠습니다. 그것은 아마도 그다지 중요한 문제가 아닐지도 모르겠습니다. 그 형식화(formulation), 즉 그 언어화까지의 길은 아직 멀지도 모르

겠습니다. 그러나 심포지엄의 경험으로부터 말씀드린다면, 역시 기독교 신학에 대해서, 그리고 모든 신학자에 대해서, 불교가 소중한 은인(恩人)이 될 수 있다는 확신이 우리들 속에 깊어진 것이 아닐까 하고 생각합니다.

그러면, 여러분 자유롭게 의견이나 감상 등을 말씀해 주십시오. 그러나 3시까지의 세션은 아직은 패널리스트들이 말씀하실 차례입니다. 그래서 다음과 같이 진행하고 싶습니다. 먼저 각각의 패널리스트, 발표자에게는 꼭 말씀하시고 싶은 것, 이것만은 우선 질문에 좀 더 자세하게 대답하고 싶다고 여기시는 것이 있다면, 각각 3분 내지 5분 이내로 말씀을 부탁드리겠습니다. 그리고 멀리 외국에서 오신 두 분에게도 같은 기회를 드리고 싶습니다. 그러면 오노데라 선생님부터 시작해 주십시오.

오노데라: 먼저 이시와키 선생님의 코멘트를 보면, 저의 취지에 전면적으로 찬성한다고 하셨으므로 매우 안심하고 있었습니다. 그리고 저 자신도 코멘트 요지문을 읽고 스콜라 신학의 입장에서 전개된 성령의 해석 그 자체에 대해서는 아무런 반대가 없었습니다. 같은 가톨릭이기 때문이지요. 그리고 이론의 면밀한 기초 마련에 대해서는 감탄하면서 들었습니다. 그런데 거기에 대해서 의견을 말하려고 하니 전혀 나오지 않았습니다. 그 이유를 나중에 반성해 보니, 이야기의 논리적인 맥락이 완전히 다른 것이

322

기 때문에, 핀을 꽂아놓아서 옴짝달싹 못하게 된 곤충처럼 꼼짝 못하게 되어버리고 만 것입니다. 그 이유로서는 전제에 무(無)라든지 공이라든지 하는 것은 유(有)의 부정에 지나지 않는다는 말씀이 있었습니다. 그리고 장소도 공간처럼 여겨질 염려가 있다는 비판이어서, 논리의 전개는 잘 이해할 수 있었습니다. 하지만 전제가 되는 해석이 완전히 다르므로, 어떻게 대답하면 좋을지 모르게 된 것입니다.

사실은 거기에 매우 중요한 문제가 포함되어 있으므로, 역으로 그러한 문제 제기에 대해서는 나중에 감사드리려고 합니다. 서로 결론이 같아도, 전제가 서로 다르기 때문입니다. 따라서 그 스콜라적인 발상이라는 것과 저의 교토학파적 발상이라는 것의 접점을 좀 더 연구해 보고 싶었습니다. 에이치(英知) 대학의 키시 에이지 신부는 젊은 무렵 스콜라의 입장으로부터 무의 문제를 취급한 박사 논문을 쓰셨고, 영문으로 된 학위논문을 저에게 보내주신 적도 있어서, 어느 정도 그러한 문제도 스콜라의 입장으로부터 생각할 수 있기에, 좀 더 공부해 보고 싶었습니다. 이것이 첫 번째입니다.

두 번째는 감성이라는 말이 나왔을 때에, "감성은 영어나 독일어에서 어떤 말에 해당됩니까?" 하고 브라후트 신부님이 질문을 해 주셨는데 저는 대답을 하지 못했습니다. 그래서 카와나미 선생님과 발덴펠스 선생님에게 물어 보았더니, 그것은 독일어로 진리히카이트(Sinnlichkeit)가 아닐까 하고 대답해 주셨습니다. 과연 그렇구나 하고 생각했지만, 진리히카이트라는 독일어가 감성이라는 것을 어느 정도 표현할 수 있는 말인가 하는 점이 하나의 문제점으로서 남아 있습니다. 지(知), 정(情), 의(意)를 포함한 전인격적 경험이라고 할까요, 순수 경험이 제가 말하는 감성인데, 감성이라고 하는 것은 감각과는 다릅니다. 모든 것을 포함하고 있는 면이 있어서 이것을 진리히카이트라는 말로 표현할 수 있을지, 헤겔의 '개념'도 거기에 가깝다고 생각하기는 하지만, 그것은 여전히 연구과제로서 남았습니다. 의견을 들려주실 수 있다면 고맙겠습니다.

마지막으로 제가 충분히 거론할 수 없었던 문제는 니시다 기타로 선생님의 『장소적 논리와 종교적 세계관』의 제일 마지막에 나오는 장래의 기독교, 장래의 종교는 내재적 초월의 방향을 향한다고 하는 지적입니다. 그런데 거기에 '내재적 초월의 그리스도'라는 개념이 나옵니다. 니시다 철학을 매개로 한 저의 가톨릭 신학의 사고로부터 보면 그것은 니시다가 예감한 것과 같이 '내재적 초월의 그리스도' 내지는 '영성적 실존적 기독교'라고 하는 것이, 제가 지향하려는 방향입니다. 불교로 말하면 아마 성불의 논리라고 할 것이고, 어제도 나온 것처럼 그리스 정교로 말하면 테오시스에 해당한다고 생각합니다. 에크하르트도 신의 아들의 탄생이라는 말을 했기 때문에, 영성적 실존 안에서 일상생활의 경험을 통해서 어떻게 신의 아들을 현성해 가는지, 그러한 방향의 기독교가 저에게 있어서의 큰 과제이며, 불교에 의해서 촉발된 기독교 내부에서의 큰 과제라고 하는 것을 말씀드리고 싶었습니다.

혼다: 이번 심포지엄의 목적은 지식의 정리라고 하는 것만은 아니어서, 대화라는 것이 단지 지적 레벨이 아니라 하나의 인격과 다른 한 사람의 인격과의 만남이라는 것에 의해서 가능하게 되어 간다는 실례(實例)를, 오노데라 씨와 이시와키 선생님과의 통쾌한 세션에 의해서 느낄 수 있었습니다. 그것이 제가 드리려는 첫 번째 말씀입니다. 그리고 저의 발표에 대한 논평자의 논평이 2차례 있었지만 '어느 정도'라고 하는 금지된 구를 해결하지 않으면 안 된다고 생각합니다. 이것은 그렇게 깊은 의미로 말한 것은 아니어서, 저는 즉의 논리의 철학적 전개라고 하는 그 프로세스 안에서 말하고자 하였습니다. 이 논리 자체는 매우 난해하지만, 무엇인가 비근하게 관찰할 수 있는 사례에 의해서 어느 정도는 접근할 수 있고, 설명할 수 있다는 의미로 말씀드렸습니다. 구체적으로 무엇을 생각하고 있었는가 하면, 예를 들어 우리가 음식을 씹을 때, 위의 이빨과 아래의 이빨은 동시에 움직입니다. 그러나 반대의 방향으로 움직이지요. 같은 방향으로 움직이면 물건

은 쓸 수 없습니다. 위의 소화 작용도 그렇습니다. 보행 작용도 마찬가지입니다. 오른쪽 다리와 왼발은 오른쪽 다리가 정지하고 있을 때에 왼발은 움직입니다. 운동과 정지의 끊임없는 은현구성(隱顯俱成)이라고 해도 좋을 것 같고, 또한 결합되어 있습니다. 반대의 것이 언제나 접촉하고 있다는 의미에서 '역접'이라고 하는 스즈키 토오루 선생님의 말씀이 불교 냄새가 나지 않고 단순하면서도 현대 철학적인 용어로서 적격이지 않을까 생각해서 '어느 정도는' 하고 말씀드렸던 것입니다.

그리고 또 한 가지, 논평자께서는 제가 말하지도 않았던 것을 비판하시고 있는 것은 아닐까 하고 순간 생각했습니다. 그것은 '상호적 보완성'이라고 하는 말에 대해서입니다. 오늘 아침 혹시나 해서 다시 보았습니다만, 서문 속에 상호라는 말은 없었었지만, '보완성'이라고 하는 말을 사용하고 있었습니다. 이것은 크게 잘못된 것이었습니다. 정정하겠습니다. '보완성'이 아닙니다. 야기 선생님께서도 말씀해 주셨습니다만, '상보성'이 올바른 표현입니다. 상보성과 보완성은 전혀 다릅니다. 저는 서문에서 상즉의 사례로서 입자와 파동의 예를 들었습니다. 이것은 닐스 보아의 설로, 상보성(complementalism)이라고 합니다. 이 상보성의 특징은 다음과 같습니다. 입자는 파동으로 환원될 수 없고, 파동도 입자로 환원될 수 없으며, 서로 결코 하나를 다른 하나에 환원할 수 없다는 것입니다. 그러므로 고전물리학에서는 이것을 취할까 저것을 취할까 하는 그러한 입장에 있던 것입니다. 그래서 뉴턴도 빛은 입자라고 생각한 것입니다. 그러나 보아에 의하면, 빛을 어느 관찰 모델에서는 백 퍼센트 입자로 현상하고 있습니다. 그러나 다른 관찰 모델에 의하면 백 퍼센트 파동이지요. 파동과 입자라고 하는 것은 완전히 모순개념입니다. 그러나 이 대립되는 양자를 상호 배타적으로 이것인가 저것인가라는 논리로 설명하는 것이 아니라, 상보적으로, 즉 배타의 원리를 버리고 상보적인 원리로 파악해야 합니다. 이것은 대단히 재미있는 사례인데, 역의 것이 역인 채로 결합되고 있다고 하는 사실이 물리학의 영역에서도 밝혀지고 있습니다. 이것은 유비적인(analogical) 의미에서 매우 주목할 만한 것으로, 상즉의 논리, 모순적 상즉이라고 하는 것의 하나의 외적 사례로서 거론했던 것입니다. 이 상보성과 보완성은 다른 개념이므로 정정해 두고 싶습니다.

브라후트: 대단히 감사합니다. 그러면 다음으로 오다가키 선생님께서 말씀해 주십시오.

오다가키: 어제 말씀드렸던 것처럼 저는 기독교인이지만 예수가 그리스도임을 믿을 수 없었다는 것을 용서받았다고 하는 이중성이 저의 신앙이라고 한다면 신앙이라고 말씀드렸습니다. 이점으로부터 요컨대 불교와 기독교의 대화

의 장소에 대해서도 케노시스라고 하는 언어를 사용해 말씀드렸습니다. 이때 케노시스라는 것은 단순히 그리스도의 케노시스만이 아닙니다. 기독교라면 기독교, 불교라면 불교 그 자체가 케노시스적인 경과를 거침으로써 그것에 의해 역으로 이러한 사실을 있는 그대로 인정하고, 그렇게 함으로써 그러한 장소에서 기독교와 불교의 대화가 가능한 것이 아닌가 하고 말씀드렸던 것입니다. 발표에서는 시간이 없어서 말씀드리지 못했던 것을 조금 보완해서 말씀드린다면, 결코 불교와 기독교의 중간적인 것을 타협해서 제안하고자 했던 것이 아닙니다. 오히려 기독교라면 기독교의 삼위일체론이라든가, 그러한 근본적인 교의(敎義) 그 자체에 철저해지지 않으면 안 됩니다. 그것이 케노시스와 통하는 것이 아닌가 하고 생각합니다. 그러한 점을 덧붙여서 말씀드립니다. 그것에 대해서 솔직하게 말씀드리면, 발덴펠스 선생님이 오해하셔서 제가 대화 그 자체를 거부하고 있는 것은 아닌가 하고 말씀하셨는데, 결코 그렇지 않습니다. 오히려 저 자신의 입장을 철저히 함으로써 그 입장을 넘을 수 있지 않을까 하고 생각합니다. 그러한 이중성의 것이 아닌지, 그런 것을 보충해서 말씀드릴 수 있다면 감사하겠습니다.

브라후트 : 정말로 감사합니다. 이번에는 타케다 선생님의 차례군요.

타케다: 저는 아무것도 말씀드릴 것은 없습니다. 다만 질문
　도 충분히 드렸고, 발표문도 매우 형편없는 것을 발표라
　고 했습니다. 단지 제가 솔직하게 생각하는 것을 체험적
　으로 이 3일간 줄곧 생각했다라고 할까요. 저는 머리만이
　아니고 마음속 깊은 곳에서 계속 이렇게 생각하고 있었습
　니다. 그것은 이번에 얀 반 브라후트 선생님으로부터 초
　대를 받아 이번에 처음으로 이러한 세션에, 매우 전통적
　이고 폐쇄적인 사회에서 자라왔던 제가 출석할 수 있었습
　니다. 그런데 저는 동서종교교류학회에 창립 당시부터 참
　가했었습니다. 거기서 야기 선생님, 혼다 선생님 그리고
　여러 선생님들과 대화를 했습니다. 난잔대학의 난잔종교
　문화연구소의 이런 모임이 기획되고 그리고 교학적이라
　고 할까요, 신학적으로 여러 방면으로 지금까지 많은 성
　과를 올리고 계십니다. 불교자의 입장, 정토교의 입장에
　서 볼 때 그런 것을 움직이고 있는 것은 도대체 무엇인
　가, 그것이야말로 제가 배우는 제일 큰, 불교가 기독교로
　부터 배울 것은 도대체 무엇인가 하는 것에 대해서 제가
　생각하고 있는 가장 큰 것이라고 생각합니다.

　실은 이번에도 발표를 맡아서 했는데 아마 5, 6년 전이
　었을 것입니다. 혼다 선생님은 잊어 버렸을지도 모르겠
　지만, 동서종교교류학회에서 언제나처럼 3일을 지낸 다
　음에 선생님이 저에게 '타케다 씨, 당신도 십자가를 져
　주세요'라고 말씀하셨습니다. 그것이 저에게는 정말로,

뭐라고 말할까요, 뭐라고 표현하면 좋을까요. 이것은 정말 말로는 표현할 수 없는 체험이었습니다. 이렇게 말씀 드리는 것은 지금까지 저는 신란하면 신앙을 강조했다고 해서 신심을 획득하는 것이 가장 중요하다고 했고, 사실 또 그렇습니다. 그러나 저는 보살도를 걷는다고 하는, 본원(本願)에 나의 범부의 마음이 일체가 된다고 하는, 그것이 어떻게 나에게서 실천으로 이루어지는가 하는, 즉 법장보살이라고 하는, 조재영겁(兆載永劫)의 행과 오겁사유(五劫思惟)의 원이라는 것을 우리는 어떻게, 단지 그러한 신화적인 것이 아니고 어떻게 대처해 가는가 하는 것, 이것이 역시 저는, 호넨 성인도, 그리고 신란 성인도, 히에이잔을 내려오셔서, 당시는 히에이잔에 오르는 것이 출가였지만, 히에이잔에서 내려오는 것이 실은 진정한 출가입니다. 저는 현대에는 절로부터 나오는 것이 진정한 출가라고 하는 식으로, 실은 그러한 식으로 생각하고 있던 차에, 혼다 선생님으로부터 '타케다 씨 십자가를 져 주세요'라고 하신 그 말씀이, 정토교적인 입장으로부터 말하면 그런 것이 아닐까 생각합니다. 아직 진짜 의미는 깨닫지 못하고 있지만 그 말씀은 정말로 강렬한 말씀이었습니다.

그러니까 가톨릭 분들은 그런 말이 거침없이 나오는구나, 게다가 그것이 단지 말만이 아니구나 하는 것을 느꼈습니다. 작년 시카고에서의 학회에 갔을 때 하이직 선생님, 스완슨 선생님, 와타나베 선생님이 신언회(神言會)의 숙소부터 드 폴 대학 사이를 매일 아침 일찍, 그리고 밤 늦게 저희들을 차로 이동시켜 주셨습니다. 과연 우리 정토진종 사람들 중에, 만약 그러한 모임이 있었다고 한다면, 그런 일을 해 줄 사람이 있을까 하고 생각하니 오싹했습니다. 그것은 도대체 어디에서 오는 것일까 하고 생각했습니다. 그러한 것 역시 기독교의 분들로부터 배워야 할 중요한 과제이며 문제는 아닐까 하고, 이번에도 그런 것을 정말로, 단지 머리만이 아니고, 단지 지식만이 아니고, 조금 전에 나왔듯이 감성에 호소한다고 할까요, 나의 육체에 스며들어 간다고 할까요, 불교에서는 훈습(薰習)이라고 말합니다. 그러나 역시 기독교로부터, 그러한 분들로부터, 실천자로부터, 저에 대한 훈습을 절실히 느끼게 해 주셨습니다. 단지 그 한마디입니다. 정말로 이번 이런 모임에 참석할 수 있어서 감사한 마음 가득해 있습니다. 정말로 감사합니다.

그리고 마지막에 고메스 선생님의 코멘트, 여러분 읽으신 것처럼, 제가 말씀드렸던 것을 한층 더 전개하셨다고 생각합니다. 저는 이번 4월부터 시작되는 내년도의 류코쿠 대학에서의 특강이라든지 여러 가지 대학원의 강의가 있습니다. 그러한 강의시간에 고메스 선생님의 코멘트를 꼭 활용하게 해 주셨으면 합니다. 고메스 선생님은 매우 저명하고 세계적인 불교 학자이고, 저희들의 소의경

전인 『대무량수경』의 문헌학적이고 신학적으로 해석해서 영문으로 번역해 주신 분입니다. 이제부터 2권, 3권의 저서가 나올 예정입니다. 고메스 선생님의 코멘트를 꼭 강의 속에 넣을 수 있게 해 주셨으면 합니다. 고메스 선생님 정말로 고맙습니다.

브라후트: 마지막으로 야기 선생님 한 말씀 부탁드립니다.

야기: 저는 이미 충분히 말했기 때문에, 더 이상 별로 말할 것도 없습니다. 다만 한 마디 정도 한다면, 기독교는 불교로부터 무엇을 배울 수 있을까라고 하는데, 저는 매우 많은 것을 배웠습니다. 적어도 저로서는 말입니다. 그러니까 지금 종교 언어가 특히 영어권에서 문제가 되어 있습니다. 그러나 실제로 살아 있는 불교도와 만나는 경험을 통해서 기독교와 불교를 염두에 두어 종교의 언어란 무엇일까에 대해서 생각할 수 있게 된 것도 역시 불교로부터 배운 까닭입니다. 그래서 종교 언어가 지금 통하지 않게 되었다고 해도 어떻게든 통하도록 하지 않으면 안 된다고 생각합니다. 그러나 종교 언어란 무엇인가, 그 사전(辭典)과 문법을 분명히 할 수 있다면 좋지 않을까 합니다. 조그마한 일보라도 내디뎠는지, 내디디지 못했는가에 대해서 논하기 시작했는데, 이러한 일은 혼자서는 할 수 없습니다. 그러면 공동 작업으로 할 수 있을까 하는 문제도 잘 모르겠습니다. 그래서 역시 대화를 통해서 해 나가

는 것밖에는 방법이 없다고 생각합니다. 그러한 관점으로 부터 말씀드리면, 기독교에서 무언가 재검토한다고 하면 그것은 무엇인가, 한마디로 말씀드리면 예수가 신비라는 것, 신비가 예수이고 예수가 신비라는 사실, 그것이 기독교일 것이라고 생각합니다. 다만 그렇다면 그것은 도대체 어떤 의미일까라는 해석에 관해서는 시대와 장소에 따라서 여러 가지가 있겠습니다. 이런 만남을 매개로 해서 예수가 신비라고 하는 사실이 도대체 무엇인가에 대해서 앞으로도 계속해서 생각해 보고 싶습니다. 감사합니다.

브라후트: 감사합니다. 야기 선생님. 그럼 지금부터 외국에서 오신 두 분 선생님에게 말씀하실 기회를 드리겠습니다. 먼저 고메스 선생님께 부탁드립니다.

고메스: 저는 난잔심포지엄은 처음 참석했습니다. 저는 기쁜 마음으로 일본을 방문해서 많이 배우고 미국으로 가게 되었습니다. 그것도 논의에 취해서 말입니다. 지금까지 저의 일본 경험은 언제나 불교 혹은 불교학자와의 만남이었습니다. 그 두 가지 일본이라는 세계에 저는 점점 익숙해져서 불교도나 일본 불교학의 레토릭(rhetoric)은 점점 알기 쉬워졌다고 생각합니다. 그런데 세 번째의 세계로서 난잔심포지엄을 만났습니다. 이 세계를 만난 것은 정말 재미있는 일이라고 생각했습니다. 이 세 번째의 세계는 일본 기독교와 일본 불교의 대화의 세계입니다. 이 자리

에서 일본의 기독교와 일본의 불교가 어떻게 해서든지 만날 수 있다고 생각합니다. 거기에 대해서 배운 것이 많기 때문에 취해 있습니다. 취할 만큼 많이 배웠습니다.

물론 아직 여러 가지로 생각하지 않으면 안 될 점들이 많이 남아 있다고 생각합니다. 이것은 조금 실례가 되는 말씀일지 모르겠지만, 우리의 토론이 추상적이라는 생각이 들었습니다. 추상적이기 때문에, 술어를 둘러싼 논의가 많았다고 생각합니다. 이것은 우리 학자들의 세계에서는 흔히 볼 수 있는 문제라고 생각합니다. 하지만 자, 그러면 어떻게 할까요? 아마 보다 강한 비평 방법의 의식을 가지고 보다 명확하게 대화를 하면 좋을 것이라고 생각합니다. 그러면 대화의 룰과 대화의 목적이 더 확실해질 것입니다. 그리고 방법의 목적도 잘 선택하는 것이 좋을 것입니다.

하지만 두 번째로 방법도 스콜라적인 것이 될 가능성이 있습니다. 그러므로 다른 학자의 방법도 잘 알지 않으면 안 된다고 생각합니다. 예를 들어 사회학도 필요합니다. 다른 종교와의 대화는 사람들의 실제의 사회생활을 모르면 안 된다고 생각합니다.

셋째는 개인의 신앙의 세계, 개인의 신앙의 경험과 생활도 잘 모르면 안 됩니다. 여기에는 경험적인 데이터도 필요하다고 생각합니다. 그러니까 경험적인 지식이 필요하다고 생각합니다. 신학과 교학은 역시 중요하지만, 예를 들어 심리학적인 연구나 민족학적인 연구도 필요합니다. 그러한 연구로부터 많이 배울 수 있을 것입니다. 아마, 이 세 개의 접근을 사용하면 토론은 점점 스콜라적인 성향을 넘어갈 수 있다고 생각합니다. 이 3일간 많이 배울 수 있었던 것에 대해서 정말 감사드립니다. 여러분 감사합니다.

브라후트: 정말 감사합니다. 선생님의 귀중한 지적에 감사드립니다. 그러면 다음에 발덴펠스 선생님 부탁드립니다.

발덴펠스: 제가 난잔심포지엄에 참가한 것은 이번이 두 번째입니다. 이번에는 논평자로서 초대되어서 이 3일간 정말 유익한 심포지엄이라고 새삼스럽게 느꼈습니다. 우선 먼저 타케다 씨와 고메스 씨와 마찬가지로, 이 심포지엄의 기획자이신 하이직 선생님에게 진심으로 감사를 드립니다. 물론 이러한 심포지엄에는 여러 가지 의문, 혹은 더 깊게 추구해야 할 것들이 많이 있습니다. 모든 일을 이 3일만에 해결할 수는 없지만, 저는 주로 두 가지에 대해서 간단하게 말씀드리고 싶습니다.

하나는 방법론에 대해서입니다. 방법론에 대한 반성이지요. 고메스 씨의 논평에서도 이러한 점이 지적되었지만, 한 번 더 말씀드리고 싶습니다. 먼저 해석학적인 면입니다. 우리는 신학자로서 특히 성서 해석을 하는 경우에는 매우 깊게, 미국에서도 유럽에서도 이런 해석학이 발달했으므로, 곧 이와 같은 일을 깨닫게 됩니다. 즉 기독교 그 자체, 또는 불교 그 자체란 존재하지 않습니다. 그러나 그 대신에 지금 개인적인 것을 먼저 정면에 내세우는 일도 할 수 없다고 생각합니다. 어떤 의미로는 어디에서 출발점을 취할 것인지를 분명히 하지 않으면 안 됩니다. 그것은 기독교의 경우에는 확실히 여러 가지가 있습니다. 가톨릭의 입장과 개신교의 입장은 조금 다릅니다만, 근본적으로 하나 분명한 것은 성서입니다. 그러니까 해석학은 거기로부터 출발해서 전통에 적용시키지 않으면 안 됩니다. 그래서 첫 번째는 그 사회론의 문제입니다.

두 번째, 이러한 문제도 조금 거론되었는데, 모든 종교의 권위, 권력은 어디에 있을까 하는 문제입니다. 저는 그러한 입장에서 말씀드렸습니다. 대체로 저 자신의 의견은 스콜라 신학에 넣어도 괜찮겠지요. 학문으로서의 종교에 대해 말씀드린다면, 학문으로서의 종교는 개개의 학자의 사상에 지나지 않습니다. 혼다 씨와 또 한 분께서 삼위일체에 대해서 말씀하셨는데, 덧붙여서 말씀드리면 성서에는 삼위일체라는 것이 쓰여 있지 않습니다. 제가 논평을 하지 않았던 이유는 신학적인 이야기가 아니기 때문입니다. 그러나 삼위일체로서의 신에 대한 사실은 중세 이전이 아니면 공상입니다. 저는 분명히 그렇게 말씀드릴 수 있습니다. 각각의 교의의 권력, 교회 혹은 종교 안에 있어서의 권력, 그것은 정토종에도 있고, 선종에도 확실히 있습니다. 그러니까, 그러한 형태는 종종 나타납니다. 그러나 이런 일을 좀 더 분명히 드러내면 좋지 않을까 생각합니다. 그렇지 않으면, 저는 그러한 근거를 확인하지 않는 이상, 창조적인 미래를 향할 힘도 나타나지 않는다고 생각합니다. 만약 종교의 근거에 기초를 두고서 토론한다면, 타케다 씨가 부탁했지요……. 그 창조적인 힘, 미래를 향한 힘은 잘 나타난다고 생각합니다.

두 번째는 여러 가지 내용의 문제점을 제출했지만, 어제는 기회가 없어서 하지 못했었는데, 지금 오노데라 씨에게 논평하고 싶습니다. 다름이 아니라 언어 사용에 대해서입니다. 우리는 어제의 제목인 성령과 장소가, 그러니까 히브리어로 루아하, 그리스어로 프노이마, 라틴어로는 스피리투스 등이라는 것에 대해서 이야기했습니다. 거의 끝나갈 때에 혼다 씨가 조금 힌트를 주셨습니다. 그러나 거의 마지막에 이르러서였지요. 중국의 신학에 있어서 확실히 그렇습니다. 찬 신부는 거기서 결국 어떤 식으로 그 프노이마, 루아하를 중국어로 번역해야 할 것인가에 대해서 이리저리 생각을 하였습니다. 같은 번역의 문제는 일본에도 물론 있습니다. 그런데 독일어로는 문제가 없습니다. 한 가지 문제는 있습니다. 가이스트(Geist)입니다. 영어로는 고스트와 스피릿 두 개입니다. 그러나 대개 스피릿이라고 합니다. 일본어로는 '영혼'도 있고 '정신'도 있고, '기분'도 있고 '마음'도 있는데, 어째서 결국 '영혼'을 사용했는가 하는 것은 아주 중요한 문제입니다. 그러니까, 역시 오노데라 씨의 의견과, 또 오다가키 씨의 해석의 근본이 될 수 있는 말의 문제는 곧 언어 사용의 문제입니다. 우리는 정말 거기에 대해 좀 더 의식하면서, 그 의식을 정말로 발달시켜서 생각하지 않으면 안 됩니다. 저는 지금 그 문제에 깊게 들어갈 생각은 없습니다. 단지 그렇다는 사실을 지적해두고 싶습니다.

제가 전혀 이야기하지 않았던 것은 신의 문제입니다. 물론 근원적 '일(一)', '일' 그 자체에 대해 이야기하면, 기독교인에게는 유일한 신이라고 하는 사실이 결국 떠오릅니다. 저는 토론 시간에 신이 죽었다고 하는 것에 주의를 기울였습니다. 저는 현대 사회의 관점으로부터, 신이 죽었다고 하면 그 '일'도 쓸 수 없게 된다고 말씀드렸습니다. '일'은 따라서 절대자도 없고, 절대유, 절대무 어느 쪽도 괜찮습니다만, 절대는 사라져 버립니다. 그리고 '일'도 사라져 버립니다. 그러므로 일 즉 다, 다 즉 일이라고 하는 그러한 문제는 몇 번이나 나옵니다. 그러나 아직 충분히 마지막까지 토론되지는 못했습니다.

세 번째 예는 오늘 오전 중에 문제가 된 경험과 언어화의 문제입니다. 서양의 신학이나 서양 전반의 사상, 종교, 생활, 문화 등에 있어서 역시 교리의 면이 너무 강하다고 하지만, 어떤 지적이든 모두 옳다고 생각합니다. 지금과 같이 서로 이야기를 나누거나 대화를 함에 있어서도 언어 혹은 언어 사용, 표현, 히사마츠 선생님 혹은 니시다 선생님, 니시타니 선생님이 올바르게 해석되고 있는지, 어느 의미로는 같은 선의 논의입니다. 제가 어제 지적했던 것처럼, 여기에도 개념론(概念論, conceptualism), 유명론(唯名論, nominalism)적인 경향이 조금 있습니다. 그러나 개념론 혹은 유명론의 입장을 취해서, 만약 하나의 개념을 올바르게 이해하고 제대로 마지막까지 설명을 드린다면 괜찮다고 말할 수 있는가 하면, 그렇지는 않습니다. 결국 지금의 세계의 사실은 그것과는 다릅니다. 그것도 매우 인상적으로, 고메스 씨는 자신의 리포트에 자신 나름의 논평을 하신 것이지요. 정의의 문제, 정치의 문제에 여러 가지, … 악의 문제, 윤리의 문제, 그러한 구체적인 지금의 세계에 있는 문제점을 좀 더 구체적으로 다루면 좋지 않을까 생각합니다.

두 부분이 저에게는 중요합니다. 첫 번째는 방법론을 좀 더 반성하는 것이고, 두 번째는 그 내용면에 대해서인데, 어떻게 하면 그러한 내용이 오늘날의 사회생활, 현대 생활에 연결되고 있는가 하는 점입니다.

마지막으로 한마디만 더 드린다면, 오다가키 선생님에게 사과하겠습니다. 저는 선생님의 글을 읽었을 때 느꼈습니다. 오다가키 선생님은 몇 번이나 분명히 자신의 신앙의 입장을 분명하게 하셨다는 것을 말입니다. 나는 대체로 신앙의 입장에 대해서는 왈가왈부하지 않겠노라고. 또, 몇 번이나 신의 아들이라고 하는 사실을 믿을 수 없었노라고. 그것을 저는 정말로 일부러 아무런 토도 달지 않고 그대로 존중하고 있었습니다.

그와 동시에 제가 인용한 문장이 거기에는 쓰여 있었습니다. 물론 대화가 전혀 없고 대화가 거부된다고는 쓰지 않았습니다. 그러나 대화가 무익하거나, 혹은 결국 우리가 대체적으로 하는 레벨에서는 무의미하다고. 그것은 저로서도 이해할 수 있습니다. 결국 모든 다양성, 다양한 측면을 넘어 근원적 '일'까지 가지 않으면 대화가 되지 않으며, 지금 하는 대화는 꽤 어렵게 됩니다. 그러므로 오다가키 선생님께 다시 한 번 사과드리겠습니다. 그런데 케노시스적인 면에 대해서는 저는 몇 번이나 이것에 대해서도 연구해 왔습니다. 그러나 지금 말씀하신 신의 아들이 아니다, 믿을 수 없다고 하는 것과 케노시스적인 태도는 다르다고 생각합니다. 지금은 이 두 가지 모두 그냥 놔두고, 아마 후에 이것에 대해 더 이야기할 기회가 있을 것 같습니다. 감사합니다.

브라후트: 정말 감사합니다. 반성 혹은 비판, 우리 일본에 있어서의 대화의 방식에 대한 비판도 매우 소중하다고 생각합니다. 우리는 충분히 그것을 살리지 않으면 안 된다고 생각합니다. 정말로 감사합니다.

그러면 지금부터 토의를 어떻게 진행하면 좋을까 하고 생각해 보았습니다. 여러 가지 방식이 있겠습니다만, 이렇게 하면 너무 제 마음대로 하는 것이 되지 않을까 염려되지만, 저는 오리엔테이션에서 지금까지 불교로부터 배우고 불교의 근본 개념을 도입해서 신학하는 작업에 무언가 정말로 공통되는 것, 그래서 우리가 그것을 보면 아무래도 찬성할 수 있는 것이 있을까 하고, 조금 반성하는 말씀을 드렸습니다. 그것을 여기에서 한 번 더 말씀드리고, 어디까지 말하면 좋을지는 모르겠지만, 여러분의 의견이나 반론을 들을 수 있다면 어떨까 생각합니다. 그래서 일단 그러한 방식으로 진행하려고 합니다.

  저는 먼저 아마 여러분이 찬성할 수 있는 명제로서 다음과 같은 명제를 제안했던 것입니다. 영적 사실, 니시다의 말을 빌리자면 '심령상의 사실', 종교적 사실을 이해, 표현, 정리하는 데에 있어서는 그리스적 논리보다 불교적 논리가 더 적절하다고 말입니다. 그것은 여러분들께서 전제로 하고 있는 것이 아닌가 하는 것이 저의 느낌이고, 그리고 여기에 계시는 여러분들이 거기에 찬성하실 수 있는지 하는 것입니다. 어느 분이라도 좋으니 말씀해주십시오.

카와나미: 저는 기독교와 불교는 하나의 공통적인 문제에 직면해 있다고 생각합니다. 기독교의 경우는 그리스 철

학, 형상주의였다고 하는 것입니다. 불교도 형상주의, 질료형상론이라는 같은 문제에 부딪혔습니다. 그렇지만 그 해결의 방향은 양 종교에서 달랐습니다. 나쁘게 말하자면 기독교는 그리스적인 질료형상주의(Phylemorphismus)에 사로잡혀 버렸습니다. 그것이 스콜라 철학입니다. 예를 들면, 질료형상주의라는 개념 자체는 역시 어디까지나 그리스적인 개념이고, 기독교적인 것이 아닙니다. 그러나 기독교가 질료형상주의에 사로잡히게 됨으로써 스콜라 철학이 생기고, 거기서 성령의 문제와 형상주의의 문제에 관여하게 됩니다. 그리고 질료형상주의에 의해서 성령의 자유로운 활동이 방해 받을 수 있다고 하는 문제가 생기고 있는 것은 아닐까 하고 생각합니다.

그런데 불교의 경우는 그리스적인 형상주의와 전면적으로 부딪치면서, 공의 입장에서 그것을 넘어갔습니다. 그러니까, 형상이 공이라고 해서 부정함으로써 오히려 철저하게 '공즉시색'이라고 하는 형상주의를 만들어 냈던 것입니다. 그러나 그것은 형상주의에 사로잡힌 것이 아니라, 형상주의로부터 해방된 것이었지요. 반야바라밀이라고 하는 것입니다. 그러니까 '반야심경'의 제일 앞부분에 관자재보살이 등장합니다. 구마라집(鳩摩羅什)은 그것을 관세음보살이라고 번역했지만, 그것을 현장(玄奘)이 비판해서 관자재보살, 아바로키테슈와라(Avalokiteśvara), 관자재라고 번역하였습니다. 이슈와라(Īśvara)는 자유입니다. 인간이 공에 눈을 뜰 때 자유에 눈을 뜬다는 식으로 말입니다. 대승불교는 공사상을 통한 자유와 해방을 중심적인 테제로서 주장했습니다. 그러한 시점이 하나 있는 것은 아닐까 생각합니다. 그래서 질료형상주의는 그 후 아시아를 지배하는 하나의 요소가 되고, 혼다 선생님도 그런 것의 희생자이신 것 같습니다. 잘은 모르지만, 예를 들면 헤겔을 읽어도 그렇습니다. 헤겔의 『역사 철학』 안에 이런 말이 나옵니다. 이것도 완벽하게 유럽중심주의이지요. 이런 말이 있습니다. '유럽은 원숙하게 완성되었다(Europa ist rund geworden)' 그리고 '유럽에 지배되지 않는 것은 언젠가 지배되든지, 아니면 지배될 가치가 없는 것이다'라고 합니다. 우리 동양인은 유럽에 지배될 운명에 있다, 그것 역시 질료형상주의의 하나의 전개입니다. 헤겔의 경우는 그와 대결한 것이 초기 대승불교의 반야바라밀과 교토학파였다고 생각합니다. 유럽의 기독교 안에서도, 예를 들면 질료형상주의로부터의 성령의 해방이 문제가 되는 것은 아닐까라고 하는 제언입니다.

그리고 이것은 테이야르 드 샤르댕의 말인데, 가톨릭은 하나의 기성 개념이 아니라고 합니다. 가톨릭은 지중해 세계를 배경으로 성립된 개념으로서, 어디까지나 지중해적인 한정이라는 것을 부정하는 형태로 가톨릭은 가톨릭이 되며, 가톨릭이라고 하는 것이 존재하는 것이 아니라 가톨릭은 어디까지나 가톨릭이 되는 그 생성 과정에서 가톨릭이라는 것을 생각해야 합니다. 그런 것을 어디선가 말했다고 생각합니다. 물론 대승불교나 정토진종에 대해서도 동일한 말을 할 수 있습니다. 거기에 새로운 무엇인가가 태어납니다. 양 종교의 대화에서 서로가 너무 몸을 사려서, 기독교는 역시 기독교이고 불교는 불교라는 식으로 몸을 사려버리면 좀처럼 진정한 만남은 발생하지 않습니다. 그렇지만 예를 들어서 서로 다른 두 문화가 만날 때 거기에는 정신적인 프런티어가 성립합니다. 프런티어란 자동성과 이질성이 전면적으로 마주치는 곳을 말합니다. 거기로부터 실은 돌발적인 창조적인 사상이, 고도의 종교가 등장합니다.

대승불교도 역시 이런 프런티어에서 성립한 인도 불교와 헬레니즘 불교의 종합이었다고 생각합니다. 그리고 중세의 기독교도 또 다른 시점에서 보면 기독교와 그리스 사상, 헬레니즘과의 종합인 것입니다.

그리고 대승불교에서도, 예를 들면 기원 1세기 전후 무렵, 갑자기 '빛'이 등장합니다. 아미타바라든가 (아미타바의 아마(ābhā)는 빛을 의미합니다) 무량광(無量光)이라는 이름으로 말입니다. 이와 같이 초기 대승경전이 갑자기 빛의 이미지에 의해서 색채가 장식됩니다. 이것은 원시 반야경의 전문가이신 카즈요시 씨가 지적하는 것인데, 우리가 읽어도 실제 그렇습니다. 이는 역시 이란(Iran) 종교와의 만남에 의해서 빛이라는 말이 등장하고, 그것이 극도로 클로즈업 되었다고 하겠습니다. 그것은 역시 이질적인 문화와 전면적이고도 적극적인 만남을 통해서 이루어진 새로운 통합이라고 할 수 있습니다. 일종의 프런티어를 생각해야 한다고 생각합니다.

브라후트: 네, 감사합니다. 저는 아마도 그리스적인 논리는 종교라는 현상을 설명하는 데에는 그다지 적절하지 않다고 말했습니다. 그리고 선생님은 그 이유가 형상주의에 있다고 말씀하시는군요.

카와나미: 그렇다고 생각합니다. 형상의 부정이라고 하는 것이 하나의 과제입니다.

브라후트: 네, 정말 감사합니다. 그러면 야기 선생님, 말씀해 주시지요.

야기: 기독교의 내용을 언어화하는 경우에 불교의 논리가 적합하다는 것은 어느 의미로는 그렇다고 생각합니다. 그러나 저는 불교를 배운 다음에 기독교가 자신 안에서 자신의 언어를 만들어 가야 한다고 생각하고 있습니다. 거기에 대해서 물론 기독교는 역사 속에서 그리스와 접촉해 그리스 철학의 방법과 개념성을 배웠습니다. 또 기독교와 그리스 정신이 중세 이후 근대의 기독교 철학의 형성을 위한 하나의 원동력이 되었다고 하는 것은 확실합니다. 다만 지금 이 시점에서 생각해 보면, 그 경우의 유럽 철

학의 방법은 다양하게 많이 있습니다. 그러나 그 중 하나
의 주요한 방법은 개념 분석으로, 개념의 논리적 분석과
하나의 개념과 다른 개념의 논리적 관계 지음, 이것이 세
계의 내용을 개시한다고 본 것이지요. 이것에 대해 파르
메니데스는 '사고와 존재는 동일하다'라고 말했는데, 이
말은 여러 가지로 변형되면서 헤겔에까지 계속되고 있다
고 생각합니다. 그러나 그와는 반대로 사고와 존재는 다
르다고 하는 것이 먼저 분명하게, 특히 — 불교와 접촉하
지 않는다고 하더라도 그렇습니다만 — 불교와 접촉했을
경우에는 분명해집니다. 게다가 종교적 사고가 사용하고
있는 개념, 언어에 대해서 말씀드리자면, 이것은 제가 조
금 전에도 말씀드렸던 것처럼 실체사(實體詞)가 아닙니다.
즉 존재론적인 개념이라기보다는 동명사, 즉 동사를 명사
화한 것의 성격이 매우 강합니다. 따라서 기독교 사상의
논리적인 체계화는 불가능하리라고 저는 생각합니다. 하
지만 많은 사람들이 그러한 일을 하려고 했었지요. 토마
스 아퀴나스도 그랬고요.

   논리적인 체계화란 할 수 없고, 오히려 힘의 상호 관계
지요. 물론 힘이라고 해도 그것은 자각 안에서 확인되는
것으로서의 힘의 상호 관계를 말하는 것입니다. 이런 형
태로 신약 성서의 사상도 기독교의 조직적인 기술방식도
해 나갈 수 있지 않을까요? 저 자신의 연구 분야에 비추
어 보면, 예수의 경우도, 혹은 바울로의 경우도 논리적인

체계를 만드는 것은 불가능합니다. 역시 힘입니다. 힘이라기보다는 작용입니다. 예수와 신약 성서의 사상을 논하는 경우 작용의 상호 관계를 말하는 방법으로 정리하는 것이 깨끗하게 정리된다고 생각합니다. 그러니까, 그러한 의미로 말하면, 확실히 불교라고 하는 것은 작용이 중심이며 작용에 대해서 말한다는 면이 강하기 때문에, 불교의 논리가 적합할지 어떨지 (모르겠습니다). 역시 불교로부터 배운 다음에 기독교는 자기 자신 안에서 언어화의 방법을 개발해 가야 합니다. 그러기 위해서는 물론 불교를 배우는 것이 필요하다고 저는 생각합니다.

브라후트: 정말로 감사합니다.

타케다: 니시다 철학에 대한 사견을 조금 말씀드렸는데, 니시다 철학은 너무 선불교의 방면에 치우쳐서 해석되는 경향이 강하지만, 실제로는 니시다는 선뿐만 아니라, 정토교에 대해서도 많이 언급하고 있습니다. 최후의 저서인 『장소적 논리와 종교적 세계관』에서도, 제가 아는 대로라면, 그 짧은 논문에서 13번이나 신란 혹은 정토진종에 대하여 언급하고 있습니다. 『바보 대머리 신란(愚禿親鸞)』라는 짧은 에세이에서는 '우독'에 모든 종교의 진수가 있다고도 말씀하시고 계십니다. 니시다 자신도 어머니는 정토교의 열심인 염불자였다고 하지요. 그러나 니시다 자신은 진종에 대해서는 거의 모른다고 술회하고 있습니다.

다만 니시다가 파악하고 있는 절대무가 과연 대승불교의 나가르쥬나가 말하고 있는 의미에서일까 한 번 더 음미되지 않으면 안 되는 것이 아닐까라고 생각합니다. 이것은 고메스 선생님이 그쪽의 전공자이실 것이라고 생각합니다. 실은 최근에 니시다 철학과 화이트헤드의 철학에 대한 연구가 미국 종교학회 등에서도 활발히 진행되고 있습니다. 그러나 저 자신도 화이트헤드 철학을 만났을 때에 그러한 사실을 통감하고 놀랐던 적이 있습니다. 정말 이상합니다만 니시다는 화이트헤드와 동시대인이면서도 화이트헤드에 대해서는 자신의 저서 그 어디에서도 말하고 있지 않습니다.

　　제가 왜 화이트헤드 철학에 깊이 매료되었는가 하면, 프로세스(process) 때문입니다. 화이트헤드는 '프로세스'가 '리얼리티'라고 말합니다. 이것은 방금 전 야기 선생님이 말씀하신 것처럼 '작용한다'라는 것으로서의 '있다'가 아니라 '되다'의 becoming이 확실히 창조적 무(無)나 공(空)에서 나온다는 식으로 말하지만, 그러나 불가능하다고 생각했습니다. 실천이라고 하는 면과의 관계도 있습니다만, 그것도 중요한 측면이라고 생각합니다. 화이트헤드는 오히려 자신의 철학이 인도철학에 가깝다고 말하기도 했습니다. 대승불교에서는 연기·무자성·공이라고 해서 무자성이 공처럼 절대 부정적인 것을 강하게 내세우는데, 연기로서의 현실, 법계연기, 사사무애나 이사무애라고 하는 연기의 구조·관계가 어떻게 되어 있는가에 대해서는 별로 문제 삼지 않았습니다. 그런 것을 사색하지는 않았다고 해도 어쩔 수 없을 것입니다. 오히려 이보다는 깨달음을 연다고 할까, 고(苦)로부터의 해탈이라는 방법을 지향해서, 거기에 부파불교적이고 실체적인 철학이라는 것을 부정합니다. 아까 카와나미 선생님이 말씀하셨던 것처럼, 그러한 측면도 대승불교 철학 속에는 확실히 있는 것입니다. 그러나 공(空)이라는 리얼리티는 도대체 어떤 구조를 가지고 있는가를 문제시하는 철학이 이제부터의 대승불교 철학은 아닐까 하고 생각합니다. 화이트헤드가 '과정과 실재'에서 대단히 분석적이고 일관적인 철학(philosophy)을 전개시켰지만, 'philosophy of organism'이라는 유기체 철학, 유기체적인 사고, 프로세스라고 하는 찰나의 생멸적인 곳에서 실은 공적인 것을 보고자 했던 그의 철학이 저에게 있어서나 불교도에게 있어서도 이제부터 중요한 철학이 되는 것은 아닐까 하고 생각합니다.

그런데 화이트헤드 자신이 자신의 철학은 플라톤의 재해석과 다르지 않다고 했습니다. 그렇다면 이것은 역시 그리스 철학으로부터 나온 것이며, 결코 그리스 철학을 버린 것은 아니지요. 오히려 불교와 그리스 철학이 서로 공동으로 새로운 것을 만들어 낼 필요가 있지 않을까라고도 생각합니다.

브라후트: 정말로 감사합니다. 발덴펠스 선생님, 말씀하시지요.

발덴펠스: 이시와키 선생님은 어제 스콜라 철학의 입장에서 성령론을 해석하셨습니다. 아마 어느 문장보다 귀중한 문장을 여러분은 잊고 있을지도 모릅니다. 첫째 페이지에는 이렇게 쓰여 있습니다. '원래 기독교 신앙이 어떤 철학에 의해서 해석되고 설명되어야 하는가 하는 문제는 자유여야 합니다.' 저는 이 문장에 대찬성입니다. 그러므로 여러분이 시도하고 있는 것은 옳은 것입니다. 그런 의미에서 저는 찬성합니다. 혼다 선생님, 오노데라 선생님, 그러한 같은 시도에 찬성합니다.

그러나 또 하나 덧붙이고 싶습니다. 화이트헤드에도 어쩌면 해당되는 말입니다. 결국 그리스 철학의 의의는 기독교 신학에 있어서 별로 중요하지 않습니다. 왜냐하면 구약성서에 있는 생각은 주로 그리스적이지 않습니다. 그러니까 아리가 테츠타로 선생님이 인용하신 것처럼 확실히 그 구별을, 즉 존재론(ontologia)과 하야톨로지아(hayatologia)의 구별을 잘 파악해서 그 선에서 기독교 신학을 깊이 생각한다면 물론 불교의 논리의 가능성도 그렇게 말할 수 있을까 하는 것의 여부는 잘 반성하고 연구하지 않으면 안 됩니다. 그러니까 확실히 화이트헤드의 경우에 하나는 과학적인 면입니다. 다른 하나는, 저는 분명히는 잘 모르지만, 프로세스 그 자체는 플라톤 이상으로 결국은 적어도 셈족의 생각에 가깝습니다. 그러니까 우리들은 지금 각각의 문화와 지역에서 시도를 해 보아야 하기 때문에 저는 여기서 불교의 생각을 어떻게든 받아들이는 시도를 하고 싶습니다.

브라후트: 정말로 감사합니다. 하이직 선생님.

하이직: 브라후트 선생님의 질문은, 즉 영적인 사실을 말할 때에는 그리스의 논리보다 불교의 논리가 좋은 것이 아닐 것인가라는 질문인데, 저는 당연하다고 생각합니다. 그러나 브라후트 선생님은 일본의 경우를 생각하고 계신지, 혹은 불교권을 생각하고 계신가요? 남아프리카라든지 라틴아메리카와 같은 곳은 생각하지 않으시겠지요?

브라후트: 거기에 한정된다고는 생각하지 않습니다. 일반적으로 생각해도 좋을 것 같습니다.

하이직: 아, 그렇습니까. 저는 일본에 오기 전에 라틴아메리카에서 일하고 있었습니다. 그 경험으로부터, 일본에 왔을 때는 우선 기독교를 다시 배울 것을 기대했습니다. 그러나 실제로는 그렇지 않았습니다. 조심스럽게 말씀드리자면, 저에게는 처음부터 일본인에게 기독교를 가르칠 자격이 있었습니다. 그것은 저에게 있어서 큰 쇼크였습니다. 일본인의 논리, 혹은 일본의 일반적인 사상의 배경에

있는 논리는 서양과 꽤 다릅니다. 많이 다릅니다. 그러나 기독교는 하나의 예외였습니다. '제발 교편을 잡고 가르쳐 주세요'라고 저에게 말했습니다. 저는 식민지주의를 위해서 일본에 온 것은 아니지만, 그러한 식으로 기대된 것 같았습니다.

그래서 브라후트 선생님의 소개로 혼다 선생님의 논문이라든지 야기 선생님의 논문을 읽기 시작하고 나서야 저는 기독교를 다시 배울 수 있다고 생각했습니다. 그리고 다음에 오노데라 선생님의 책도 읽게 되었습니다. 저는 정말로 좋았다고 생각합니다. 그러니까 불교와의 대화는 저에게 있어서 매우 중요하였으며, 동양의 논리로부터 다시 생각한 기독교나 신학자와의 대화는 저에게 있어서 매우 큰 공부가 되었습니다.

브라후트: 정말로 감사합니다. 그러면 이시와키 신부님 말씀해 주십시오.

이시와키: 별로 직접적인 관계는 없다고 생각하지만, 이 기회에 말씀드리고 싶습니다. 제가 이 연구소에 신세를 진 지 대략 14, 5년쯤 되는 것 같습니다. 그 이후로 여러 불교도 분들과의 대화에 참가해 왔고, 여러 연구원으로부터 여러 가지 이야기를 들을 기회도 있었습니다. 먼저 저의 인상을 말씀드리고, 그것이 잘못되었다면 비판해 주시면 감사하겠습니다.

저 자신은 비판적 실재론의 입장에서 생각하고 있습니다. 그러나 제 주위의 모든 분들은, 저의 입장에서 보면, 매우 관념론적인 입장에 서 계시지는 않을까라는 느낌이 들었습니다. 그러니까 관념론으로는 모순이라는 것도 간단하게 넘어갈 수 있을 것이라고 생각합니다. 그러나 실재론에 서 있는 한 실재의 제약을 받고 있기 때문에, 그렇게 간단하게 모순을 넘어 갈 수는 없습니다. 그러므로 이 문제에 관해서 저는 언제나 분명히 납득할 수 없는 면이 있습니다. 그러니까 불교적인 사상이라든지, 혹은 동양적인 사상이라고 하는 것은 실재론인지, 그렇지 않은 것인지, 이 문제에 대해서 가르쳐 주시면 감사하겠습니다.

브라후트: 고맙습니다. 저의 질문에 관해서는 그 정도로 괜찮을까? 고메스 선생님.

고메스: 이것은 하이직 선생님의 코멘트에 대한 코멘트입니다. 그러한 생각, 즉 일본인의 논리와 서양인의 논리를 분명히 구별하는 생각은 문제가 된다고 생각합니다. 왜냐하면 언어나 논리에는 여러 가지 의미가 있습니다. 그러나 역시 일본인에게도 수학과 테크놀로지가 서양인과 똑같이 가능하기 때문에 논리는 보편적이라고 생각합니다.
그러나 다른 논리도 있습니다. 그 논리는 레토릭(rhetoric)이라고 생각합니다. 그러한 의미라고 생각합니다. 레토릭과 신화론적 사고(mythological thinking)에서 보

면 서양의 신화(mythology)와 일본의 신화는 많이 다릅니다. 그런데 신화는 레토릭의 근원입니다. 게다가 일본과 동양은 같지 않습니다. 동양도 중국과 다르고, 중국이라고 해도 여러 중국이 있습니다. 중국과 한국과 몽고와 남인도와 북인도와 스리랑카 등등 여러 가지 신화와 레토릭이 있습니다. 나아가 불교에도 여러 가지 논리가 있지요. 인도 불교의 논리는 서양의 논리와 많이 비슷합니다. 그러므로 복잡한 문제라고 생각합니다. 서양에서도 마찬가지입니다. 남아메리카라고 해도 여러 가지 남아메리카가 있습니다. 그러나 남아메리카의 신화와 레토릭은 북아메리카와는 많이 다르지요. 가끔 일본과 미국의 차이보다 더 크게 차이가 납니다.

브라후트: 정말로 감사합니다. 그러면 이시와키 선생님.

이시와키: 그것과 관련된 말씀입니다. 저는 논리란 하나밖에 없다고 생각합니다. 여러 가지 논리라고 하셨는데 그것이 무엇인지 좀 설명해 주시기 바랍니다. 일본인의 논리와 미국인의 논리가 같은 논리가 아니라면, 인간이 아닌 것이 아닐까 생각합니다.

브라후트: 네, 야기 선생님.

야기: 저도 논리라는 말의 사용법이 꽤 애매하다고 생각합니다. 그런데 실은 수학과 논리학의 레벨에서는 논리는

모든 인간에게 공통이라고 생각합니다. 하지만 일정한 사회적인 상황이라든지 문화적인 전통 안에서 설득하는 '논리'가 있는 것이에요. 사람들 자신의 의견을 승인시키는 절차가 있다는 말씀입니다. 그러한 절차를 형식화한 것을 논리라고 한다면, 그렇다면 역시 여러 가지 논리가 있습니다. 이러한 의미에서는 개념화의 방법, 개념을 조직하는 방법도 '논리'에 포함됩니다. '논리'를 이와 같이 이해한다면, 예를 들어 '변증법'의 논리와 불교적인 '즉'의 논리는 다른 것이 됩니다. 그렇다면 역시 어떤 의미에서는 불교의 '논리'가 있고, 기독교의 '논리'가 있다고 할 수 있을지 모릅니다. 즉 설득의 절차이지요. 설득의 방법이 있기 때문에, 그 방법을 형식화한 것을 논리라고 말한다면, 그러한 의미에서 논리는 역시 문화에 따라서 다르다고 생각합니다.

브라후트: 그래요, 그것은 알겠습니다. 확실히 그러한 인상도 가끔 받습니다. 우리는 논리라는 말을 매우 애매하게 사용하고 있는 것 같네요. 그리고 어떻습니까? 교토 철학도 비교적 애매하게 쓰고 있는 것이 아닌가 하고도 생각합니다. 여러분, 의견 정말로 고맙습니다.

카와나미: 이시와키 선생님의 질문에 대한 대답이 없어서 한 말씀드립니다. 직접 경험이 문제가 되는데, 불교가 관념론일까, 경험론일까 하고 물으면, 역시 저는 관념론을

탈각하는 프로세스가 중요하다고 봅니다. 관념론이라면 완전히 난센스이니까요. 예를 들면 니시다의 경우도 '심령적인 사실'이라고 말하고 있습니다. 혹은 불교 일반의 말로 말하면 여실지견(如實知見)이라고 하지요. 모든 관념론적인 것을 전부, 관념론으로는 아무리 신을 예배해도 관념론이니까요. 그러니까 마르크스의 비판의 대상이 되는 것입니다. 그러한 관념론으로부터 철저하게 탈각하는 과정에서 불교가 성립되었다고 봅니다. 그리고 그것을 완전하게 탈각한 사람이 예를 들면 부처, 위대한 선사라고 생각합니다.

이시와키: 경험론이 아니라 실재론이라는 것입니까?

카와나미: 아니요. 경험론을 통한 실재론이라고 생각합니다. 실재의 지평은 종교적인 실천에 있어서의 경험적인 지평으로밖에 열리지 않으니까요.

이시와키: 경험은 역시 관념적입니까?

카와나미: 아니요. 예를 들면 유럽철학의 관념론과 경험론과의 관계에서 말해 본다면, 수백 년간 고정화된 관념론적인 테제가 하나의, 단 한 번의 경험에 의해서 무너진 일이 있지요. 예를 들어 소금물은 짜다는 것은 누구나 다 알고 있습니다. 그러나 그것은 관념론적으로는 나올 수 없는 말이고, 실제로 핥아보고 나서 정말로(wirklich) 짜다

고 아는 것입니다. 그것이 여실지견이지요. 그러므로 불교학이라는 학문은, '소금물은 짜다'라고 말하는 것입니다. 그러나 실제로 종교적 실천을 통해 지견하고 경험하면 '아! 짜다'라고 말합니다, '아!'라는 그 감탄이 나온다고 생각합니다. 그것이 사실이겠지요.

이시와키: 그렇지만 예를 들어서 말씀입니다, 다리를 절단한 사람은 다리 끝이 아프다고 하는 경험을 합니다. 그러나 그 다리 끝은 실재하고 있지는 않지요. 그렇지만 경험은 있는 것입니다. 그러니까 경험은 실재적인 경우도 있고, 실재적이 아닌 경우도 있다고 생각합니다. 따라서 경험이니까 그것은 유심론이 아니라고는 말할 수 없다고 나는 생각합니다.

니시무라: 좋은지 나쁜지는 모르겠습니다. 그리고 여러분들이 승인하실지 또한 잘 모르겠습니다. 니시다 철학에는 순수 경험이 유일한 실재라고 쓰여 있습니다. 거기로부터 전부 출발하고 있기 때문에, 이것을 승인하지 않으면 전혀 잘못된 것이 되고 말지요. 순수 경험이 유일한 실재다, 그 이외의 실재는 없다고 합니다. 그리고 저도 그것을 굳게 믿고 있습니다.

브라후트: 감사합니다. 별로 시간이 남아 있지 않군요. 저는 여러분의 의견을 들으면서 제가 오리엔테이션에서 제기

한 질문을 하나 더 생각해 보았습니다. 역시 그렇다면, 기독교 신학에 관한 불교의 역할은 단지 부정적이고 비판적인가, 역시 해체적(deconstructive)인 역할이라고 해도 좋은가라는 질문입니다. 예를 들면 야기 선생님의 말씀을 들으면서 그러한 느낌을 강하게 받았습니다.

야기: 저는 그렇게 생각합니다. 불교와 접촉하면 대지로부터 솟아오른 건물이 무너진다고 말입니다.

브라후트: 아, 그렇게 생각하십니까? 그 밖에 누군가 의견이 있는 분은 없습니까?

혼다: 제가 기독교 신자가 된 것은 24살 때입니다만, 십 수 년 후에 불교와 만났습니다. 특히 불교의 철학, 교토학파와 만났습니다. 그리고 나카야마 선생님의 상즉의 논리를 통해서 불교 경전의 강석 등을 배웠고, 그래서 즉(卽)을 통해서 기독교의 세계관을 스스로 탐구해 왔습니다. 하지만, 한마디로 말하면, 그러한 의미에서 불교 철학은 저에게 있어서는 자기 발견의 계기였고, 나아가 그와 동시에 이질적인 매개의 계기였습니다. 이러한 양면이 있었던 것 같습니다. 이질적인 매개입니다. 그러니까 어딘가에 억지로 갖다 붙일 일은 아닌 것 같습니다. 어디까지나 이질적인 매개이고, 그것을 통해 무엇인가 자기의 것을 표현하려고 한 것입니다. 그리고 표현하면서 동시에 자기 발견

의 계기가 되었다고 봅니다. 이중성이라고 하면 이중성이겠습니다만, 그러한 느낌이 듭니다.

브라후트: 정말 감사합니다. 네, 니시무라 씨.

니시무라: 선생님에게 분명히 잘라서 말씀드렸던 것은, 역시 출발점이 다르다는 것은 확실하지 않으면 안 된다는 것입니다. 서로 이야기하면 알게 된다고 하면 안 됩니다. 아무리 이야기해도 출발점이 다르면 서로는 구별됩니다. 거기서 서로가 서로 이해할 뿐이라고 저는 생각합니다. 합의를 얻지 않아도 괜찮다고 생각합니다. 이해가 된다면 말이지요.

그러한 점에서 한 가지 더 말씀드린다면, 어제 그제 정의라는 말이 나왔습니다. 그 말이 나오면 매우 약해지네요. 외국에 갈 때마다 당하고 있습니다. 불교에는 정의가 없다든가, 사회윤리는 어떻게 할 것인가 라든지, 역사에의 참여가 어떻다든가 등등의 말입니다. 그런데 제 입장에서 말씀드리자면, 정의란 누가 그것을 정당화하는가라고 생각하게 됩니다. 무엇을 기준으로 해서 정의라고 하는지 의문이 듭니다. 결국 예를 들면 재판소에서 성서 위에 손을 얹고, '나는 신에게 맹세합니다'라는 식으로 정의를 맹세합니까? 그것은 그렇다고 해 두고, 이번에는 그러한 권위에 의해서 사람을 재판하겠죠, 인간이. 거기에서 신의 정의라는 이름으로 사람이 정의라는 권위를 자기가 가져가서 신을 대신한다고 하는 생각은 허락되기 어렵습니다. 이런 생각이 들어서 예를 들어서 윤리 행위, 사람이 넘어지면 손을 내밀어 돕는다고 하는 것, 그것은 누구라도 알고 있습니다. 불교도가, 선불교도가, 그것을 무시하는 것이 아니에요. 단지 문제는 도우려고 하는 손이 어디로부터 나오는가를 생각하고 있습니다. 그것을 생각하지 않는 듯한 정의의 행위는 믿을 수 없습니다. 어디에서 그것이 나올까요? 그것을 말하고 싶습니다. 그리고 저는 그러한 입장에 서 있으므로, 불교는 정의적이지 않다든지, 도대체 무엇을 하고 있는지 모르겠다든지 계속 이렇게들 말하고 있는 것 같습니다만, 근본으로부터 물음을 제기당하고 있다고는 생각하지 않습니다.

야기: 한마디만 여쭙겠습니다. 불평등이라는 것은 있다고 생각하십니까, 없다고 생각하십니까? 불공정, 불평등, 사기 이런 것들은 있지 않나요? 그것은 제대로 인정하고 계시겠지요? 그렇다면 어째서 정의라는 관념이 없다고 하시나요? 불공정이라고 말해도 괜찮습니다. 마찬가지지요. 불공정, 불평등, 차별 그것들은 정의의 일부분입니다.

니시무라: 예를 들면, 곧잘 병원에 사람을 문병하러 갑니다. 상태는 어떻습니까 등등 그런 말들을 하지 않습니까? 그러나 저는 그러한 문병도 자칫하면 오히려 환자를 상처 입힌다고 생각합니다. 아름다운 옷을 입고, 화장을 하고

서 병상의 곁에 가는 것만으로도 병들어 있는 사람을 비참하게 하는 것입니다. '너 확실히 해라'라고 하시겠지요. 그러나 병에 걸린 사람도 확실히 하려고 합니다. 그것을 할 수 없기 때문에 침대 위에 누워 있을 뿐이에요. 제대로 할 수 있으면 그런 일을 하고 있지 않습니다. 어디가 잘못되어 있는가 하면, 문병하고 있는 사람의 마음가짐이 잘못되어 있습니다. 병드는 것은 인간 존재에 늘 따라다니고 있는 리얼리티입니다. 병상에 있는 사람은 그 리얼리티를 실현하고 있습니다. 문병하는 사람은 그 리얼리티를 아직 모르는 미성숙한 인간이에요. 병들고 있는 사람을, 인간 존재의 피하기 어려운 '병'이라고 하는 진실로부터 문병하는 것과, 거기에 눈 뜨지 못한 채 건강한 것이 당연한 것이라고 생각해서 병든 사람을 불쌍하다고 생각해서 문병하는 것은 완전히 다릅니다. 이와 마찬가지로, 노인에 대해서도, 궁핍한 사람에 대해서도, 어떤 마음으로 그 사람들에게 접하는지가 문제입니다. 선은 그러한 인간의 존재의 내용을 확실히 점검하는 종교라고 생각합니다.

야기: 그것은 정의와는 다릅니다.

니시무라: 정의와는 다르지만, 어딘가 이 이야기에서, 무엇이 간단하게 올바르고 무엇이 잘못인지, 그 둘이 어디에서 갈라지는지, 그 기준을 알고 싶다는 말입니다.

야기: 다릅니다. 선과 악, 정의와 부정, 그리고 애정은 달라요.

니시무라: 선과 악의 기준이라도 좋아요. 선이나 악에 대해서도 뭐든지 좋습니다.

야기: 좋지 않아요. 그것은 전혀 다르기 때문에, 다르기 때문이에요.

니시무라: 그렇다면 정과 부정을 구별하는 판단 기준은 무엇입니까?

야기: 그러니까 불공정이라는 것이 정의에 반하는 것이라는 말입니다. 특정의 사람이 부당하게 이득을 보고, 그와는 달리 다른 사람들이 열심히 일하고 있는데도 정당한 보수를 받을 수 없는 것, 이것을 불공평이라고 합니다. 그것은 사기라고 생각하지 않습니까? 그렇다고 생각하지 않습니까?

니시무라: 입 다물고 있으면 선은 사기를 인정하는 것이 될 처지인데, 하지만 정의는 그렇게 간단한 일이 아니라는 생각이 드는군요.

야기: 그렇지요. 자 이제 되었지요?

니시무라: 뭐, 이 정도로 해 둡시다.

브라후트: 자, 이것으로 이제 벌써 마지막에 이르렀습니다.

타케다: '역시 선과 정토교는 다르구나' 하는 인상을 받았습니다. 정토교에서는 이렇게 말합니다. '여래가 이루어야할 일을 중생이 이루세요'라고 말입니다. 그러니까 고메스 선생님이 말씀하신 정의입니다만, 정의라는 말 자체는 어떤 것인가 하는 것입니다. 역시 예를 들면, 원시근본불교도 팔정도를 말합니다. 혹은 카와나미 선생님도 말씀하셨지만, 전악성선(轉惡成善)이라고도 하지요. 그런데 악과 선을 무엇을 기준으로 나눌까가 문제입니다. 존 캅이 지적했듯이, 아무래도 불교에서는 그러한 체크 기능이 없는 것은 아닐까 하는 말입니다. 그러나 불교는 여래가 이루어야 할 일을 중생이 이루어야 한다고 말하며, 해서는 안되는 일을 중생은 해서는 안 된다고 합니다. 그런 것이 역시 정토교이기 때문에, 거기에 신심체험이라고 할까요, 상행대비(常行大悲), 즉 항상 대비의 행을 행하라고 하는데, 그러한 것의 기준, 즉 도대체 무엇이 진실이고 무엇이 진실하지 않은 것인지의 기준은, 신란이 명확하게 말하듯이 중생에게는 없다는 말입니다. 여래의 본원이 있는 곳에야 말로 진실성의 기준이 있다는 그러한 것을 간파했다고 봅니다.

따라서 그러한 의미에서는 브라후트 선생님이 맨 처음에 제시하신 두 번째 점이라고 생각합니다. '공과 동일화되었다' 하는 말입니다. 지금 말하고 계시는 것은 그런 것보다 더 적극적인 방향이지요. '절대무 즉 절대유'라고 하듯이, 확실히 절대부정을 포함하고 있지만, 이것을 포함한 절대유적인 곳, 정토교적으로 말하면 정토의 상품(上品) 안에서 어떻게 우리들이 살아갈 것인가라는 측면을 저희들은 생각해야 한다고 생각합니다.

브라후트: 니시무라 선생님, 한마디, 짧게 부탁합니다.

니시무라: 딱 한마디 꼭 말하지 않으면 안 되겠습니다. 여러분 이 모임이 끝나고 집으로 가시게 되면, 헤이본샤(平凡社)가 펴낸 백과사전에 니시타니 선생님이 쓰신 '양심'이라고 하는 항목을 읽어 주세요. 니시타니 선생님이 말씀하시기를, 양심이라는 것은 누구에게도 손댈 수 없는 극히 주관적인 것이라고 합니다. 더욱이 그 양심은 나에 대해서 가책을 준다는 의미에서 완전히 객관적인 것이라고 합니다. 우리 안에 있으며, 가장 깊은 곳에 있으면서 나를 가책하는 것을 양심이라고 합니다. 우리 안에 있는 객관성이라는 말이지요. 진짜 행위는 거기로부터 나오지 않으면 안 된다고 저는 생각합니다. 그러면 나는 나로부터 나오고, 우리 안에 있는 객관으로 나오지 않으면 안 될 것입니다. 나는 나를 응원하는 양심이 아니라 나를 가책하는 양심에 접하지 않으면 안 될 것입니다. 그러기 위해서는 한 번, 나의 에고를 깨지 않으면 안 됩니다. 그것을

좌선에 의해서 한번 해 보시면 어떠시겠습니까, 이 말입니다. 그것을 기준으로 해서 저는 처음으로 공정이나 불공정이라는 것을 말할 수 있지 않을까 생각합니다. 아니, 어떻게 말해지더라도 양심이라는 것에 관한 한, 선의 입장에서는 이것만은 말할 수 있다고 생각한다.

브라후트: 정말로 감사합니다.

혼다: 한 가지 더 주목해 주셨으면 하는 것이 있는데, 그에 대한 발언이 없기 때문에 한 말씀 드립니다. 하야톨로지의 신학을 재검토해야 한다고 생각합니다. 유라든지 무라든지 하지 말고 말입니다.

브라후트: 그것은 소중한 지적일지도 모릅니다. 여러분 장시간 감사합니다. 패널리스트 여러분들에게 진심으로 감사드립니다. 지금이 유일한 기회입니다. 정말로 열심히 해 주셔서 매우 고맙게 생각합니다. 정말로 감사합니다.

   참관인들의 발언

브라후트: 끝날 시간이 다가왔으므로 마지막 세션을 시작하려고 합니다. 이 마지막 세션에서는 패널리스트는 발언하지 마시고, 참관인으로 참석하신 여러분들이 활발하게 발언해 주시기를 기대하고 있습니다. 1시간밖에 없는 것이

매우 유감입니다만, 그래서 모든 분이 발언하실 수 있을지 그것도 또한 문제입니다. 그러나 여러분, 자유롭게 질문이나 감상, 의견을 말씀해 주십시오. 다만 발언하시기 전에 자신의 이름을, 그리고 만약 소속하는 곳이 있으면 그것도 덧붙여서 말씀해 주십시오. 그리고 만약 질문의 경우는 누구를 향해 질문하고 싶은지 그것도 말씀해 주시기 바랍니다. 제일 먼저 우에다 시즈테루(上田閑照) 선생님에게 한마디 부탁하고 싶습니다.

우에다: 조금 전에 니시무라 씨가 우에다가 무언가 말하고 싶어 하는 것처럼 보인다고 말씀하신 것 같은데, 저는 뭐 별로 말하고 싶은 기분은 아닙니다. 오히려 여러 가지를 생각하고 있었습니다. 그것이 무엇인가 말하고 싶어 하는 것처럼 보였다고 하면, 저의 부덕인지, 혹은 니시무라 씨의 부덕인지는 모르겠습니다. 그래서 아무 말도 안 하고 이런 모임 참가한다는 것이 저의 간절한 이상이었습니다. 그러나 어쩔 수 없지요. 물론 시간문제도 있으니 대단히 여러 가지 논의가 이루어졌지만 극히 간단하게 한두 가지만 말씀드리겠습니다.

조금 전의 논의 말씀입니다만, 우선 정의였습니까? 이렇게 말씀드리면 이 기간 중의 논의의 배경을 모르기 때문인지도 모르겠지만, 적어도 니시무라 씨가 그런 방식으로 말했기에 드리는 말씀입니다. 예를 들면 하나의 묻는 방식으로서 야기 씨가 말씀하시기를, 불공평이라는 것이 있고, 그것은 어떤가 하면, 고치지 않으면 안 되지 않을까라는 방식으로 물음을 제기하셨습니다. 아마 그것은 니시무라 씨만의 물음은 아니고, 그렇다면 저는 어떻게 생각하고 또 어떻게 대답할 것인가에 대해서 생각해 보았습니다. 저라면 단순하게 이런 식으로 대답하고 싶습니다. 불공평이라는 것은 당연히 고쳐지지 않으면 안 된다. 이것은 이미 매우 분명합니다. 그리고 그것은 이미 그것으로 충분합니다. 충분하지만 조금 더 추상화하면 적어도 사회적인 공정이 됩니다.

이것은 당연히 사회로서 실현하지 않으면 안 되는 것이고, 사회의 일원인 한 그 실현에 모두 노력하여야 함은 당연합니다. 그러나 그 불공평이 고쳐지지 않으면 안 된다고 하는 것과, 정의라는 문제는 조금 다르다고 저는 생각합니다. 이것은 불공평을 고치면 정의를 위해서라는 것이 된다면, 그 정의라고 하는 것은 경우에 따라서는 불공평을 고치는 것 이상을 위해서라는 것이 되면 거기에 큰 문제가 있다는 말입니다. 왜냐하면 이것은 사회의 현실의 문제이기 때문에, 불공평이라고 하던지, 반대로 정의라고 해도, 인류의 역사에서 보면 매우 큰 전쟁은 반드시 정의를 내걸고 있거든요. 그러한 사실을 보면, 단순하게 정의가 원칙이 되어서 윤리가 성립한다고 간단히 말할 수는 없는 측면이 있다고 생각합니다. 그러니까 끊임

없이 무엇이 정의인가에 대해 반성할 필요가 있고, 게다
가 그것은 내용적인 반성 이전에 정의를 내건다고 하는
본연의 자세 자체의 문제, 그 문제까지 생각하지 않으면
안 된다고 생각합니다. 그래서 제가 재미있었던 것은 니
시무라 씨가 누군가 쓰러져 있는 사람을 돕는다고 할 때,
아마도 '저도 그렇게 돕겠습니다'라고 말할 수 있겠지요.
문제는 그때에 어디에서 손이 나오는가 하는 식으로 확
실히 언급했다고 생각합니다. 이것은 매우 단순합니다만,
니시무라 씨가 말하고 싶은 것을 분명히 말했다고 생각
합니다. 그렇다고 하는 것은, 야기 씨가 설명하신 가운
데, 그것은 「누가복음」이었습니까? 쓰러져서 불쌍하다고
생각해서 이렇게 저렇게 했다. 그러나 불쌍하다고 생각
했다는 말은 뒷날 사람들이 삽입한 말일지도 모릅니다.
바로 이것이 문제입니다. 즉 불쌍하다고 생각했다든지,
나아가 정의를 위해서 한다는 식으로 해 나가면, 그것은
삽입일 수 있는 것입니다. 그처럼 타자에 대한 본연의 자
세가 어디에서 가능하게 되는가 하는 점이 아마도 니시
무라 씨에게 있어서는 문제가 되었던 것이지요. 정의를
행하지 않기 때문에 불공평을 그대로 둔다든지 하는 논
의는 아닙니다. 단지 니시무라 씨는 별로 논의를 하지 않
는 입장을 취하고 계시기 때문에, 그렇게 되었다고 생각
합니다. 그래서 넘어져 있는 사람을 쏙 도운다고 할 때,
어디에서 손이 나왔는가에 대한 반성이 문제가 되는 것

이지요. 혹은 불쌍하게 생각했다는 것은 후일의 삽입이 아닐까요. 사실은 거기서 생각해보니 돕는다, 그처럼 생각해보기 이전에 돕는 행위, 이것은 매우 기본적으로 말해서 경험이라고 해도 좋다고 여겨집니다.

저는 오늘밖에 참가할 수 없었는데, 오늘의 문제가 야기 씨의 직접 경험에 대한 문제군요. 그래서 그 문제에 대해서 대단히 많은 논의가 이루어지고, 그리고 많은 논의 가운데에서 8할 정도는 오히려 야기 씨에 대한 의문이라든지 비판이었다고 생각합니다. 그리고 그 제일 큰 이유는, 역시 언어를 매개로 하지 않는 경험에 관한 문제입니다. 혹은 언어 이전이라든지, 다양한 표현방식이 있겠지만, 그것이 인간에게 있어서 가능한가라는, 그러한 문제 제기였다고 생각합니다. 그런데 야기 씨처럼 직접 경험을 먼저 제기해 버리고 나서 논의하는 것, 이것은 뭐라고 할까, 논의의 방법으로서는 매우 뒤죽박죽이 되었다고 생각합니다. 돌발적으로 직접 경험이 있다고 해놓고, 거기서부터 이야기를 시작해서 그에 대한 질문이 제기되는 방식, 이러한 방식은 기본적으로 말하면 서로 이가 맞아 들어가지 않는다고 봅니다.

저 자신의 야기 씨에 대한 기본적인 생각을 말씀드린다면, 저는 기본적으로 야기 씨와 같이 직접 경험을 주장하는 입장입니다. 즉 직접 경험을 말하는 것에 의미가 있다고 생각하는 입장입니다. 하지만 이것은 직접적으로 직접 경험을 꺼내는 방법을 취할 수 있는 것이 아니라, 오히려 우리에게 공통의 경험이라고 하는 것을 문제 삼고, 게다가 그것은 경험주의의 경험이라는 식으로 처음부터 규정하지 말고, 우리가 여기서 이런 식으로 하고 있다고 하는, 존재의 사실이라고 해도 괜찮겠지만, 그것을 통째로 한 마디로 말해서 경험이라고 한다, 뭐 이런 식으로 출발해 보면 좀 더 논의를 할 수 있지 않을까 하는 느낌이 들었습니다.

여기서 이렇게 하고 있는 것이 통째로 경험이라는 이 말은 반드시 자명한 것은 아닐지도 모릅니다. 그러나 말의 사용법으로서는 비교적 자연스럽다고 생각합니다. 좀 더 이론적인 이해를 매개로 해서 말한다면, 예를 들어 하이데거적인 의미에서 인간 창조의 기초구조로서의 '세계내 존재'도, 만일 이렇게 말해도 좋다고 한다면, 그 '세계내 존재'라는 것을 뭉뚱그려서 한꺼번에 경험이라고 말하면 어떨까요. '세계내 존재'라는 말투 자체가 이미 개념에 의해서 분절되고 조직화된 것입니다. 그러니까 '세계내 존재'의 사실 그 자체를 뭉뚱그려서 경험이라고 말하면, 거기에는 크게 반대하기가 어렵다고 생각합니다.

나아가 경험이란 무엇일까 하는 문제입니다. 이것은 우선 역시 언어에 의해서 매개되고 있지요. 이것이 우선 공통의 출발점이 된다고 생각합니다. 혹은 경험과 그 자기 이해, 그 전체가 보통 경험이라고 해도 되겠지요. 그

자기 이해는 언어에 의해서 수행되고 있고요. 거기까지
는 아마 아무도 이견이 없으리라고 생각됩니다. 문제는
그 이상의 것입니다. 언어로 자기 이해를 할 때, 거기에
일종의, 어떻게 말하면 좋을까요? 역전이라고 할까요, 전
도(顚倒)라고 할까요. 그런 것이 일어날 수 있는 가능성이
있습니다. 그 말은 언어로 자기 이해를 한 것처럼 경험하
고 있다고 하는 식으로 생각해 버린다는 말입니다. 그것
은 야기 씨가 사용한 말로 하자면 경험과 그 언어화입니
다. 경험과 그 언어화라고 하면 벌써 둘이 되어 버리기
때문에, 오히려 경험이라는 것 안에 자기 이해가 포함되
어 있고, 자기 이해는 언어에 의해서 수행되고 있다고 말
하는 것이 저로서는 적당하다고 생각합니다. 그런데 그
러한 식으로 언어화했을 경우에, 이번에는 언어가 경험을
흡수해 버려서, 모두 언어로 말해진 것처럼 경험했다든가
하는 식이 되어버려서, 이번에는 언어로 이해하는 것이
드러나서 경험은 언어로 증발해 버리고 맙니다. 이것은
매우 근본적인 문제이지만, 그런 것이 일어날 수 있습니
다. 언어의 정복 속에 일어날 수 있는 일입니다. 그리고
그것은 언어의 성격만이 아니라, 언어를 사용하는 인간의
본연의 자세와도 결합되고 있습니다.

언어로 말하는 것은, 말해진 세계를 지배할 수 있도록
하기 때문에, 정치적인 의미만은 아닙니다. 그러니까 문
제만 말하면, 경험의 자기 이해가 언어로 이루어졌을 때,

언어로 이해한다고 하는 경험이 경험이 되는 소이(所以)를 두는가, 언어가 거기까지 할 수 있다는 것을 인정한 다음에 무언가 거기에 일종의 나머지가 느껴지는가, 하는 문제이지요. 그 나머지라는 것은 정말로 얼마 안 되는 나머지는 아닙니다. 남는다고 하면 무한하게 남는다는 나머지가 된다고 생각합니다만, 그런 식으로 느껴져서 언어로 말하지 않으면 안 됩니다. 그러나 말하는 것과 동시에 언어에 남는 것이 느껴진다고 하는, 거기에 경험이 경험이 되는 소이가 있게 되면 사정은 매우 달라진다고 생각합니다.

그 다음으로는 언어로는 전부 말할 수 없는 것을 어떻게 해석할 것인가 하는 문제입니다. 차이가 있다면, 그것을 신비라고 부를지, 신이라고 부를지, 아니면 공이라고 할지의 차이일 것입니다. 공통의 문제는 언어를 통하지 않으면 경험은 가능하지 않지만, 야기 씨는 확실히 이런 식으로 말씀하셨다고 생각합니다. 언어에 의해서 대상은 세울 수 있지만, 아마 언어에 의해서 대상을 낳는다든가 만들어 내는 것은 있을 수 없다, 이런 뜻이 아니었겠습니까? 그렇지요? 언어에 의해서 대상은 세워지지만, 그렇다고 언어가 대상을 낳는 것은 아니란 말이지요.

예를 들면, 이렇게 보고 있으면, 바람이 분다고 합시다. 이것은 지금 경험의 표현이고, 바람이 불고 있다는 언어로 이해하고 있지만, 이것은 바람이 불고 있다고 하는 단순한 언어 이상의 것이 거기에는 있습니다. 이것이 다름 아닌 문제입니다. 근본적으로 말하면 그것을 정말로 진지하게 생각하고 있는가의 여부에 따라서 인간의 모든 본연의 자세가 바뀌게 됩니다. 거기로부터 자아와 자기의 문제 같은 것이 모두 등장한다고 생각합니다. 논의는 어디까지나 전개되지 않으면 안 되고 또 전개되는 것에 불과하지만, 기본적인 점은 그런 것이 아닙니다. 그러므로 언어를 넘는 것이 있는가 없는가, 순수 경험이 있는가 없는가라는 그러한 문제를 테마로 다룬다면, 그것은 테마를 정립하는 방법으로서는 처음부터 적절치 않습니다.

저는 기본적으로 야기 씨와 같은 선상에서 생각하고 있습니다. 그러나 질문이라고 하는 형태로 말하면 예를 들면 믿음과 깨달음이라고 합시다. 그 경험, 그것은 근원적으로 직접 경험이라는 식으로 경험 자체가 근원화되는 형태가 되겠지요. 그러나 거기로부터 어째서 믿음과 깨달음이 나오는 것인가 하는 것입니다. 이것은 불교와 기독교가 있다는 그러한 사실을 설명하는 것이라고 한다면, 즉 믿음과 깨달음, 이 둘이 있다고 한다면 그것으로 끝나겠지만, 직접 경험이라는 것에서부터 출발한다면, 어째서 거기에 믿음이라는 본연의 자세, 깨달음이라는 본연의 자세가 나오는지, 그것 역시 순수 경험으로부터 설명되면 좋지 않을까 생각합니다. 혹은 언어라고 해도, 기술 언어와 표현 언어라고 하는 식으로 처음부터 다른 종류의 언어가 있습니다. 그러나 어째서 사람이 언어를 말하는가 하는 것, 경험의 자기 이해가 언어로 수행될 때에, 어째서 그 언어의 성격이 기술 언어와 표현 언어라는 2종류로 드러나게 되는지, 그러한 설명이 있는 것이 좋지 않은가 하는 것입니다.

저와 당신(주 : 야기)이 하려고 하는 것은 기본적으로 같은 것이라고 생각합니다. 여러 종교가 여러 가지를 말하고 있지만, 말하고 있는 그것을 곧바로 말하자면 직접적으로 받아들이라는 것보다도, 어째서 그런 것을 말하는 것일까 하고 묻는 것이지요. 사람이 어째서 그런 것을 말하는 것일까, 그 기초에 어떤 경험이 있는가 하는 것이지요.

그러므로 카와나미 씨가 말씀하신 것 같은 초자연을 인정하는가, 인정하지 않는가 하는 것은 문제의 레벨이 조금 다르다고 생각합니다. 아마 야기 씨도 초자연을 인정하지 않을 것이라는 의미가 아니라, 그 초자연에 대해 말하는 것이 어째서 인간의 독특한 본연의 자세로부터 나오는가, 그것이 문제이니까, 저는 반드시 그것이 모순되는 것은 아니라고 생각합니다. 바로 그렇기 때문에 지금은 초자연이라는 말을 사용했습니다만, 예를 들어서 신을 내세우는가 내세우지 않는가 하는 것이 도대체 왜 있게 되는가 하는 문제는, 역시 기독교나 불교라는 것을 전제로 해 버리면, 그러한 것이 있다고 해서 더 이상 논의가 안 되게 됩니다. 그러나 인간이 자신의 기초를 놓은 경험, 즉 최초의 언어화의 장소에서 어째서 그런 차이가 생겨나는가 하는 것에 대해서 무언가 좀 더 생각해 볼 수 있는 것이 아닌가 하는 생각이 듭니다.

작은 우물, 작지만 신성한 우물이 있어서 우물의 앞에 사당을 세운다고 하는 이야기가 있고, 그리고 그것은 다들 잘 알고 있고, 저도 잘 알고 있습니다. 그러나 그 다음에 반드시 그렇게 할 필요는 없는 일, 곧 우물의 신을 세울 필요는 없다고 말할 때의 그 말하는 방식의 뉘앙스가 문제입니다. 그 우물의 신을 반드시 세울 필요는 없다고 해 버리면, 우물의 신은 기본적으로 소용없는 것이 되어 버리는 것은 아닐까요? 전체의 신을, 그렇지만 그 전체의 신을, 그 우물의 신을 반드시 필요로 하지는 않다고 하는 것으로서, 전체의 신을 하나이신 신이라고 하는 식으로 내세울 필요도 없어지는 것은 아닐까요? 그런 것을 생각함으로써 경험의 처음에 어째서 다른 이해의 방법이 가능하게 될까 하는 생각을 할 수 있다고 생각합니다.

브라후트: 네, 3분 이내로 부탁드립니다. 죄송합니다, 짧은 시간으로는 아마 전부 대답할 수 없을 것 같습니다만….

야기: 어쨌든 직접 경험이라든지, 신비라든지, 언어화라고 하는 것을 30분에 말하라고 하기 때문에 큰 폭으로 생략

해버렸습니다. 여기서 이런 것을 말하는 것은 매우 죄송하지만, 저는 『종교와 언어종교의 언어』(일본기독교단출판국)이라는 책을 썼습니다. 물론 우에다 선생님에게도 보내드렸습니다. 그 안에 더 자세하게 썼습니다. 거기에서는, 예를 들어 주관과 객관, 실체와 기체, 인과와 같은 카테고리도 현실이 아니라 오히려 언어가 요청하고 있다고 썼습니다……. 그러니까 직접 경험을 거치면, 그러한 카테고리 자체가 변한다고 썼던 것입니다. '공통의 경험'에서 출발하면 언어의 임시 구조가 임시 구조가 아니고, 주어진 사실로 보이고 말지요.

그래서 믿음과 깨달음에 대해서 말씀드리면 말입니다. 직접 경험과 믿음과 깨달음 사이에 하나의 신비가 있어서 갑자기 직접 경험을 언어화하는 것이 아니라, 직접 경험으로 주어지는 전체가 신비로서 경험되어 오는 것입니다. 그런 경우 그 신비를 어떤 식으로 표현하는가 하는 것이지요. 작용, 즉 자신을 자신답게 하는 작용의 깨달음이라든지, 혹은 자신의, 말하자면, 배후 또 자연이나 세계의 배후의 동일이라고 하는, 거기에 신이라는 것을 세우면, 거기서 믿음이 성립됩니다. 그러나 아무래도 세우지 않으면 안 되는가라고 묻는다면, 반드시 세우지 않으면 안 된다고 하는 논리적 필연성은 없다고 저는 썼습니다. 즉 신의 존재는 증명할 수 없다고 하는 것, 다른 말로 한다면, 논리적으로 증명은 할 수 없다는 말이지요.

우에다: 논리적으로 증명할 수 있는가 없는가 하는 문제 이전에, 그 이전의 것이지요. 그래서 예를 들면 신비라고 하는 것을 두고서, 그 신비와 관계하는 방식으로서 믿음과 깨달음이라는 형식으로 …… 지금 그러한 식으로 물었습니다. 그때에 신비라고 하는 것을 전제해 버리면, 그렇게 되면, 저는 벌써 지나치게 많이 전제되었다고 생각하는데요.

야기: 신비를 전제해 버린다고 할까요, 저는 매우 자연스러운 경험이라고 생각합니다만.

우에다: 그러니까, 그것이 자연스러운 경험이라고 하는 편이 강조되는 방식도 있기 때문이지요.

야기: 그렇다면 그 레벨에서는 믿음도 깨달음도 필요 없겠지요. 그러므로 논리적 필연성이 없다고 했던 것입니다.

브라후트: 매우 죄송합니다. 사회자로서 저에게는 재미있는 이야기입니다만. 그러면, 아오야마 씨.

아오야마 켄: 다른 이야기입니다. 저는 교회사를 전공하고 있는 사람이기 때문에, 스콜라 학자는 아니지만 이시와키 선생님처럼 스콜라의 입장에서 생각하고 있습니다. 또한 스콜라의, 실재론의, 실재론자의 입장에서 이야기를 듣고 있습니다. 그러나 정말 흥미롭게 여러분들의 이야기를 경

청하였습니다. 그래서 여기서 질문하고 싶은 것은 오노데라 선생님의 생각에 대해서입니다. 한 10년 정도 전이던가요, 아니면 7, 8년 전입니까? 오노데라 선생님으로부터 『대지의 철학』(삼일서점)이라는 책을 받았습니다. 이것을 매우 흥미롭게 읽어서, 이 책으로부터 오늘의 테마인 기독교와 불교에서 무엇인가가 태어나지 않겠는가라는 기대를 갖고 있습니다. 그러면 두 가지만 질문해 보고 싶습니다. 아, 그전에 하나, 어제 논해진 이야기 가운데, 스콜라와 니시다 철학에서도 이용되고 있는 질료형상론인데요. 이것은 지금도 역시 유효한 것이 아닐까요? 이것은 철학적인 진리라고 할까요, 철학적인 하나의 뼈대의 기반이므로, 현대 과학이 발달하면 실체란 무엇인가라는 것에 대해서 여러 가지 의심을 받는다든지 해서 별로 유행하는 것은 아닐지도 모르겠습니다. 그러나 철학의 영역에서는 이것은 지금도 성립되는 것이라고 생각합니다. 니시다 철학은 그것으로 인해 흔들리는 것은 아니라고 생각합니다.

그리고 한 가지 더, 스콜라에서 '절대무'에 상당하는 것은 무엇인가 하는 이야기가 여기서 나왔습니다만 누구이셨지요? 제1 질료의 이야기가 조금 언급되었는데요. 조금 의문을 가지고 언급되었지만, 이것은 해당되지 않는다고 생각합니다. 억지로 말한다면, 이것은 상대[對]를 끊는, 즉 절대여서 인간 이성의 대상이 될 수 없다는 의미로 일체의 한정이 없는 에세(esse), 즉 신 자체라고 생각하니다. 스콜라의 입장에서 말하자면 '에세'에 상당하지 않을까 하고 생각합니다. '에세'는 구체적 유(有)인 엔스(ens)가 아닙니다. 엔스의 참된 만유의 근본이지요. 그리고 스콜라에서 이것은 '악투스 푸루스(Actus Purus)'라고 합니다. 정말로 니시다가 말하는 최고의 역동성을 갖고 있으며, 대단히 힘으로 가득 차 있는 것이지요. 다만 우리는 그것을 알 수 없습니다만, 신비로운 것, 단지 존재한다고만 할 수 있는 것은 아닙니다. 스콜라적인 이해로는 그렇습니다. 그리고 이것은 어떤 의미에서는 만유일치의 장(場)이기도 하지 않을까 생각합니다. '사도행전' 17장입니까, 바울로가 아레오파고스에서 행한 이야기 속에서 그리스의 시인이 말하는 '우리들은 신 안에 살고, 움직이고, 일하고 있다'고 말합니다. 성서에서 비슷한 것이 「시편」에도, 또 다른 데에도 있습니다. 이 말 그대로는 아니지만, 그것을 지지하는 듯하고 그것과 닮은 것이 있습니다. 바울도 역시 이것을 시인하고 있습니다. 기독교 신앙의 입장에서 '신 안에 살고, 움직이고 있다'라고 말합니다. 역시 신은 장(場), '에세'는 장이라고 생각하는 것은 아니겠습니까? 이런 입장에서 보면, 오노데라 씨의 성령론은 역시 기독교와 불교 사이의 중개가 될 수 있는 위치에 있다고 생각합니다. 다만 이것만으로는 조금 부족하지 않은가 하는 생각을 저는 하고 있습니다.

한 가지 더, 이것을 보충하는 무엇인가가 오노데라 씨

에게 부족하지 않은가 합니다. 그렇게 생각하는 것은 니시다 철학은 자칫 잘못하면 범신론으로 나아가 버리기 때문입니다. 즉 범신론으로 나아가지 못하게 하는 브레이크가, 억제하는 것이 매우 약하다는 생각이 듭니다. 어떻습니까? 불교의 경우도 조금 약하다고 생각합니다. 적어도 선불교에 대해서는 그런 느낌이 드는데, 이 문제는 어떻게 생각하시나요? 만약 범신론으로 나아가 버린다면 기독교와의 연결은 있을 수 없다고 생각합니다. 인격적인(personal) 사랑의 신의 작용, 혹은 구원의 신인 그리스도의 십자가상의 죽음, 구원의 신이 아무래도 필요하다는 말씀입니다. 이와 같은 것을 가장 중심적인 기반으로 하고 있는 기독교에 있어서, 범신론은 아무래도 받아들이기 어려운 것이라고 생각합니다. 그것을 어떻게 피할 수 있을까 하는 것입니다.

이에 대해서 오노데라 선생님의 생각을, 만약 있으시면 묻고 싶습니다. 꽤 예전에 읽었기 때문에 제 기억이 확실하지는 않지만, 선생님의 그 책에는 그와 같은 것이 충분하게는 쓰여 있지 않았다고 여겨져서 드리는 질문입니다.

그리고 한 가지 더 말씀드린다면, 그 책 안에, 모리 신조(森信三)의 이야기였던가요? 어떤 말 중에 '니시다 철학은 반만 핀 꽃송이 그대로 머무르고 꽃을 피우지 못하고 썩어 버리는 것이 아닐까'라는 말을 오노데라 씨가 인용하고 있습니다. 그리고 그 말을 인용하면서, 오노데라 씨 자신의 말이라고 생각합니다만, 유산(流産)하는 임신부와 임산부와 같은 성격을, 약한 성격을 하나 가지고 있지 않은가, 정말로 이대로는 개화할 수 없는 니시다 철학을 정말로 살리는 것, 그것은 역시 무언가 서양 쪽으로부터 함께 작업하면서 무엇인가 제공할 수 있는 길이 필요한 것이 아닐까 하고 저는 문득 생각했습니다. 역시 그러한 같은 의미로 실재론, 서양적인 실재론은 그러한 같은 것과 어떠한 형태로든지 간에 결합될 필요가 있지 않을까 생각합니다. 이 두 개의 점에 대해서, 이 서양과의 연결이라는 점에 대해서 어떤 생각이신지 여쭈어 보고 싶습니다.

오노데라: 대단히 감사합니다. 처음에 질문하신 것, 즉 범신론에 빠지는 위험은 없는가라는 질문에 대해서입니다. 확실히 제 안에 범신론이랄까, 범재신론적인 기질이 매우 강하기 때문에, 기독교인이 되고 난 뒤에도 그래서 고민을 하였습니다. 그렇지만 (범신론에) 장점도 있다고 생각합니다. 미야자와 켄지의 예를 가지고 말씀드리면, 그는 체질적으로 저보다 몇 배나 애니미스트(animist)입니다. 그러나 그의 경우, 후에 귀의한 차원 높은 법화경의 정신이나 과학과의 관계에 의해서 애니미스틱한 종교성을 순화해서, 그것을 문학적 창조성이나 사회적 실천성으로 바꾸면

서 승화해 갔다고 생각합니다.

저도 원래 애니미스틱한 성격이어서 전시 중이었던 중학생 무렵에는 모든 진자(神社) 앞에서 깍듯이 모자를 벗고는 조심스럽게 걸었던 적이 있습니다. 하지만 더 나아갈 방향을 알지 못해서 한때는 종교 노이로제에 걸렸던 적이 있습니다. 그러니까 저는 일찍부터 이러한 다신교의 모순에 직면해 괴로워하고 있었기 때문에 일신교인 기독교와 만났을 때에는 실로 마음이 날아갈 것 같았습니다. 다신교로부터 신들의 신인 일신교에의 회심, 이것은 정도의 차이는 있지만, 우치무라 간조와 거의 같은 경험이었다고 생각합니다.

그래서 당분간은 좋았습니다. 그러나 역시 뿌리가 체질적으로 범신론적 애니미스트이므로, 기독교에 철저하면 철저할수록 단순한 일신교로는 안정되지 않는 것을 느끼게 되어, 긴 탐구의 끝에 간신히 삼위일체의 중요한 의미를 발견하게 되었습니다. 즉 삼위일체는 단순한 일신교나 다신교가 아니고 일신교와 다신교의 종합적 계기가 포함되어 있어서, 거기서 간신히 영혼의 안정을 얻을 수 있었던 것입니다. 저는 삼위일체에 대해 꽤 많은 말을 했는데, 그러한 배경에는 실은 그러한 정신사적 프로세스가 있었습니다. 그러니까 저의 경우, 기독교의 정신에 의해서 저 자신의 애니미스틱한 성격이 어떤 의미에서는 초극되었다고 해도 좋다고 생각합니다. 그리고 모든 것에 신을 인정하는 판엔테이즘(panentheism, 범재신론, 만유내재신론)이라는 면과 일신교적인 순수한 면을 종합해서, 일즉다라는 것을 자신 안에 참으로 현성(現成)했을 때, 내면으로부터 솟아나오는 생명을 실감하게 되었습니다. 그러한 의미로 미야자와 켄지와 비교해서 말씀드린다면, 본디부터의 범신론적인 체질을 성령론적 기독교에 의해서 순화하고, 그리스도론적, 인격주의적인 것으로 창조적으로 전환해 나가는 길이 가능하지 않을까 생각하고 있는 것입니다. 그래서 미야자와 켄지가 문학을 통해서 전개한 것을 저는 철학을 가지고 표현해 보고자『대지의 철학』을 쓴 것입니다. 이것이 첫 번째 대답입니다.

그리고 다음으로 모리 신조 선생님에 의하면 니시다 철학은『선의 연구』의 시대부터 차례차례로 변화해 나가서, 그리고 끝까지 입장에서 입장으로 절대 변증법적으로 전개해 나간, 일종의 유산(流産)의 철학이라고 말씀하셨는데, 저도 처음에는 그 말씀에 공명하고 있었습니다. 그러나 저의 생각이 얕았구나 하고 지금은 반성하고 있습니다.

그러나 궁극적으로 니시다 철학은 기독교도 포괄할 수 있는 입장에 이르렀는가 하고 묻는다면, 역시 그것은 도중에 끝난 것처럼 보입니다. 그 문제에 대해서는 시간이 없기 때문에 결론적으로 말씀드리면 '삼위일체가 놓여 있는 장소'라고 하는 경우의 삼위일체의 일(一)이 절대무라는 해석에 도달해서 비로소 '절대무 즉 절대유'라는 형태로 삼위일체 자체 안에 니시다가 노리고 있었던 궁극적인 것이 발견된다고 생각하고 있습니다.

브라후트: 대단히 감사합니다. 그러면 다음으로 오쿠무라 신부님.

오쿠무라 이치로: 처음부터 이 모임의 타이틀을 듣고서 매우 관심을 가지고 여기에 왔습니다. 그리고 매우 많은 것을 배울 수 있어서 감사드립니다.

　　저는 불교로부터 가톨릭 신자가 되었습니다. 그런데 역시 지금의 가톨릭의 매우 큰 문제는, 조금 전 고메스 씨도 말씀하셨듯이, 너무나도 세계가 다르므로 인칼츄레이션(inculturation)이라는 말은, 그 어디에도 인칼츄레이션 하지 않으면 안 되는, 문화적 수육이지요. 그리고 아시아나 동양에 가도, 일본은 또 역시 저 나름대로 매우 다른 것을 느낍니다. 매우 서양화되고 있습니다. 하지만 역사에서는 적어도 세 개의 문화의 중층성이라고 할까요? 말하자면 일본의 문화, 고래의 문화, 그리고 중국에서 온 유교와 노자도 들어가 있을 것이고, 불교가 일본을 크게 기른 부모라고 생각합니다. 그리고 이번에는 메이지 시대로부터 눈사태처럼 굴러 왔다는 표현이 어울릴 듯한 서구가 있습니다. 이런 세 가지가 아직 매우 혼돈된 상황이 되어 있는 느낌이 듭니다. 그러므로 그러한 것을 느끼면서, 불교 공부도 계속하게 해 주신 시간이 되었습니다. 해서 불교도 분들에게 묻고 싶습니다. 저에게는 아무래도 제 나름대로 이렇게 느끼고, 특히 선생님들은 일본인이기 때문인지도 모르겠는데, 이것은 불교라고 해도 인도의 것과는 몹시 다른, 일본의 불교라는 사실을 느끼게 되었습니다. 불교를 처음 배우려면 원시 불교로부터 시작하지 않으면 안 되리라고 생각해서 벨기에로 갔습니다. 그리고 유명하신 에치엔느 라못트 선생님에게 가는 것이 공부를 제대로 할 수 있는 길이라고 생각해서 그 선생님 밑으로 갔습니다. 그리고 라못트 선생님을 만나 뵙게 되어 정말로 좋았습니다. 그런데 제가 선 불교에 흥미를 갖고 있는 것을 아셨던지, 처음 만나자마자 대뜸 하시는 말씀이 '선은 불교입니까'라는 말씀이셨어요. 저는 조금 쇼크를 받았습니다. 제가 들어갔던 선생님의 연구실은 중국 불교의 책이 꽉 차 있어서 한자 책들이 줄지어 있고 유럽의 책은 하나도 없었습니다. 꽤 놀랐지요. 선생님과는 당분간 편지 왕래도 하고, 막상 선생님 밑으로 가려고 하니, 힘들었습니다. 루뱅이라는 곳은 너무 공부를 많이 시킨다고 들어서 그만두고서 프랑스에 남았습니다. 그때부터 원시 불교의 책을 많이 쓰고 계신 것을 보았습니다. 정말 대단하다고 생각했습니다. 바로 그 선불교에 대해서 말입니다만, 보리달마로부터 중국, 그리고 일본에 오게 되었는데, 보리달마의 초기의 선은 사유선, 사색이지요. 그리고 그 다음에 중국의 실용주의가 강렬하게 일어나서 도덕선이나 행동선 등, 말하자면 원리가 강해졌고, 일본에 오면 부처와 친해진다는 불친선(佛親禪), 그리고 생활선이라는 흐름이 있었다고 듣고서 이것도 참 재미있다는 것과, 기독교도 역시 중국의 기독교, 대만의 기독교, 필리핀과 인도의 기독교, 그리고 일본의 기독교는 반드시 크게 다를 것이라고 느끼게 되었습니다. 그러니까 선생님들께 여쭙고 싶은 것은, 일본인의 깊고 깊은 속으로 들어가면 일본인의 마음이라는 것이 보기 좋게 불교와 결합되어 있지요. 말하자면 성육신입니다. 그런데 기독교는 아직 그것을 하지 못하고 있다는 겁니다. 전통적인 불교의 기본적인 것과 그것을 오랫동안 소화해 온 불교, 그 불교는 일본화한 것이라고 할까요. 그러한 의미에서의 멘탈리티라는 것이 특히 일본어라는 언어의 면에서 느끼게 됩니다.

여기에 대해서는 와즈지 테츠로(和辻哲郞) 씨가 일찍부터 많은 것을 쓰고 있었습니다. 일본어와 철학이라는 것 말입니다. 그러니까 일본어에 의한 철학을 낳으라고, 마지막에는 큰 절규와 같은 형태로 쓰고 있습니다만, 벌써 40년 전입니까, 저는 깊이 생각하게 되었습니다. 그 사람은 일본어를 분석하면서 말이지요, 또 다른 한쪽에서는 동급생인 이와시타 소우이치(岩下壯一) 신부가 계셨는데 이 분은 매우 머리가 좋은 신부님이시기 때문에, 또 두 사람은 사정없이 싸움도 했지요. 와츠지라는 사람은 아무것도 모른다고 한 적도 있어요. 그리고 이와시타 신부는 이번에는, 최근에는 붐처럼 될 뻔도 해서 가톨릭의 전통을 지킨 것은 그분뿐이고, 올바른 것은 이와시타 신부 정도밖에 없고, 가톨릭은 모두 덜 된 사람들뿐이라고, 일전에 어느 개신교 분이 쓰신 책에서 읽은 적도 있었습니다만, 확실히 이시와키 신부님의 이야기를 들으면서 제2의 이와시타인가 하고 …… 예전이 그리운 느낌이었어요. 저는 거의 하이직 신부님이나 브라후트 신부님으로부터 나쁜 세뇌를 받았으므로 상당히 무너져 버렸는데, 일본화라는 것에 대해서 질문할 수 있으면 좋겠다고 생각합니다. 그리고 이 연구소도 일본인과 기독교라는 것에 대해서 연구를 하지 않습니까? 신도(神道)와의 대화는 벌써 하셨다고 생각되고, 신종교와의 대화도 하셨다고 생각합니다. 이 모임은 매우 충실한 모임이었으므로, 이와 같은 것이 가능했다고 여겨집니다. 이것이 첫 번째로 드리는 말씀입니다.

그리고 또 한 가지는 선생님이 말씀하셨던 것과도 관련된 것입니다. 가톨릭은 역시 유럽의 전통이 매우 큽니다. 2천 년이나 됐고요. 그리고 지금 필레모르피즘 (Phylomorphism, 질료형상론)입니까? 형상의 문제, 이를 옹호하시는 말씀을 하셨지요. 아리스토텔레스의 철학이 들어가고, 확실히 저도 그것을 계속 배웠지요. 그것이 나쁘다는 뜻이 아니라, 오히려 예를 들면 제1 질료 같은 것은 과학의 진보에 의해서 크게 바뀔 것이 틀림없는데, 기본적으로는 무언가 음과 양이라고 할까요? 그 양극성이라고 하는 것이, 다른 말로 하면 확실히 하나의 진리라고 생각합니다. 그러니까 가톨릭의 2천 년 전통이 지금 탈피하려고 하고 있는 매우 괴로운 가톨릭교회의 상황이라고 생각합니다. 유럽은 특히 여러 가지 면에서 실제로 가톨릭이 가라앉고 있다고 할까요. 그러나 일본에는 무엇인가 새로운 하나의 생명이 싹트는 것은 아닐까라고 생각합니다. 하지만 그렇다고는 해도 역시 2천 년의 전통은 잘라서는 안 된다고 생각합니다. 오히려 처음으로 돌아가라고 말하기도 합니다. 그러므로 질료형상론을 지금 말씀드리려는 것은 아니지만, 역시 중세의 스콜라 신학은 가톨릭교회 내에서도 지금 유럽에서도 사라져가고 있지만, 그래도 역시 매우 중요한 것을 갖고 있고, 그것을 잃어버리면, 전통이 없는 곳에는 창조가 없듯이 …… 그것은 잘못된 것이라고 생각합니다. 그리고 그렇게 되면 불모의 상태가 되어버린다고 생각합니다. 그런데 여기 계신 불교 분들은 전통을 살려오셨다고 생각합니다.

현대는 양쪽 모두 괴로워하고 있는 문제가 있지요. 현대 세계의 세속화의 문제도 그렇지 않을까 생각합니다. 이렇게 생각하는 것은, 우치무라 간조 선생님의 뒤에 지금 '마쿠야(幕屋)'라는 그룹이 생겨서 사람들이 꽤 많아지고 있습니다. 그러나 그 사람들과 만나 보면 프랑스에서도 응원이 오고 있어요. 말하자면 서양의 그리스, 로마의 문화를 통해서 가톨릭은 해왔는데, 왜 그렇게 귀찮은 것을 해왔느냐고 묻습니다. 그리스도의 복음을 직접적으로 일본에 가지고 오면 좋지 않은가? 그러니까 저쪽에 가서 히브리어를 공부하고 그리스어를 공부해서 성서를 철저히 공부해 가지고는 이쪽으로 곧 가지서 오면 어떨까요 하고, '마쿠야'라는 그룹이 저 편에서 성장하기 시작한다는 말이지요. 우치무라 선생, 테시마 선생님 같은 분이 계시고 말입니다. 그러한 것은 저로서는 도저히 소화할 수 없고, 또 잘못된 것이라고 생각합니다. 그렇지만 그것도 하나의 현상이지요. 전통을 살린 것이지요. 일본의 전통과 유럽의 전통 모두를 우리 가톨릭은 살리지 않으면 안 됩니다. 그러니까, 지금 이렇게 도와주시고 계신 것은 매우 훌륭하다고 생각합니다.

브라후트: 고맙습니다. 말씀 중에 질문은 별로 포함되지 않았군요. 네, 정말로 감사합니다. 그 밖에 또 말씀하실 분 안 계신가요? 아무쪼록 사양하지 마시고…….

와다 마치코: 세이신 여자대학의 수녀 와다입니다. 야기 선생님에게 여쭙고 싶습니다. 경험과 언어의 관계에 대해서, 오전에도 오후에도 선생님은 종교 언어에 대한 관심을 보여주셨고, 이윽고 사전(辭典)과 문법이라는 그런 말

씀도 하셨다고 생각해서……. 그 문법이란 것은 오후에 작용이나 힘의 상관관계를 말한다든가, 언어화의 방식의 개발이라는 말씀도 하셨는데요. 그런 것에 해당하는 것인가 하고 상상했는데, 사전이라고 말씀하셨을 때에는 어떤 것을 생각하고 계시는가 싶었습니다. 왜 이런 질문을 드리는가 말씀드리면, 제게 흥미가 있기 때문입니다. 인간은 종교가 아니라고 해도, 예를 들면 사랑의 문제에서도, 죽음의 문제에서도 그렇지만, 태어나서 처음으로 한 번뿐인 경험을 할 때에, 그것을 언어로 표현하는 데 있어서 이미 존재하는 언어로는 안 될 거라고 생각해요. 그래서 이미 존재하는 언어가 아니고 언어화할 수 있는 것은 무엇이 가능할까 하고 생각할 때, 사람들은 예를 들면 내가 언어를 도구로 해서 언어화하는 것의 새로운 의미는 아무래도 거기로부터는 나오지 않지 않을까라고 생각하거든요. 그렇다면 언어라는 것은 누가 말하는가, 언어는 어디에서 말하기 시작하는가 하는 것이 제게는 매우 재미있어서, 마치 눈이 핑핑 돌 것 같은 무엇인가 깊은 것을 느낍니다. 그리고 언어가 어디에서 말해지는가 하는 것은, 오전 중이었나요? 발덴펠스 선생님이 말씀하셨던 전달의 가능성이라든지, 이해의 가능성이라든지, 타인의 새로운 1회뿐인 경험을 듣는 사람은 어찌된 터인지 안다고 하는 경험이 있습니다. 그러나 그렇게 안다고 해도, 포켓에서 똑같은 돌을 꺼내서는 '자, 같지'라고 하는 것은 아니어서,

어딘지 모르게 자신 안에서도 무엇인가를 알게 된다고 하는 경험이 있다고 생각하지만, 그 이해의 가능성이라든지, 그러니까 전달의 가능성이라는 것이, 어디에서 말해지는가 하는 것과 연결되는 것 같습니다. 그리고 그 말은 어디에서 말해지는가 하는 것에 대해서는, 오전에 소쉬르를 인용하셨다고 생각합니다. 새로운 의미라고 하는 것은 어휘가 아니라 어휘와 어휘 사이에서 생긴다고 할까요, 어휘의 차이로부터 태어난다고 할까요? 침묵까지도 포함해서 새로운 의미가 태어난다는 것일까요? 그러한 언어의 작용이라고 하면, 사전이라는 말로 야기 선생님이 장래에 관해서 생각하고 계신 것은 무엇인가 하는 질문입니다.

야기: 이것도 큰 문제이니까 간단하게는 대답할 수 없습니다. 그렇지만 예를 들면 정토진종도 같은 생각을 가지고 있으실지 모르겠습니다. 기독교에 대해서도 조금 전, 마쿠야의 테시마 씨의 이야기가 나왔는데, 신약 성서에 쓰여 있는 것을 그대로 말해도 그게 무엇인지, 무슨 말인지 모릅니다. 통하지 않지요. 그래서 불트만의 비신화화가 등장한 겁니다. 그러나 그것은 하나의 시도이고 문제 제기여서 해결된 것은 아닙니다. 따라서 바울로라고 하면 바울로의 서간에서 바울로가 사용하고 있는 언어이지요. 그 언어가 어디에선가 나왔거든요. 어디를 가리키고 있는지, 그것이 자신의 경험 안에서 어떤 위치를 차지하고 있

는지를 공통적으로 이해시키는 그러한 조작입니다. 그러
니까 사전이라고 했지만, 그렇게 리스트업해서, 이것은
이런 의미입니다라고 하는 것이 아니라, 종교적인 말이
어떤 경험에 자리를 가지고 있는가, 어디로부터 나와서
어디를 가리키고 있는가, 말과 말의 관련은 무엇인가 등
등, 그런 것이 또 모두에게 알 수 있도록 하는 그러한 조
작을 생각하고 있습니다. 갑자기 신이라는 말을 사용하면
서 '신을 믿어라' 이렇게 말해도 쓸데없어요. 어째서 신이
라는 것을 말했는지, 그것은 우리에 있어서도 똑같이 체
험을 공유할 수 있는지 없는지, 동일한 체험이 가능함에
틀림이 없으므로 신을 믿어야 한다는 것을 분명히 해야
한다는 의미입니다.

와다: 잘 알겠습니다. 감사합니다. 언어가 나오는 곳을 신
체성이라고 생각하고 있었기 때문에, 상당히 방향이 달랐
습니다. 그렇지만 말씀하시는 의미를 알 수 있었습니다.

브라후트: 감사합니다. 그 밖에? 네, 나스 씨.

나스: 정토진종의 나스입니다. 카와나미 선생님에게, 질문
이라기보다는 변명 같은 것이 될지도 모르겠습니다. 실은
야기 선생님에 대한 논평 중 자기와 자아의 부분에서, 자
아가 아뢰야식이라고 말씀하셨는데, 거기까지는 저도 이
러쿵저러쿵 말씀드리려는 것은 아닙니다. 소가(曾我) 선생

님을 거론하셨는데, 소가 선생님이 말씀하시는 법장보살이 아뢰야식이라는 말은 아뢰야식은 망식(妄識)이므로 틀린 것이라고 말씀하셨던 것입니다만, 실은 소가 선생님이 말씀하시려는 아뢰야식은 『대무량수경』이라는 정토교의 사상을 배경으로 하고 있고, 더욱이 여래장 사상과 아뢰야식 사상을 다 포함한 다음에 전환의 사상으로서 전의(轉衣)의 사상으로서 법장보살을 말씀하시려고 하셨던 것입니다. 정토진종에서도 그것이 여러 가지 문제가 되겠습니다만, 우리는 소가 선생님에게 배운 사람으로서 체계적으로 그 사상을 보았을 경우, 나와 너, 여래와 나라고 하는 관계를 떼어 놓지 않고 어디서 그것을 해결할까 하고 생각하던 가운데 이 보살론이 등장한 것입니다. 그러나 진정한 주관이라고 하는 것은 주관과 객관을 떠나서도 말해지고, 깨달음과 구제도 떼어 놓지 않고 논한다는 사실의 큰 근간으로서 보살론이 전개되고 있습니다. 아뢰야식의 유식만으로 보시면 말씀하신 대로 잘못된 것이 될지도 모르겠습니다만, 소가 선생님이 말씀하시려고 했던 것은 실은 그런 것은 아니었다고, 조금 변명하고 싶다고 생각했습니다.

카와나미 : 저도 그렇게 생각합니다. 다만 아뢰야식이라는 말 자체를 사용하시면 큰 오해가 일어납니다. 단지 저는 소가 선생님으로부터 말씀을 들을 기회가 있었는데, 정말

로 훌륭한 분이라고 생각합니다.

브라후트: 나스 씨는 역시 소가 선생님 전문가입니다. 그
밖에는 안 계신가요? 그러면, 거의 시간이 다 됐습니다.
하지만 아오야마 씨는 아직 조금 무엇인가 계속하고 싶었
지요. 그것을 지금 조금만…….

아오야마: 오노데라 선생님에게 …… 저의 질문에 대한 대
답을 들을 수 없었기에 한 말씀 드립니다. 범신론적으로
되어 버리면 결실을 보지 못하게 되어 버린다든지, 혹은
결국 기독교와 연결고리가 되지 못하고 마는, 그러한 가
능성을 막아줄 것은 무엇이라고 생각하고 계신지 말씀해
주실 수 있으신가요? 제 질문은 그것뿐입니다.

오노데라: 그러네요. 브레이크를 건다고 하는 것까지 별로
생각하지 못했습니다. 그러나 방금 전에도 말씀드렸듯이,
삼위일체라는 것을 강조하는 근거는 저 자신의 체험으로
부터 가면 바로 이유가 거기에 있어요. 브레이크라고 할
까요, 저의 경우는 오히려 순화라고 말하고 싶습니다. 예
를 들면 도스토예프스키의 경우에도 그 근저에는 꽤 범신
론적인 사상을 가지고 있습니다. 그러나 역시 그리스 정
교의 깊은 신앙에 의해서, 그것을 브레이크를 건다기보다
는, 창조적으로 순화하고 있다고, 혹은 성화하고 있다고
해야 하지 않을까……. 도스토예프스키는 성령론적 기독

교를 창조적으로 전개한 하나의 훌륭한 예인데, 그러한 점에서는 미야자와 켄지와 쌍벽을 이룬다고 저는 생각합니다.

아오야마: 두 다리로 걷지 않으면 브레이크를 건다는 것은 불가능하지 않을까요?

오노데라: 두 다리라고 하신 것은?

아오야마: 사람은 여러 면에서 양극적으로 두 개로 이루어져 있다고 누군가가 말한 적이 있습니다. 그렇지 않으면 제동이 걸리지 않는다는 말이지요. 순화해 간다는 것도 이미 일방적으로 되어 버리고, 결국은 빙글빙글 도는 것이 되지요. 그러면 안 된다는…….

오노데라: 그래요, 그런 말이군요. 혼다 선생님을 꼭 거론하는 것은 아니지만, 저도 즉의 논리로부터 상당히 영향을 받아서 그것을 살려볼 생각입니다. 보행이라고 하는 것은 역대응이지요. 저 자신으로서는 기독교에 철저해져야 한다는 길을 오로지 걷고 있습니다. 그러나 다른 한편은 이질 매개라고 하는 것을 근저에 두고 있기 때문에, 불교 분들, 개신교 분들의 글과 행동으로부터 끊임없이 배우고 있습니다. 들으면서 그것을 창조적으로 전개해 간다는 것이지요. 경우에 따라서는 그것을 성숙의 시기까지 기다린다고 할까요. 그렇게 함으로써 제동이 걸린다고 할까, 자

신의 밸런스를 유지하면서 영성의 확립을 도모할 생각입니다. 거기에 저의 성령신학은 삼위일체론과 깊이 연결되어 있고, '성령에 있어서, 그리스도를 통해서 아버지에게'라는 내재적 초월을 목표로 하기 때문에, 단순한 범신론으로 끝나고 마는 그러한 위험은 없다고 생각하고 있습니다.

브라후트: 선생님, 정말 감사합니다. 그러면 이것으로 거의 시간이 다 되었으므로 여기에서 이 세션을 끝내기로 하겠습니다.

후 기

　본서는 1997년 3월 24~26일의 3일간 난잔대학 난잔종교문화연구소에서 '기독교는 불교로부터 무엇을 배울 수 있을까'라는 테마로 행해진 제10회 난잔종교문화연구소 심포지엄의 성과를 편집한 것이다.

　난잔종교문화연구소는 1974년에 설립된 국제색이 풍부한 연구기관이다. 그 목적은 먼저 학술 레벨에서는 널리 세계의 종교와 문화일반에 관한 학제적 연구, 특히 일본을 중심으로 한 동양의 종교와 문화에 관한 연구의 추진이며, 두 번째로 실천 레벨에서는 기독교나 불교나 신도 등의 제 종교와의 대화와 상호 이해의 촉진이다.

　오늘날 컴퓨터를 중심으로 하는 과학기술의 혁신이 현저한 가운데, 세속화의 진행과 함께 주목해야 할 종교회귀 현상이 일어나고 있다. 또, 특히 동서 간의 대립이 유동화하고 있는 가운데 민족주의가 대두해, 원리주의적인 종교가 힘을 얻고 있다는 점들이 지적되고 있다. 본 연구소는 이러한 세계의 상황 속에서 일본의 제 종교나 사상을 널리 해외에 알리는 노력을 거듭함과 동시에, 이 분야에서 일본과 해외의 중개 역할을 완수하는 국제적인 연구기관이 되는 것을 목표로 하고 있다.

　이러한 목적을 완수하기 위해서 본 연구소는 발족 당시부터 종교 간의　대화의 심포지엄을 개최해 왔고, 이번이 제10회에 해당된다. 이번 심포지엄의 특징은 기독교의 철학이나 신학을 지향하면서 불교에 강하게 끌려 불교나 니시다 철학의 영향을 받은 기독교인들을 중심으로 하면서, 기독교가 불교로부터 도대체 무엇을 배울 수 있을까를 근본적으로 되물었던 것에 있다. 일본의 기독교에 있어서 문화적인 수육, 문화내개화(inculturation)가 오랜 기간 동안 과제로 여겨져 왔다. 21세기의 도래를 앞둔 작금, 그 성과와 평가를 여기에 모아 두려는 것이 본 심포지엄의 취지이다. 또 이것은 본 연구소가 오랜 세월 쌓아 온 종교 간의 대화와, 거기에 연관된 다양한 대화의 구체적인 성과를 다시금 묻는 시도라고도 하겠다. 심포지엄의 일정은 다음과 같았다.

첫째날 – 1997년 3월 24일

　개회인사: 한스-유르겐 마르크스(난잔대학 학장)

　오리엔테이션: 얀 반 브라후트

　제 1 세션　상즉신학의 길
　　사　회: 제임스 하이직
　　발제자: 혼다 마사아키

논평자 : 니시무라 에신

제 2 세션 **기독교와 불교** – 대화는 어디에서 가능한가
사　회 : 야기 세이이치
발제자 : 오다가키 마사야
논평자 : 한스 발덴펠스

둘째날 – 1997년 3월 25일

제 3 세션 **정토교와 기독교의 상호 전환**
사　회 : 혼다 마사아키
발제자 : 타케다 류우세이
논평자 : 루이스 고메스

제 4 세션 **성령과 장소**
사　회 : 카와나미 아키라
발제자 : 오노데라 이사오
논평자 : 이시와키 요시후사

셋째날 – 1997년 3월 26일

제 5 세션 **직접 경험과 그 언어화에 대하여**
사　회 : 니시무라 에신
발제자 : 야기 세이이치

논평자 : 카와나미 아키라

제 6 세션　전체토의
　사　회 : 얀 반 브라후트

　심포지엄 석상에서는 연일 최고조에 달한 논의가 전개되어서 책으로 정리할 수 있는 한계를 훨씬 넘어 버릴 정도였다. 따라서 애당초 전부를 게재하는 것은 불가능하였다. 그렇다고는 해도 전체 토의 이외의 부분은 요약의 형태로라도 수록하면 어떨까 하는 안도 있었지만, 전체의 흐름을 흐트러뜨린다는 점과, 요약을 하면 서로 이야기한 화제가 이해될 뿐, 대화의 내막을 밝히지는 못한다는 점이 지적되어, 결국 이번에는 수록하지 못한 점을 여기서 사과드리고 싶다. 그 때문에 유감스럽게도 참가자분들의 귀중한 발언뿐만 아니라, 토론을 위해서 참가한 3명의 연구소 스탭(폴 스완슨, 우메자와 유미코, 와타나베 마나부)의 발언은 기록되어 못했다. 또 애당초, 처음 다섯 번의 토의를 요약하기 위해 애써주신 이시와키 요시후사 신부님에게는 모처럼 요약해주신 글조차 수록하지 못했음을 이에 용서를 빌어야 할 것이다.
　또 발표 원고는 본서에 수록되면서 큰 폭으로 개고된 것도 있으므로 주의해 주시기 바란다. 그리고 이번 심포지엄은 일본어로 출판할 뿐만 아니라, 널리 세계를 향해서 물음을 던진다는 의미에서 영문판으로도 작성되고 있다. 가까운 장래에 영문판이 해외의 출판사로부터 간행될 예정이다. 끝으로 오랜 세월 연구소의 활동을 이해해 주시고 협력해 주신 분들, 특히 이번 심포지엄에 참가하신 분들께 심심한 사의를 표하고 싶다.

난잔종교문화연구소

와타나베 마나부

필자 약력 (1999년 출판 당시의 상황)

얀반 브라후트(Jan Van Bragt)

1928년 벨기에 생.

루뱅대학 졸(Ph.D.)

전 난잔대학 교수, 전 난잔종교문화연구소장.

현재 난잔대학 명예교수, 하나조노대학(花園大學) 강사.

주요저서 : *Mysticism Buddhist and Christian*(Crossroads),
　　　KeijiNishitani, *Religion and Nothingness*(University of
　　　California Press).

제임스 하이직(James W. Heisig)

1944년 미국 생.

노트르담대학 대학원(미국) 신학석사, 로요라대학대학원

철학석사, 켐브리지대학(영국) Ph.D.

현재 난잔대학 교수, 난잔종교문화연구소장.

주요저서 : 〈ユングの宗教心理学〉(春秋社),
　　　　El Cuentodefras delcuento(Editorial Guadalupe).

혼다 마사아키(本多正昭)

　　1929년 생.

　　큐슈대학(九州大學) 문학사, 동 대학문학수사, D.Th.(미국).

　　현재 산업의과대학(産業醫科大學) 명예교수.

　　주요저서 :〈比較思想序説〉(法律文化社),〈仏教とキリスト
　　　　　　　教〉(三一書房),〈超越者と自己〉(創言社),〈神の
　　　　　　　死と誕生〉(行路社).

니시무라 에신(西村惠信)

　　1933년 시가현(滋賀県) 생.

　　교토대학대학원 문학석사, 아이치가쿠인대학 문학박사.

　　현재 하나조노대학 교수, 대학부학장,

　　동서종교교류학회부회장.

　　주요저서 :〈己事究明の思想と方法〉(法藏館).

오다가키 마사야(小田垣雅也)

　　1929년 도쿄 생.

　　아오야마가쿠인대학(青山學院大學), 대학원(신학석사),

　　드루대학대학원(Ph.D.) 전 국립음악대학 교수.

　　현재 미즈키교회 담임.

　　주요저서 :〈ロマンテイシズムと現代神学〉,〈ネオ・ロマン
　　　　　　　テイシズムとキリスト教〉(創文社).

한스 발덴펠스(Hans Waldenfels)

　1928년 생.

　죠오치대학(上智大學), 그레고리아나대학(이탈리아) 졸.

　현재 독일 본대학 교수.

　주요저서 : *Meditation Ostund West. AbsolulesNichts.*

오노데라 이사오(小野寺功)

　1929년 이와테현 생.

　죠오치대학대학원 철학연구과 수료.

　현재 세이센여자대학(清泉女子大學) 교수,

　동 대학 인문과학 연구소장.

　주요저서 : 〈大地の哲学〉(三一書房), 〈大地の神学〉(行路社).

이시와키 요시후사(石脇慶總)

　1930년 오사카 생.

　후리부르대학(스위스) 신학석사, 그레고리아나대학대학원

　(이탈리아) 신학박사.

　전 난잔대학 교수, 난잔종교문화연구소 제2종 연구소원.

　현재 가톨릭나루미교회 주임사제, 난잔종교문화연구소 비

　상근연구원.

　주요저서 : 〈神秘との合一を求めて〉(エンデルレ書店).

타케다 류우세이(武田龍精)

1940년 히로시마현(広島県) 생.

클레아몬트신학원 석사과정 수료, 류우코쿠대학대학원 문학연구과 박사과정 수료.

현재 류우코쿠대학(龍谷大學) 문학부 교수.

주요저서 : 〈親鸞淨土教と西田哲学〉(永田文昌堂).

루이스 고메스(Luis Oscar Gomez)

1943년 푸에리토리코 생.

예일대학대학원 졸업(Ph.D.)(불교학), 미시간대학대학원 졸업(Ph.D)(임상심리학).

현재 미시간대학 교수.

주요저서 : *The Land of Bliss: The Paradise of the Buddhaof Measureless Light: Sanskrit and Chinese Versions of Suk-havativyuha Sutras. Studies in the Literature of the Great Vehicle:Three Mahayana Buddhist Texts.*

야기세이치(八木誠一)

1932년 생.

토오쿄대학대학원 박사과정 수료.

현재 토오쿄공업대학 명예교수, 토오인요코하마대학 교수.

주요저서 : 〈宗教と言語・宗教の言語〉(日本基督教団出版局), 〈新約思想の成立〉(新教出版社), 〈宗教とは何か〉(法藏館).

카와나미 아키라(河波昌)

　1930년 쿄오토 생.

　큐슈대학인도철학과 학사, 교오토대학대학원 종교학전공
　석사 및 박사과정 수료, 토오요대학 박사.

　현재 토오요대학(東洋大學) 문학부철학과 교수.

　주요저서 : 〈大乘仏教思想論孜〉(大東出版社), 〈東西宗教哲学
　　　　　　論孜〉(北樹出版(学文社)) 他.

연구소 스탭

폴 스완슨(Paul Swanson)

　1951년 일본 생.

　위스콘신대학대학원 박사과정 수료(Ph.D.)(불교학).

　현재 난잔대학 교수, 난잔종교문화연구소 제1종 연구소원.

　주요저서 : *Foundations of T'ien-t'aiPhilosophy*
　　　　　　(Asian Humanities Press).

우메즈 유미코(梅津弓子)

　1962년 생.

　릿쿄대학(立敎大學)대학원 문학연구과 박사과정 전기 수료,
　석사(문학), 박사과정 후기 퇴학.

　전 난잔종교문화연구소 연구원. 현재 릿쿄대학 시간강사.

　주요논문 : 〈形而上学構図の超克に向けての一試論〉,
　　　　　　〈[無の神学]にみる可能性〉

와타나베 마나부(渡辺学)

　1956년 치바현(千葉県) 생.

　죠오치대학문학부 철학과(문학사), 동 대학대학원 철학
　전공(문학석사).

　시카고대학대학원(M.A.), 츠쿠바대학대학원(문학박사).

　현재 난잔대학 교수, 난잔종교문화연구소 제1종 연구소원.

　주요저서: 〈ユングにおける心と体験世界〉(春秋社),

　　　　　　〈ユング心理学と宗教〉(第三文明社).

역자 후기

2013년에 출간된 니시다 기타로(西田幾多郎)의 『장소적 논리와 종교적 세계관』(정우서적)에 이어서 이번에 난잔종교문화연구소연구총서 제2권으로 번역, 출간하는 이 책은 난잔종교문화연구소가 1997년에 개최하였던 심포지엄의 기록이다. 난잔대학(南山大學) 내에 1974년에 설립된 난잔종교문화연구소는 그 설립 취지에 맞추어서 기독교와 아시아의 여러 종교와의 대화를 꾸준히 추진해 왔다. 그중에서도 불교와의 대화에 초점을 맞추어서 각종 연구모임을 개최하고 출판에 힘써왔는데, 본서도 그러한 노력의 결실 중 하나이다.

책의 내용에 대해서는 독자들께서 읽고 판단하시리라 여겨져 여기서 부언할 의도는 없으나, 동 연구소의 소장을 역임하였던 얀 반 브라후트 신부(1928~2007)의 지적은 이 책의 존재 이유를 잘 말해주고 있다고 여겨진다. "종교 간의 대화의 시대가 지닌 특징은 '하나의 종교 내의 문제' — 단지 하나의 종교에만 관련되는 물음 — 란 이미 존재하지 않게 되었다"는 사실에 있다고도 할 수 있습니다. 하나의 종교에 있어서 문제가 되는 것의 대부분은 다른 종교에 있어서도 문제인 것입니다.

이렇게 본다면 기독교와 불교가 서로 배운다는 것은 기독교와 불교에 공통되는 물음에 대답하려는 시도라고 할 수 있을 것이다. 다른 말로 한다면, 기독교가 묻는 물음과 그러한 물음에 대한 대답으로서 제시하려는 대답은 불교의 물음과 대답과 중첩되는 방식으로서 수행된다는 의미이다. 그리고 이 말은 당연히 불교의 경우에도 그대로 적용될 것이다. 불교의 물음과 대답은 기독교의 그것들과 오버랩 되는 방식으로 물음과 대답이 되는 것이다. 타종교에 대한 이해 없이는 자신의 종교에 대한 이해도 불가능해진 시대를 우리들은 살고 있다. 현대인들이 살고 있는 '하나의 지구촌'이란 '하나의 종교촌'이라고도 할 수 있기 때문이다.

이러한 사실은 불교라는 종교적 영향사(影響史) 속에서 살고 있는 한국과 일본의 기독교인에게 불교와 대화함으로써 기독교 신앙의 자기이해를 추구할 것을 요구한다. 또한 근대 이후 기독교와의 만남 속에서 살고 있는 일본과 한국의 불교도들에게도 기독교와의 대화를 통한 불교 이해가 현실적인 과제로서 다가오는 것이다.

원래 이 책의 일본어 제목은 『기독교는 불교로부터 무엇을 배울 수 있을 것인가?(キリスト教は仏教から何を学べるか)』였다. 그리고 그 제목은 "불교는 기독교로부터 무엇을 배울 수 있을 것인가?"라는 물음을 메아리로서 기대한 것이었을 터이다. 실제로 본서에 실린 불교학자 타케다 류우세이 선생의 글은 그러한 메아리로서 읽힌다. "기독교인이 불교로부터 열심히 배우려고 애쓰는 신학적 태도와 그 진중한 겸허함을 자주 목도하게 된다. 반대로 불교인들도 기독교로부터 배워야 하지 않을

410

까 싶다. 그렇다면 타종교로부터 배움을 얻고자 하는 기독교인의 신학적, 교의적 근거는 대체 무엇일까? 바로 그 지점에서 나는 비로소 기독교의 종교적 진수(眞髓)를 발견하게 된다." 그렇다면 불교와 대화하려는 기독교와 기독교와 대화하려는 불교, 거기에서 발견되는 것이야말로 기독교와 불교의 '종교적 진수'일 것이다.

일본에서의 기독교와 불교의 대화가 쿄토학파(京都學派)의 사상을 중심으로 이루어진다는 특징이 있지만, 본서에서 거론되는 주제와 논의의 방향은 한국에서의 기독교와 불교의 대화를 촉진시키는 좋은 계기가 된다고 믿는다. 쿄토 학파의 사상이 다름 아니라 불교적 전통에 기초하면서 서양의 종교와 사상을 수용한 것이기 때문이다.

이 책의 한국어 출판은 한국에서 연구하는 일본의 신학도와 일본에서 공부하는 한국의 신학도들이 힘을 합하여 번역에 동참해줌으로써 가능하였다. 이러한 사실을 의미 있고 또 기쁘게 생각하면서, 이 조그마한 책이 앞으로 한국과 일본에서의 불교와 기독교의 대화를 더욱 활성화시키고, 연구자들의 학문적인 교류활동을 촉진시키기 위한 하나의 출발점이 될 것을 바라마지 않는다. 각자가 번역을 담당한 부분을 여기에 적어둔다.

제 2 장 〈기독교와 불교 - 대화는 어디에서 가능한가? -〉
+〈코멘트〉 / 홍민기

제 3 장 〈'정토교 - 기독교'의 상호 전환에 있어서의 방법론과
가능성 - 신란정토교(親鸞淨土敎)의 시좌로부터 -〉
+〈코멘트〉 / 홍이표

제 4 장 〈성령과 장소 - 성령신학의 기초 -〉
+〈코멘트〉 / 마츠야마 켄사쿠

제 5 장 〈직접 경험의 언어화에 대해서〉+〈코멘트〉 / 강이레

제 6 장 〈종합토론〉 / 김승철

그리고 김승철이 전체 번역문을 정리하고 수정하였으니 번역에 대한 전반적인 책임은 물론 그에게 있다. 특히 토론시간에 자유로운 형식으로 오간 문답이 이 책에서는 그대로 활자화되어 있으므로, 그러한 대화체의 글을 우리말로 옮기는 과정에서 그 의미나 현장의 분위기가 제대로 전달되지 못한 한계가 있을 것이다. 번역자의 역부족을 반성하면서 독자 여러분의 지도를 구한다.

이 책의 출간을 위해서 난잔대학과 난잔종교문화연구소로부터 물심양면으로 많은 도움을 받았음을 밝히며, 한국어로 출판해주신 정우서적 가족들에게 감사드린다.

2015년 2월
역자들을 대신하여 김승철 씀

역자 소개

김승철(金承哲)

1958년 서울 생.

고려대학교, 감리교신학대학대학원, 바젤대학교 신학부
(Dr. theol.).

난잔대학(南山大學) 인문학부 교수, 난잔종교문화연구소
제1종 연구원.

강이레

1987년 도쿄 생.

연세대학교 신학과 및 동 대학원 신학석사.

마츠야마 켄사쿠(松山健作)

1985년 오사카 생.

관세이가쿠인대학(關西學院大學) 신학부 및 동 대학원
신학석사.

연세대학교 대학원 신학과 박사과정 재학중.

칸요우출판사(かんよう出版) 직원, 〈기독교문화(キリスト教文
化)〉 편집장.

메이지가쿠인대학(明治学院大學) 교양교육센터 연구원.

홍민기(洪珉基)

　　1980년 인천 생.

　　감리교신학대학교 신학과 및 동 대학원 신학석사.

　　관세이가쿠인대학(關西學院大學) 대학원 박사과정 재학중.

홍이표(洪伊杓)

　　1976년 강원도 동해 생.

　　연세대학교 신학과 및 법학과, 동 대학원 신학박사(Ph.D).

　　교오토대학(京都大學) 대학원 박사과정 재학중.

　　메이지가쿠인대학(明治学院大學) 그리스도교연구소

　　협력연구원.

난잔종교문화연구소연구총서 2

기독교와 불교, 서로에게 배우다

난잔종교문화연구소 편

2015년 3월 2일 초판

펴낸 이: 신지연
펴낸 곳: 정우서적
교정: 이미지 외
신고 1992.5.16. 제300-1992-48호
서울 종로구 수송동 두산위브파빌리온 637호
Tel: 02/720-5538 Fax: 730-5538

값: 25,000원

ISBN 978-89-8023-199-7 92210